Barret/Gurgand

Le roi des derniers jours

L'exemplaire et très cruelle histoire des rebaptisés de Münster (1534-1535)

HACHETTE
Littérature générale

Nous n'aurions pu mener à bien notre travail sur les événements de Münster sans le concours de chercheurs allemands contemporains et de plusieurs traducteurs. Qu'ils trouvent ici l'expression de notre gratitude. Elle va particulièrement au docteur Karl Heinz Kirchhoff, actuellement en poste à Münster, à l'Institut provincial de recherches historiques, qui nous a apporté le soutien de sa compétence et de son érudition, et à M. Hans Schwartzinger qui a fait mieux que traduire les textes souvent difficiles que nous lui avons soumis.

« Depuis la Création, il ne s'est jamais agi d'autre chose que de la Fin du Monde. »

Paul Claudel,
Au milieu des vitraux de l'Apocalypse

IL Y A MILLE FOIS LONGTEMPS

Nous avons été heureux, vous rappelez-vous?

C'était avant que l'avenir s'effondre sous nos pas, avant que tout se décompose autour de nous, avant qu'il devienne clair que notre vieille terre roule à sa perte.

Les hommes, alors, vivaient nus et libres, préservés de la faim, du froid, de la peur. Ah! fallait-il qu'il fît bon, au verger des origines, pour qu'en palpite encore en nous le souvenir mystérieux!

Les pères devenus vieux en transmettent la nostalgie aux fils, comme un mot de passe, comme le secret qui donne un sens aux choses. « C'était le bon temps! » répètent-ils sans trop savoir de quoi ils parlent. Par-delà des siècles de misère, des images confuses hantent leurs mémoires : « Les estables estoyent remplies de bestial qui portoit à force. Les arbres penchoyent d'abondance de fruicts, les champs estoyent couverts de blez. [...] Tout estoit paisible, sûr et tranquille. [...] Les hommes vivoient longuement... » En vérité, blessure et tourment, absence inguérissable, le paradis terrestre est notre patrie perdue.

Et quand nous voyons autour de nous le spectacle des nations soumises à la loi des corrompus et des fanatiques, la morale bafouée, l'injustice triomphante, nous monte au cœur le désir de retrouver cet âge d'or. Il est possible que seul un chemin de violence nous y ramène, un grand renversement; mais si tel est le prix...

Où est-il donc, alors, celui qui doit déchiffrer les signes et hâter le jour de la colère de Dieu ? Qu'il se lève, qu'il nous montre la voie, et nous saurons bien châtier les impies, extirper le mal du cœur des hommes! Nous fonderons la Nouvelle Jérusalem et vivrons les mille ans de bonheur promis aux justes de toute éternité. Nous n'aurons plus peur, ni froid, ni faim. Nous serons à nouveau heureux.

Alors se fermera la boucle des siècles. Les temps pourront s'accomplir [1].

Au printemps de 1533, un homme quitte la ville de Leyde, aux Pays-Bas, et, voyageur parmi tant d'autres, prend le chemin qui mène, à l'est, vers Clèves et Münster.

Nous allons l'accompagner. Nous traverserons à sa suite une de ces histoires qui surgissent parfois de la nuit des hommes, dans lesquelles on ne sait plus faire la part de l'espoir et celle du désespoir, comme si le salut ne pouvait être qu'au bout de l'horreur et de la folie.

Cette première moitié du XVIe siècle est une époque fiévreuse, précaire, mélancolique. En proie aux secousses du changement, l'Occident chrétien a, dirait-on, la mort dans l'âme, comme chaque fois sans doute qu'une société humaine connaît des transformations profondes, que se dérèglent des structures et des mécanismes éprouvés. Il n'y a pas de métamorphose sans inquiétude. Entre la fin de la normalité — c'est-à-dire ce qu'on a « toujours » connu — et la pratique d'un nouvel ordre, s'instaure un état de crise culturelle et sociale. C'est le règne du vide, de l'attente, c'est le temps des questions.

Et pourquoi la peste ? Pourquoi ces disettes ? Pourquoi ces guerres sans fin ? Et ces papes dévoyés ? Qu'avons-

1. Voir en page 344.

nous fait pour mériter tant de malheurs ? On connaît la réponse : l'homme a péché. Et le péché, c'est la mort, l'enfer à jamais. La mort et l'enfer obsèdent les esprits, couvrent les murs des églises, éclatent aux vitraux, emplissent les premiers livres imprimés... Danses macabres, Jugements derniers, Apocalypses, Passions [2]... Comme les flagellants se déchiraient pour apaiser la colère divine, les moines mendiants, dans leurs sermons de plein vent, prêchent maintenant la contrition, le repentir, la mortification... « Il y aura partout du sang, avertit fra Francesco. Il y aura du sang dans les rues, du sang dans le fleuve. Les gens navigueront sur des flots de sang, des lacs de sang, des fleuves de sang... Deux millions de démons sont lâchés dans le ciel... »

Le ciel! C'est bien dans le ciel que se passent les choses terribles. « Aussitôt après la détresse de ces jours-là, dit saint Matthieu, le soleil s'obscurcira, la lune perdra de son éclat, les étoiles tomberont du ciel et les puissances des cieux seront ébranlées. » Les astronomes surveillent la course des planètes, annoncent les conjonctions néfastes, et la moindre éclipse jette les foules à genoux. Calculs ou révélations divines permettent aux uns ou aux autres d'établir le calendrier de la Grande Tribulation, au point que l'Église doit interdire à ses prédicateurs de fixer trop précisément la date de la fin du monde.

On fouille les Écritures, on mêle Daniel, Isaïe, Baruch, Enoch, Paul, Matthieu, Jean de Patmos, on concilie millenium et Jugement dernier, on cherche entre les lignes, entre les mots, on remplit les marges, on se perd dans la profusion des signes... « L'Antéchrist, annonce l'un, c'est le Turc qui nous menace. » « L'Antéchrist, répond l'autre, comment ne voyez-vous pas que c'est le pape, assis dans le sanctuaire de Dieu, se produisant lui-même comme Dieu... »

Qui croire ? Que croire ? Quel piège ! Comment accepter l'idée que le pape est l'Antéchrist et l'Église *la bête écarlate* dont parle l'Apocalypse quand c'est l'Église, justement, qui régit les âmes, les corps, les mœurs, les lois et le temps même — les cloches des églises, jour et nuit, rappellent que le temps qui passe n'appartient qu'à Dieu, et vous n'êtes pas né tant qu'elles n'ont pas carillonné votre baptême...

Mais l'Église en a trop fait [3], et certains secouent le joug. Le dominicain Savonarole, à Florence, un peu avant l'an 1500 : « C'est ainsi, Église prostituée, que tu as dévoilé ta honte aux yeux de l'univers, et ton haleine empoisonnée s'est élevée jusqu'au ciel! » Il annonce aux Florentins que, s'ils l'écoutent, leur ville deviendra, harmonieuse et puissante, la Nouvelle Jérusalem. Il jette les livres au feu, habille ses fidèles de blanc et les fait danser sous des guirlandes de fleurs. « L'Antéchrist, le voici! » clame l'Église. Savonarole est excommunié, puis brûlé vif.

Dans ces mêmes années, Christophe Colomb, de retour au pays, a la conviction d'accomplir les Écritures : « C'est moi que Dieu a choisi pour son messager, me montrant de quel côté se trouvent le nouveau ciel et la nouvelle terre dont le Seigneur avait parlé par la bouche de saint Jean dans son Apocalypse et dont Isaïe avait fait mention auparavant [4]. » Avec le baptême du premier Indien, c'est bien la conversion des Infidèles — autre signe que les temps sont proches — qui commence...

L'an 1500, tournant des siècles, chiffre rond propice aux embuscades terribles, passe comme a passé l'An Mil. L'attente n'en devient que plus angoissée. « Ce qu'il y a de mieux à faire, recommande en 1508 le prédicateur Geiler en cathédrale de Strasbourg, c'est de se tenir dans son coin et de se fourrer la tête dans un trou en s'attachant à suivre les commandements de Dieu et à pratiquer le bien pour gagner le salut éternel. »

Belle époque pour les confesseurs et les trafiquants d'indulgences. Chacun abrite au plus profond de soi l'effroyable guerre du péché et du salut — c'est l'Église qui fournit les armes. Or, cette Église toute-puissante, Luther va s'en débarrasser d'un coup, génialement, comme on sortirait de prison en traversant les murs. « Oui, dit-il, le pape est bien l'Antéchrist et Rome la putain babylonienne... Oui, le dernier jour est aux portes... Mais ne courez plus aux messes, ne croyez plus aux mensonges des évêques... C'est par sa seule foi que l'homme sera sauvé... »

La parole de Luther embrase cette Europe rhénane tragique et violente. Excommunié, il brûle en public la lettre qui l'excommunie. L'Occident se casse en deux, se déchire profondément. C'est une révolution autant qu'une révélation, et elle fissure toute la société. Née en partie de cette attente insupportable, elle la nourrit en retour. Une conjonction de planètes en 1524 et 1525 provoque des paniques collectives. Des gens grimpent aux arbres pour y « attendre la venue de Jésus-Christ »; à Amsterdam, des hommes et des femmes brûlent solennellement leurs vêtements et se mettent à courir « tout nus, comme ils étoient, par les rues, criant d'une voix effroyable : Malheur! Malheur! La vengeance de Dieu! La vengeance de Dieu! » La Bible traduite par Luther, et qui reproduit l'Apocalypse de Dürer, est sans cesse rééditée, sombre abécédaire pour des dizaines de milliers d'illettrés [5]. Des foules improvisent des représentations du Jugement dernier — les brebis d'un côté du Seigneur, les boucs de l'autre; l'enfer est dramatisé comme jamais encore, peuplé de créatures immondes. Mais après le Pèsement des âmes, selon Luther, « Dieu créera une nouvelle terre et de nouveaux cieux, y mettra de petits chiens dont la peau sera d'or et dont les poils seront de pierres précieuses. Il n'y aura plus d'animaux carnassiers ni de bêtes venimeuses comme les serpents, les crapauds, qui sont devenus malfaisants et nuisibles à cause des péchés de la terre. Ces bêtes non seulement cesseront de nous être nuisibles, mais elles deviendront aimables, jolies et caressantes, afin que nous puissions jouer avec elles. » Entre l'épouvante et l'espérance, les guetteurs de Dieu restent aux créneaux.

En attendant, les paysans allemands eux aussi secouent l'ancien ordre. Ils s'organisent, rallient de petits nobles, défient le pouvoir des princes, des évêques, des patriciens des cités, de tous leurs oppresseurs. Luther, dont certains se réclament, les laisse à leur sort, et même renie ces « chiens enragés » : sans doute faut-il changer la société, mais pas par le bas. C'est un de ses anciens disciples, prêtre lui aussi, Thomas Münzer, qui va se mettre à leur tête et leur insuffler le feu dont il brûle. Il veut, dit-on, instaurer la communauté des biens et le règne de la justice. L'Antéchrist dont il parle présente deux visages : celui du pape, et celui de Luther. Tous extrémismes confondus, beaucoup de paysans exigent l'abolition du servage, revendiquent l'égalité de tous les êtres devant Dieu.

« Mandé par le ciel », Münzer fonde une communauté chrétienne destinée à devenir la Jérusalem céleste, et dont le rayonnement s'étendra à l'humanité tout entière. Mais d'abord, il va frapper le monde et y faire « un grand trou ». Son armée? Les paysans révoltés : « Sus donc! et debout! et toujours! Soyez hommes et Dieu sera Dieu! Amen[6]! » Il est pris, supplicié, décapité. Ses paysans sont parqués dans un enclos et exterminés au canon.

... Et voici le sac de Rome (1527), les Turcs sous Vienne (1530), autres signes irréfutables. On commence à se répéter la prédiction d'un nouveau prophète, Melchior Hoffmann : la fin du monde, annonce-t-il à la foule des espérants qui le suit de ville en ville, est imminente, et Dieu a choisi Strasbourg pour y établir son Royaume des Derniers Jours. Cette fois, dit-on, c'est vrai.

Pauvres hommes, nos aïeux, nos frères! Où trouvent-ils donc la force d'espérer encore? Poignants et infatigables, leurs vies mises à feu et à sang, ils cherchent sous les décombres le fin mot de l'histoire commencée il y a mille fois longtemps.

Oh! sans doute, ce XVIe siècle à son début, François Ier, Soliman le Magnifique, Henri VIII et Charles Quint y figurent royalement, et on l'appelle fièrement siècle de la Renaissance — les peintres, après tout, nous montrent aussi des repas de noces, des rondes d'enfants, des visages de lumière, comme pour dire qu'on savait apprécier le bonheur de rire et d'être ensemble. Dire aussi qu'entre la nuit et le jour, le trop et le manque, on aimait de tout son être la véhémente et brève beauté des choses.

L'homme que nous avons vu quitter Leyde un matin de printemps est bien de son temps. Insatisfait, exigeant, bouillonnant de rêves, impatient, égoïste — après moi la fin du monde. Derrière lui, il laisse deux enfants et l'auberge, *Les Trois Harengs,* qu'il tient avec sa femme, une veuve de marinier. Il est alors âgé de vingt-trois ans.

Nous ne savons pas comment il est vêtu ce jour-là, ni s'il pleut, ni si le vent courbe les arbres sur ce pays plat comme la main. Les chroniques ne le disent pas. Mais le décor, les arrière-plans, les paysages, la couleur du temps, nous les connaissons par Bosch, par Memling, par Lucas de Leyde, par Bruegel. Au lecteur d'ajouter, dans les blancs de cette histoire, des mares gelées, des chiens maigres, des trognes d'auberge, des filous, des béquillards, des échevins solennels, des lansquenets de service, des moulins qui brassent les nuages, des cochons qu'on égorge sur les seuils et, au bord des chemins qui mènent aux églises, de ces gibets où paradent les corbeaux. N'oublions pas non plus ces aveugles hagards peints par Bruegel et qui, pauvres hommes, nos aïeux, nos frères, fixent le monde de leurs orbites vides.

Notre voyageur, l'aubergiste des *Trois Harengs,* se nomme Jan Bockelson. On l'appellera bientôt Jan de Leyde, et toute l'Europe connaîtra son nom.

Il se dirige vers Clèves et Münster. A Münster, dit-on, se trament des choses graves.

PREMIÈRE PARTIE

I

LA PERLE DE WESTPHALIE

Esprit de clocher — La manie d'innover — Rançon — La sueur anglaise — Une estrade au cimetière — Un nouvel évêque — Le retour des bœufs — Du pain et du vin — Zwingli — Un astre dans la nuit — Les rebaptiseurs — Six mois de prison — Jan de Leyde — Une doctrine séductrice — Le syndic entre deux chaises — Baptêmes

Belle ville, Münster, et riche, bien calée sur les deux rives de l'Aa tranquille, bien prise dans son corset de remparts, pompant comme un cœur la sève de la plaine et tirant ses dix lourdes portes, le soir, sur ses trésors, ses réserves, ses rêves et ses peurs de cité marchande.

Au monastère fondé sous Charlemagne par saint Ludger se sont ajoutées six églises, donc six paroisses, six quartiers — cinq au sud-est de l'Aa, le sixième étant dit Uberwasser, « Au-delà de l'eau », avec un grand pré, un couvent de femmes et l'église Notre-Dame. À l'ombre de la cathédrale à deux tours, le Grand-Marché, avec le pilori et sa bordure d'arcades, de belles demeures à pignon. C'est là qu'habitent les gros négociants, tandis que les patriciens restent entre eux, paroisse Saint-Lambert et rue du Sel.

Ville de la Hanse aux frontières de la Hollande, tournée vers l'horizon gris de la mer, Münster s'est enrichie dans le négoce et l'artisanat. La cathédrale Saint-Lambert, l'église Notre-Dame, l'hôtel de ville édifiés en cent cinquante ans dans cette ville de près de dix mille habitants témoignent autant de sa prospérité que de sa piété : l'investissement des bénéfices dans le sacré efface le goût de péché que garde le grand commerce. Seigneurie épiscopale, Münster voit peu son évêque. Les quarante chanoines du chapitre de la cathédrale le représentent; imbus de leurs privilèges historiques, ils voudraient faire comme si le monde ne changeait pas et continuer de gouverner gens et choses avec le seul concours des seigneurs. Les patriciens, naguère seuls au Conseil de la ville, ont pourtant bien dû partager peu à peu leurs sièges et leurs prérogatives avec les si généreux représentants des guildes.

Tous les ans, les quartiers désignent dix grands électeurs, qui élisent eux-mêmes les douze représentants des guildes et les douze patriciens siégeant au Conseil. Chaque parti nomme un bourgmestre, étant entendu que les bourgmestres et le Conseil ne peuvent guère agir contre la volonté des tout-puissants chanoines. Enchevêtrement de droits, de prérogatives, d'usages, d'intérêts, d'officiers municipaux et ecclésiastiques, d'uniformes, de juridictions particulières : les sujets de chicane ne manquent pas et seul, sans doute, l'esprit de clocher a permis d'éviter que ne dégénèrent gravement les conflits entre la hiérarchie catholique, une noblesse perdant peu à peu son influence et la nouvelle classe des marchands et des artisans. L'intérêt commun a jusqu'alors prévalu, et on peut s'imaginer que tous les Münstérois éprouvent la même fierté à toiser les horizons du haut des remparts imprenables de leur « perle de Westphalie ».

Mais vers 1515-1520, le bel élan se casse. Fondée sur la production et les échanges internationaux, l'organisation de la Hanse périclite. Désordres monétaires, hausse des prix, crises de subsistance. Les liens économiques privilégiés de Münster avec la Hollande, le Brabant, la Frise, naguère si avantageux, deviennent accablants.

Dans Münster, la crise se manifeste au point le plus fragile de la communauté, opposant les artisans aux couvents. En effet, chapitre, couvents et paroisses — on compte à Münster quatre abbayes, quatre monastères d'hommes, sept couvents de femmes —, exemptés de toutes les obligations qui pèsent sur les citoyens, ont une production artisanale que les guildes considèrent comme concurrence déloyale.

Le 23 mars 1525, trois hommes entrent par effraction au

couvent de Niesing, chez les religieuses. Toute une foule, au-dehors, les soutient. Sans doute veulent-ils détruire les métiers à tisser ou le matériel nécessaire à la fabrication du parchemin. Ils sont arrêtés et conduits devant le Conseil. Les guildes, mobilisées, exigent leur impunité et demandent que soit interdite la concurrence commerciale des couvents. Elles présentent même une liste de trente-quatre articles prévoyant notamment l'imposition du clergé; l'interdiction de toute activité professionnelle dans les couvents de la ville et, hors les murs, dans un rayon de deux lieues; une juridiction purement séculière; l'interdiction des moines mendiants...

Le Conseil, sous la pression de la guilde générale, laquelle regroupe les dix-sept guildes principales[7], se déclarant « contraint par les pauvres gens », remet les articles aux chanoines pour signature. Les chanoines signent une partie des articles puis, pour solenniser leur protestation, quittent la ville avec la foule de leurs valets et de leurs maîtresses.

1525, c'est une année où s'accréditent des idées bouleversantes, comme ce droit pour le peuple d'être gouverné selon sa volonté, que revendique Thomas Münzer à la tête des paysans révoltés; ou comme ce principe luthérien qu'on peut être bon chrétien en s'opposant à l'Église... Mais, en 1525, Luther proclame aussi voulue par Dieu et nécessaire l'autorité des princes, et les insurgés sont exécutés.

A Münster, on se range et l'ordre ancien se rétablit de lui-même. Les chanoines reprennent les articles qu'ils ont signés et, le 28 mars 1526, réapparaissent en grande pompe, pleins de morgue, chantant des actions de grâces.

Pourtant... Les marchands, grands voyageurs, sont sensibles à l'air du temps, et chez les catholiques eux-mêmes passe quelque chose de la contestation radicale de Luther. A Münster, le chapitre doit rappeler quelques prêtres à l'ordre, et même en déplacer plusieurs, en raison de « leur manie d'innover ».

En 1527, incident inévitable, au cours d'une session du

tribunal ecclésiastique, l'orfèvre Cort Cruse s'en prend à l'official, juge représentant l'évêque, pour contester son autorité dans une affaire civile. L'évêque le fait arrêter. Le drapier Berndt Knipperdollinck, l'un des plus importants personnages de la ville, prend la défense de Cort Cruse, bientôt rejoint par d'autres citoyens, et obtient sa libération. Estimant son autorité bafouée, l'évêque sanctionne l'official puis fait intercepter par sa troupe un convoi de marchands et voituriers münstérois. Il ne rendra les marchandises, dit-il, que contre rançon! Mieux, peu de temps après, en février 1529, il capture Knipperdollinck lui-même, voyageant vers Brême. Sur ordre personnel de l'évêque, le négociant est mis à la torture puis jeté en prison. Il ne sera relâché que sept mois plus tard contre paiement d'une amende de 600 florins et serment d'obéissance. L'Église ne s'est pas fait là un ami, et on reparlera de ce Knipperdollinck qui incarne désormais la défense légitime des bourgeois contre la présence oppressante de l'Église dans les affaires de la ville.

Les mauvaises récoltes de 1529 font encore monter les prix. L'évêque intervient en dépréciant la monnaie [8], ce qui ne fait que creuser le fossé entre riches et pauvres. Premières victimes : les petits artisans. De plus, l'évêque augmente l'impôt. Alors apparaissent les premiers cas d'une épouvantable épidémie, une sorte de typhus ressemblant à la peste, et qu'on appelle « sueur anglaise ». « Au début, dit la chronique du monastère de Niesing, un très grand nombre en est mort. Comme les gens sont très troublés, ils ont abandonné leur travail, sont allés aux églises, ils ont oublié leurs vaches dans les étables et les ont laissées sans les traire. »

La fin de la prospérité, les dissensions internes, et maintenant ce mal terrible : la communauté münstéroise est prête à recevoir toute explication qui donnerait un sens à l'accumulation des malheurs. Les fiers remparts de la cité ne peuvent rien contre ce qu'il faut bien accepter comme un châtiment divin, comme cette approche de la fin du monde qu'on annonce partout. Même Luther ne dit pas autre chose : puisque le mal est dans l'Église et que l'Antéchrist règne à Rome... On recense les innombrables signes miraculeux que Dieu envoie aux hommes pour les avertir, et dont le moins impressionnant n'est pas la grande comète de 1531... Derrière tous les événements de ce temps flamboie tragiquement l'horizon.

À Münster, un prêtre, Bernhard Rothmann, comprend que la religion traditionnelle ne peut plus satisfaire les besoins spirituels de ses ouailles. Il les connaît bien : fils de forgeron, il a étudié au collège de la ville grâce à la générosité d'un parent. Il est jeune, trapu, a le cheveu épais, l'œil vif et noir, et prêche à l'abbaye Saint-Maurice, sous les murs de la ville. Quand ses supérieurs décèlent en lui une « tendance coupable à l'innovation », ils l'envoient à Cologne prendre des leçons de théologie. À son retour, pourtant, il commence à prêcher des théories inspirées de Luther. En 1531, ce sont les bourgeois de la ville qui lui paient un voyage secret à Wittenberg, Marbourg, Spire, hauts-lieux de la Réforme, et à Strasbourg, où fermentent toutes les nouvelles idées. Les bourgeois ont compris que la Réforme signifie la fin de la tutelle de l'Église et de la concurrence commerciale des couvents.

Mais quand il revient à Münster, Rothmann a une révolution d'avance sur eux. Il dit qu'on ne peut servir en même temps le Christ et le dieu Argent, que tout est dans la foi et l'amour, que les prières pour les morts sont inutiles, que le purgatoire est une escroquerie, et sacrilège le culte des statues. En août, il refuse de participer à une procession avec encens et eau bénite.

Son audience est telle que l'église Saint-Maurice devient trop exiguë. Ses partisans lui dressent une estrade dans le cimetière attenant — le cimetière est un endroit public et familier : on est chez soi parmi ses morts. Le chapitre se plaint à l'évêque, qui interdit Rothmann de prêche, mais en vain. Le 7 janvier 1532, on lui défend même de circuler. Il demande à être opposé publiquement à ceux qui l'accusent et accepte par avance que l'examen concerne aussi sa vie et ses mœurs.

Il ne se tait pas, critique la hiérarchie de l'Église, discute la légitimité de la messe, le sens de la communion. Il n'accepte comme sacrements que le baptême et la communion sous les deux espèces. Il se déclare favorable à une double autorité, spirituelle et publique, qui doit gouverner « selon la parole de Dieu ». Il évite de mêler au débat religieux les sujets sociaux et proprement politiques.

Le 23 février, Berndt Knipperdollinck, le négociant emprisonné l'année précédente, l'institue de sa propre autorité *prédicant* de Saint-Maurice. Il est donc le premier ministre du culte réformé de la ville de Münster — et la guilde des marchands lui offre un logement dans sa maison, derrière Saint-Lambert. Le chapitre et l'évêque protestent à nouveau auprès du Conseil, lui demandant d'interdire « toute novation » en attendant la décision d'un concile qui réglementera les affaires religieuses.

Le Conseil est partagé. Les guildes réclament le droit de chanter les psaumes en allemand, tandis que l'évêque demande l'expulsion de Rothmann; celui-ci répond qu' « il ne peut ni ne veut quitter sa fonction ». Le Conseil s'en remet à une disputation publique qui a lieu en mai et où Rothmann, orateur populaire convaincant, se tient sur des positions luthériennes admises ailleurs. Le Conseil, n'oubliant pas la menace latente de troubles, voire de pillage des couvents, lui donne la victoire, octroyant par conséquent droit de cité à ceux qu'on appelle les *protestants* depuis qu'à la seconde diète de Spire, en 1529, cinq princes et quatorze villes libres ayant adhéré à la Réforme ont émis une solennelle *protestation* de foi.

A ce moment, l'évêché en est à son troisième titulaire en trois ans. Le 14 mars 1532, Frédéric von Wied a vendu son diocèse à Eric von Brunswick-Grubenhagen, officiellement pour 2 000 florins, mais la transaction s'est en réalité effectuée secrètement sur 40 000 florins-or, de façon que les Münstérois ignorent ce que vaut leur diocèse. Le comte Eric a été soutenu par les gouvernements protestants de Saxe et de Hesse, qui s'attendent à le voir tolérer la pratique de la religion réformée. Mais il meurt au bout de deux mois. Le nouveau titulaire est Franz von Waldeck, un prince dont la famille est apparentée à celle du landgrave protestant Philippe de Hesse. C'est un homme d'une quarantaine d'années, un seigneur autoritaire amateur d'alcools et de fanfares, un évêque non ordonné qui symbolise bien, dans sa fonction comme dans sa personne, avec son train de vie, sa cour, sa maîtresse officielle et ses bâtards, la confusion du spirituel et du temporel. Quand le chapitre l'élit, le 1er juin, il menace aussitôt le Conseil de poursuites devant l'empereur pour insoumission.

Le 1er juillet, les guildes forment un comité de trente-six hommes chargé de défendre devant le Conseil la cause, le dogme et la personne de Bernhard Rothmann. Les négociations aboutissent, en deux semaines, à un accord autorisant les prêches luthériens à Münster. Mais le mouvement prend vite un caractère insurrectionnel et, le 10 août, le clergé catholique est chassé des églises, remplacé par des prédicants que Rothmann a fait venir depuis quelques semaines. En signe de protestation, un bourgmestre et trois conseillers catholiques quittent la ville, abandonnant leurs droits, leurs charges et leurs biens. Pourvoyant à leur remplacement, les Münstérois élisent quatre citoyens proches des guildes et des idées réformistes de Rothmann.

L'affrontement avec l'évêque paraît inévitable, mais la paix de Nuremberg, s'appliquant à tout l'Empire, prévoit une pause des hostilités religieuses jusqu'à un prochain concile. Le Conseil en profite pour améliorer les fortifications de la cité et parle d'engager trois cents mercenaires.

En octobre, l'évêque interrompt ses négociations avec la ville, se tourne vers sa chevalerie et, quitte à se ruiner, recrute quatre troupes de lansquenets. Il fait saisir les biens que les Münstérois possèdent hors les murs, capture un troupeau de bœufs menés au marché de Cologne et appartenant à Caspar Judefeld, personnage important de Münster. De plus, il fait bloquer toutes les routes menant à la ville, ce qui revient à interdire tout négoce.

Le Conseil se durcit, penche de plus en plus vers les thèses luthériennes[9] : cet évêque, de quelle autorité se réclame-t-il pour menacer la ville et empêcher le commerce ? De l'empereur ? Du pape ? On décide que l'administration de la ville sera confiée à un syndic protestant, un homme de Brême scrupuleux et cultivé, Johann von der Wieck.

Celui-ci n'est pas encore arrivé quand, la nuit d'après Noël, trois cents Münstérois surgissent à Telgte, près de Münster, un village où l'évêque a réuni les chanoines et les derniers patriciens du Conseil. L'évêque lui-même est reparti la veille, mais les chanoines sont pris comme otages et embarqués triomphalement vers Münster : « Nous ramenons nos bœufs ! » Un pelletier, Heinrich Redecker, rapporte aussi en souvenir la bourse — contenant 500 florins, une somme ! — de Melchior von Büren, le grand échanson de l'évêque. L'archevêque de Cologne refuse à Franz von Waldeck, fou de rage, l'autorisation de mettre le siège sous la ville.

Parce que tel est le vœu de Philippe de Hesse, et parce qu'il entend récupérer ses chanoines, l'évêque reprend les négociations avec le Conseil — d'autant qu'approche la date des élections, traditionnellement fixée au premier lundi de Carême, qui en cette année 1533 tombe le 2 mars. Par le traité de Dulmen, signé le 14 février, l'évêque annule les sanctions économiques contre la ville et renonce au principe de la religion unique : la prédication de la « pure parole de Dieu » est désormais autorisée. Le Conseil, pour sa part, déclare reconnaître l'autorité de l'évêque et réserve à l'exercice du culte catholique la cathédrale et les couvents, les six églises paroissiales restant le domaine des réformés. Drôle de paix : l'évêque entretient toujours ses mille cinq cents lansquenets (la querelle lui a déjà coûté 12 557 florins-or) et le Conseil de Münster travaille toujours à renforcer ses murailles.

Aux élections du 2 mars, les protestants, surtout des artisans et commerçants, emportent 19 sièges sur 24. Il est vrai que Knipperdollinck et le chef des guildes Mollenhecke sont grands électeurs. Ne reste au Conseil qu'un patricien, Hermann Tilbeck. Le 17 mars, sont élus les six prédicants chargés des six églises, sous l'autorité de Bernhard Rothmann lui-même.

Un règlement et une organisation sont mis au point à partir de la doctrine de Rothmann, mais celui-ci est déjà plus loin : il commence à parler de rebaptiser les adultes et célèbre la communion hors des églises : en prononçant les paroles de la consécration, il rompt du pain dans un récipient, l'arrose de vin et le distribue aux fidèles — on le surnomme bientôt Pain-Blanc. Le syndic, qui voit avec satisfaction la ville devenir peu à peu luthérienne, surveille de près ce Rothmann à qui Luther lui-même a écrit pour le mettre en garde contre ses propres excès : « Le Diable est un vieux coquin rusé qui embobine souvent les prédicants les plus pieux et les plus habiles; nous en avons malheureusement un grand nombre d'exemples. Il se reflète dans ceux qui se sont écartés de la pure parole de Dieu et sont passés dans le camp des zwingliens et des anabaptistes qui sont toujours enclins à l'insurrection, se mêlent d'affaires politiques et cherchent un gouvernement avec insolence, comme l'avait fait Zwingli lui-même. »

Les anabaptistes, à cette époque, sont déjà interdits sur tout le territoire de l'Empire. Des édits ordonnent leur anéantissement complet. C'est que l'anabaptisme est plus dangereux que tout ce qu'on connaît.

Dans le sillage de Luther, le suivant puis le dépassant et le reniant — « le premier des porcs à l'engrais! » disait Münzer [10] —, se sont engouffrés théologiens, visionnaires, forcenés, amateurs de disputations publiques, opposant ou mêlant leurs exégèses et leurs visions. Pour la première fois, on pouvait sans pour autant se sentir condamné au feu éternel se pencher sur les textes de l'Écriture et proposer son interprétation. Mais à discuter ainsi de la nature trinitaire de Dieu, de la validité des sacrements, de la Présence Réelle dans l'Eucharistie, on se trouvait vite engagé dans d'épuisantes courses à la singularité et à l'extrémisme.

Ainsi Zwingli. Curé de la cathédrale de Zurich, il adhère aux positions de Luther et fait adopter la Réforme à la ville, puis obtient du Conseil l'élimination des statues des églises, la suppression des couvents, le remplacement de la messe par une célébration eucharistique quatre fois par an. Il pose les principes d'une cité chrétienne idéale. Mais, à ce stade, il est dépassé par quelques-uns des siens dont le but est au contraire de créer une communauté indépendante du pouvoir civil et dont l'entrée serait réservée à ceux qui recevraient un deuxième baptême, témoignant de leur foi et de leur choix; on les surnomme bientôt *anabaptistes* ou *rebaptiseurs*. Dénoncés par Zwingli, ils sont pourchassés, ficelés dans des sacs et noyés dans la Limmat. Les survivants essaiment vers le nord et vers l'est, portant au long des routes et des fleuves un credo simple qui répond au désir profond de croire à un salut collectif. En 1525, on trouve des anabaptistes dans 43 communes; en 1529, dans plus de 500 villes et villages. Certains groupes se déclarent non violents; d'autres au contraire proclament que la violence est nécessaire pour hâter la venue des Derniers Jours.

En commun, ils ont de vouloir se libérer de tout pouvoir

séculier, de retrouver la pureté et la liberté de l'Église fondée par le Christ et pervertie par la hiérarchie papale, les évêques simoniaques, le clergé incompétent. Ils ne se considèrent pas saints et sans péchés, mais ils sont des élus de Dieu et détiennent la vérité. L'Écriture est leur référence exclusive, leur seule règle de vie. « L'Écriture, dit l'un d'eux, est un astre qui brille dans la nuit. » Mais il ajoute qu'elle n'éclaire pas tout, « parce que écrite de main d'homme, dite de bouche d'homme, lue d'œil d'homme et entendue d'ouïe d'homme ». C'est pourquoi l'illumination divine est nécessaire.

Ils refusent d'entendre les sermons catholiques — la première condamnation à mort d'un anabaptiste à Zurich est prononcée pour refus d'entendre le sermon —, d'assumer toute charge d'autorité, de faire le service de guerre, ceci pour la bonne raison qu'on ne doit pas résister au mal : les Turcs qui rôdent aux frontières de l'Empire, dit Hans Hut, sont les exécuteurs de la vengeance divine contre les mauvais chrétiens, prélude en quelque sorte au Jugement dernier.

Cette contestation radicale de tous les pouvoirs humains paraît d'autant plus subversive qu'elle fait immédiatement des adeptes en foule : des milliers de « frères » et de « sœurs » sont baptisés. Unissant contre eux les catholiques et les protestants, ils sont victimes d'une terrible répression — où ils ne manquent pas de voir un signe de plus qu'ils ont raison.

Le premier mandement pris contre eux à Strasbourg, le 27 juillet 1527, leur reproche de ne pas reconnaître les autorités, d'être « séparatistes et offenseurs »; à Salzbourg, ils sont accusés de « destruction des autorités, en place desquelles un être immonde et bestial serait érigé »; Charles Quint le catholique promulgue un édit impérial en 1528 et le confirme l'année suivante, valable pour tout l'Empire : « Pour prévenir ce mal, [...] maintenir la paix [...] et supprimer tout doute », il ordonne que « tous les anabaptistes, rebaptiseurs et rebaptisés [...] seront passés de vie à trépas par le feu, le glaive ou autre moyen selon les conditions du moment, sans que les juges de l'Inquisition aient à juger chacun préalablement. »

En Wurtemberg, on lance des bandes à leurs trousses; au Tyrol, on offre des primes pour leur capture; en Bavière, un duc ordonne : « Qui se rétractera sera décapité, qui ne se rétractera pas sera brûlé. »

Déjà, parmi les chefs successifs, Thomas Münzer a été exécuté en 1525, Hans Hut est mort en prison en 1527, Balthazar Ubmaïer a été supplicié à Vienne en 1528, Trypmaker à La Haye en 1531...

Mais on n'abolit pas par des édits et des menaces une croyance qui porte en elle la promesse du salut. Le feu qu'on croit étouffer ici réapparaît là-bas, imprévisiblement.

Un pelletier autodidacte, Melchior Hoffmann, commence par adhérer aux principes de la Réforme comme préparation au retour du Christ et au règne de mille ans qui doit le précéder. Mais lui aussi est déçu par le respect de Luther pour l'autorité civile. Il prêche aux carrefours ses prophéties personnelles, fondées pour l'essentiel sur l'Apocalypse de Jean, dont les images folles, les torrents de mots qui brûlent et sauvent sont bien faits pour bouleverser les cœurs inquiets : « ... Il se fit un grand tremblement de terre, le soleil devint noir comme un sac de poil, la lune parut tout en sang.

« Et les étoiles du ciel tombèrent sur la terre, comme les figues vertes d'un figuier secoué par la tempête.

« Le ciel se retira comme un parchemin qu'on roule, et toutes les montagnes et toutes les îles furent renversées.

« Et les rois de la terre, les grands du monde, les officiers de la guerre, les riches, les puissants et tous les hommes esclaves ou libres se cachèrent dans les cavernes et dans les rochers des montagnes.

« Et ils dirent aux montagnes et aux rochers : Tombez sur nous et cachez-nous de devant la face de Celui qui est assis sur le trône, et de la colère de l'Agneau.

« Parce que le grand jour de leur colère est arrivé. Et qui pourra subsister ? »

Amen! Amen! Les foules qui guettent Melchior Hoffmann et l'entendent tombent à genoux, le front dans la poussière, se battent la poitrine, prêtes à crier comme des enfants la nuit quand l'Agneau égorgé se dresse et devient le bourreau de la fin des temps...

Melchior Hoffmann voyage en Lithuanie, vient à Strasbourg, où des anabaptistes le convainquent de rejoindre leur fervente communauté : il se fait baptiser. A nouveau sur les chemins, aux Pays-Bas, en Frise orientale, il commence à baptiser lui-même — trois cents nouveaux « Élus », par exemple, à Amsterdam en 1531. Mais plusieurs de ses disciples sont exécutés à La Haye, et il ordonne de suspendre les baptêmes; l'enseignement se poursuivra dans le secret.

Soudain, il a la révélation que Strasbourg est la ville que le Seigneur a choisie pour être la Nouvelle Jérusalem. Un vieillard lui confirme sa vision, précisant que la fin du monde surviendra immédiatement après que lui, Melchior Hoffmann, aura passé six mois en prison. Convaincu que rien ne doit être fait qui aille à l'encontre des modalités ainsi fixées par le Seigneur, Melchior Hoffmann demande à ses fidèles de l'attendre. Puis il se présente devant le Conseil de Strasbourg, fait voler son chapeau, lance ses souliers au loin, pointe le doigt en direction du ciel et jure de ne manger que du pain et de l'eau jusqu'à ce qu'il puisse montrer Celui qui l'envoie annoncer que les temps sont venus. Il est jeté en prison, tout heureux de contribuer ainsi à hâter le retour du Christ sur la terre.

On est alors en mai. Le calcul est simple. Mai-juin-juillet-août-septembre-octobre : en novembre au plus tard, les murs de la prison tomberont et Melchior Hoffmann suivi des 144 000 Élus promis par l'Écriture s'avancera dans la gloire de Dieu. Le jour sera marqué d'une profusion de signes et de miracles, et d'une telle force de l'esprit que personne ne pourra résister. Il suffit maintenant d'attendre.

C'est aussi en mai 1533 que notre cabaretier, Jan Bockelson, quitte Leyde et *Les Trois Harengs.* On dit qu'à Münster le Conseil résiste à l'évêque et qu'un prédicant annonce de belles et terribles choses. C'est là, affirme-t-on, que « la parole de Dieu est le mieux prêchée ».

Jan de Leyde est un homme agréable, curieux de tout, un de ces personnages instables et séduisants qui aiment battre les tréteaux et peuvent s'identifier à tous les rôles. D'ailleurs, dans son cabaret, il donne lui-même des spectacles. Ancien apprenti tailleur, il a voulu se lancer dans le grand négoce, est allé à Londres, a voyagé jusqu'au Portugal, mais le commerce, en vérité, ne l'intéresse guère. Aux *Trois Harengs,* il vit d'autres vies chaque soir sur l'estrade, attendant quelque signe pour aller voir ailleurs s'il s'y trouve.

A Münster, où il arrive le 1er juin, il loge chez le bourgeois Hermann Ramers. Jan de Leyde, hôte aimable et qui sait par cœur de longs passages de l'Écriture, y reste presque deux mois. On peut supposer que s'il est parmi ceux qu'on voit toujours aux endroits où se passe quelque chose, il évite des engagements trop contraignants. On se l'imagine, léger, attentif, se laissant imprégner par cette fièvre de complot et de salut qui règne alors dans la ville.

Il quitte Münster pour la Saint-Jacques, le 25 juillet, et se dirige vers Osnabrück.

Parmi les nouveaux prédicants qu'il a fait venir, Rothmann a trouvé en Heinrich Roll un fameux novateur. Roll, un ancien du Carmel de Haarlem et qui lui aussi est passé par Strasbourg, a écrit une *Clé de la Cène :* pour lui, la communion est « un dîner à la mémoire », simple expression de l'union des croyants. Il refuse le baptême des enfants, mais sans pour autant parler encore de rebaptême.

Rothmann présente bientôt un projet prévoyant l'élection des prédicants par les citoyens, la création de sept écoles, l'institution de deux responsables des aumônes publiques, de six censeurs constituant le tribunal des mariages, une sévère répression de l'injure, du blasphème, du manquement au service religieux, de l'adultère, de la médisance et de l'usure. Le projet est rejeté par les théologiens luthériens de Marbourg.

Rothmann en est à ce stade où chaque nouveau soutien comme chaque nouveau refus le pousse un peu plus loin. Opposé aux sacrements « magiques », il développe un projet d'Église démocratique et spiritualiste où le baptême et la communion ne sont que les symboles d'appartenance à une communauté évangélique fraternelle.

Johann von der Wieck, le syndic chargé d'implanter le protestantisme à Münster, comprend vite qu'on le déborde. Sur la proposition des guildes, il accepte une grande disputation publique. Les thèmes choisis sont le baptême et la communion. Les 7 et 8 août, devant le Conseil et toute la ville, le débat se limite bientôt à un duel entre Rothmann et Hermann Busch, un respectable théologien passé à la Réforme.

Faisant fi des édits impériaux contre les anabaptistes, Rothmann dit sa conviction que le baptême des enfants est « une horreur devant Dieu ». Le baptisé, explique-t-il, doit avoir une foi vivante acquise grâce à l'instruction de la parole de Dieu. Il fait preuve dans le débat de profondes connaissances théologiques et demande qu'on lui montre le passage du Nouveau Testament où il est parlé du baptême des enfants. L'assistance est impressionnée. Au point que le syndic prend prétexte de la fatigue du vieil Hermann Busch pour ajourner le débat sur la communion.

Un mois plus tard, l'un des six prédicants, Staprade, refuse de baptiser un enfant qu'on lui amène. Le Conseil le fait expulser et, le 17 septembre, met Rothmann et les siens en demeure de se taire ou de quitter la ville. Ils répondent que leur tâche est de paître le troupeau du Christ, sans rien ajouter ni retrancher à Sa parole, et que personne ne les a encore convaincus d'une erreur quelconque. Ils ajoutent qu'ils sont déterminés à défendre leurs convictions « au péril de leur vie » et s'étonnent que le Conseil n'ait pas jugé utile de porter devant l'assemblée des fidèles la question de leur expulsion. Il n'y a que sur le baptême des enfants qu'ils se montrent accommodants : « Nous admettons que d'autres, qui sont moins éclairés, [agissent contre la vérité reconnue] en attendant que la vérité devienne plus évidente. »

Finalement, Staprade est autorisé à revenir sous condition que seul Bernhard Rothmann prêchera encore, et seulement dans la petite église Saint-Servais, et sans aborder les points de doctrine contestés. Rothmann explore alors de nouveaux territoires. Il incite la communauté à se défaire de tout superflu pour le donner aux pauvres, s'emporte contre l'usure et le prêt à l'intérêt, insiste sur les bonnes mœurs et la paix entre les frères. Il se tient désormais à l'écart de toutes les fêtes, adopte une conduite austère, sans un sourire, sans un éclat. Son exemple est contagieux. On voit des riches quitter leurs vêtements d'apparat, pourpoints de drap d'or ou de velours, pour de simples robes; des dames nobles se débarrasser de leurs parures de joyaux, de leurs parfums de Chypre ou d'ambre gris. On renonce à des créances, on apporte à Bernhard Rothmann des bagues, des perles, des florins. Ceux qui hésitaient à cause de ses positions sur le baptême le rallient. Les guildes le soutiennent, défiant du même coup des générations de chanoines ornés comme des châsses.

Sentant monter le danger anabaptiste, les protestants se rapprochent des catholiques. L'évêque, justement, vient d'avoir les conclusions de l'expertise juridique qu'il avait demandée concernant la paix de Dulmen, signée en février et qui autorisait le luthérianisme à Münster. Les docteurs en droit sont formels : un prince catholique n'est pas lié par un serment l'engageant vis-à-vis d'hérétiques. Il exige donc du Conseil, par une lettre du 28 octobre, l'expulsion de ces anabaptistes « qui incitent par une doctrine séductrice l'homme du commun à la rébellion ». Il se réfère aux lois impériales contre les anabaptistes et rappelle que ceux qui ne les respecteraient pas sont menacés de la disgrâce de Sa Majesté impériale et du Saint-Empire, ou « autres sanctions appropriées ».

Johann von der Wieck, pour sa part, demande de façon pressante à Philippe de Hesse d'envoyer à Münster deux prédicants capables de ramener un peu de raison dans ces extravagances.

Nous sommes au début de novembre. Avec ces ressentiments inexpiables qui sont le propre des guerres de religion, catholiques, protestants et « rothmanniens » s'entre-déchirent. Mais rien n'est encore irréparable, et le pire n'est pas sûr.

C'est maintenant seulement qu'entre Leyde, Strasbourg, Amsterdam et Münster vont se lier, selon un enchaînement rigoureux et imprévisible, les fils d'un destin tragique.

Au début de novembre, en effet, Jan Bockelson rentre à Leyde. À Osnabrück, où il est allé en quittant Münster, il s'est essayé lui aussi à prêcher. Il y a mis assez de talent ou de conviction pour qu'on le juge dangereux. Expulsé de la ville, il est allé à Schöppingen, où il a résidé chez l'aristocrate Heinrich Krechting, frère d'un Münstérois dont il avait sans doute l'adresse. Il y a six mois qu'il a quitté Leyde quand il retrouve, pour la Toussaint, l'auberge des *Trois Harengs*, son épouse et ses deux enfants.

C'est aussi au début de novembre que la prison de Strasbourg doit s'ouvrir comme un fruit mûr devant Melchior Hoffmann, le nouvel Elie. Mais les jours passent sans que les signes apparaissent dans le ciel. Les communautés, perplexes, n'en peuvent plus d'attendre. Un boulanger de Haarlem, Jan Matthys, relève le défi du désespoir. Il révèle qu'il est l'envoyé de Dieu. C'est lui le deuxième témoin, Enoch, qui doit paraître aux côtés d'Elie avant la fin du monde [11]. C'est un grand homme à barbe noire, violent, sombre. Pratiquement illettré, il connaît par cœur des pages entières de l'Écriture. Il déclare terminée l'époque de la patience et de la résignation. Il faut, dit-il, reprendre les baptêmes d'adultes, commencer à châtier les impies et faire pénitence. Pour entraîner les fidèles hollandais de Melchior Hoffmann, toujours emprisonné, il les terrifie, les menace de l'Enfer. Il élit Amsterdam comme Nouvelle Jérusalem puis dépêche des apôtres en Westphalie et en Frise. Leur mission est d'annoncer que le temps des persécutions est révolu, que Dieu va effacer de la surface de la terre les tyrans et les infidèles, que va naître l'Empire millénaire. À Amsterdam, un grand rassemblement d'anabaptistes est férocement réprimé. Matthys est recherché comme « séducteur et escroc ». Il disparaît.

A Strasbourg, on juge Melchior Hoffmann, on le condamne, lui, comme « fou et hérétique ». Il regagne sa prison, cette fois contre son gré, et abandonne avec amertume son régime de pain sec et d'eau claire [12].

Matthys réapparaît à Leyde, rue Pappengracht, chez le tailleurs Cornelis — là même où Jan Bockelson a fait naguère son apprentissage. Matthys va loger chez Bockelson, aux *Trois Harengs*, avec sa femme Divara.

A Strasbourg, un disciple de Melchior Hoffmann en appelle de la condamnation de son prophète : « Dieu vous éprouvera pour cela, vous et vos enfants! [...] Il faut que vous sachiez que ce que vous condamnez ici comme hérésie est considéré dans certaines régions des Pays-Bas comme vérité. De même dans la ville de Münster, en Westphalie. »

A Münster, en vérité, c'est maintenant la confusion. Les catholiques et les protestants se rapprochent pour faire face à leur ennemi commun, mais le syndic von der Wieck craint autant les papistes que les anabaptistes : « Je me suis trouvé entre deux chaises, écrit-il dans un rapport au chancelier hessois. Mercredi 5 novembre, on n'était pas loin d'un bain de sang. » Les catholiques voulaient rétablir le papisme et les anabaptistes rester au Conseil. Ces « maudits prédicants » rendent la situation incontrôlable. Rothmann, « par ses prêches, a incité le vil peuple à la désobéissance et à l'attroupement ». Il a parlé « de manière ironique, envieuse et sacrilège »; il est « répugnant et inconstant ». En outre, il a rompu l'engagement qu'il avait pris de ne plus parler des points de doctrine contestés, le baptême et la communion — « On ne peut croire que Dieu est dans le pain, dit-il, Dieu est dans les cieux. »

Mais Rothmann répond que les papistes ont les premiers violé l'accord de Dulmen. A Dulmen même, ils ont arrêté et tué un anabaptiste présumé. A Münster, ils se sont rassemblés le mercreci 5, « pour chasser les prédicants, accuse Rothmann, et même leur couper le nez et les oreilles et les pendre entre deux chiens ».

Le samedi 8 novembre, tandis que s'apaisent peu à peu les troubles, arrivent les deux prédicants dépêchés par l'autorité hessoise, Johann Lening et Theodor Fabricius. Lening, jugeant la situation sans espoir, repart aussitôt. Fabricius, diacre de Kassel, s'installe à Saint-Lambert.

Ce même samedi, Rothmann et ses cinq prédicants publient un texte intitulé « Confession des deux sacrements », dont le but est d'« ordonner la Sainte Église et la conserver en état de sainteté ». Ils y regrettent que « la parole de Dieu [soit] travestie en fables mensongères, le baptême en un jeu d'enfant, l'eucharistie en une messe sacrilège ». « Par la ruse du Diable, écrivent-ils, et par l'inattention de l'homme, les ordres saints du Christ sont transformés en épouvantable idolâtrie. »

Le syndic à son tour écrit, cette fois au landgrave lui-même : « Si on ne se débarrasse pas ici de Bernhard Rothmann, il est certain que la ville sera pervertie et anéantie par la discorde intérieure. » Il demande que Rothmann soit convoqué en Hesse sous prétexte d'un débat religieux. « Ainsi cette ville serait sauvée [...] de la mort. »

Autre lettre, de Rothmann celle-ci, à un ami qui envisage de venir s'installer à Münster : « Ici, les choses n'iront pas bien. » Il commence à parler de mettre les biens en commun, va porter la contradiction au prédicant hessois Fabricius. Le forgeron Johann Schröder se met à son tour à prêcher dans le cimetière de l'église Saint-Lambert. Arrêté, il est délivré par une foule furieuse menée par les forgerons. Un nouvel arrêté d'expulsion est pris contre Rothmann, accusé de susciter tous ces troubles. Il répond que Dieu le protège.

À Leyde, Matthys a instruit Jan Bockelson et lui a, aux *Trois Harengs,* conféré ce baptême qui lui ouvre la communauté des Élus.

Les nouveaux baptisés ont pour mission de prêcher à leur tour et de baptiser. Ils partent deux par deux sur les routes, un ancien et un nouveau, incontrôlable armée de clandestins portant leurs armes en eux.

Jan de Leyde fait équipe avec Gerit tom Kloster. Ils vont jusqu'à Rotterdam. À chaque arrêt, Gerit tom Kloster baptise huit à dix personnes. Puis ils reviennent à Leyde. A l'auberge, ils baptisent l'épouse de Bockelson et deux autres femmes, un cordier de cuir, un foulon, un maître d'école et deux lansquenets. Ils repartent à nouveau, cette fois pour Amsterdam.

Bartolomeus Boekbinder et Wilhem de Kuiper sont,

eux, désignés pour se rendre à Münster. Ils y arrrivent le 5 janvier, veille de l'épiphanie.

Jan de Leyde et Gerit tom Kloster les suivront de peu; le premier logera chez le drapier Knipperdollinck, où, désormais, on baptise à longueur de journée. En sept jours, mille quatre cents Münstérois ont « reçu le signe ». Et il ne faut pas s'étonner que le premier ait été Bernhard Rothmann lui-même.

II

MALGRÉ LES MENACES

Comme des frères et des sœurs — Une horde — La douleur d'Ida von Merfeld — Hiver — A coups de poing — La nouvelle armure — Deux commandements — La menace des Habsbourg — Secte maudite — Des perles aux pourceaux — La nuit du 28 — La délégation des Münstérois

Derrière Bernhard Rothmann, les autres prédicants se sont agenouillés et, baissant le front, ont reçu l'eau de ce second baptême qui, au nom du Père, du Fils et de l'Esprit, les intègre à la communauté des Élus, puis Knipperdollinck et son ami Gerhard Kibbenbrock, membre influent du Conseil, suivis de leur épouse, de leurs parents, de leurs domestiques et servantes, puis d'autres, d'autres encore. Chacun d'eux est maintenant en mesure d'officier à son tour et, après sept jours, les deux premiers apôtres de Jan Matthys peuvent quitter Münster. Leur mission est accomplie : le feu a pris. Il est inarrêtable.

L'anabaptisme reste interdit et puni de mort — les hommes sur le bûcher, les femmes noyées dans des sacs lestés. L'évêque a ouvert à Bevergen un « tribunal de sang » et personne ne peut l'oublier. Le secret est de rigueur, et les rebaptisés ont pour se reconnaître des signes et des phrases convenus. Quand des hommes se rencontrent, l'un dit : « Cher frère, que la paix de Dieu soit avec vous. » A quoi l'autre répond : « Amen. » Alors ils se donnent la main et s'embrassent sur la bouche. Quant aux femmes, tout au moins au début, elles se reconnaissent à ce qu'elles sortent sans leur fichu habituel, mais coiffées d'une espèce de casquette à pont. « Ils voulaient être entre eux comme des frères et des sœurs », se rappellera un témoin.

Ah ! on peut se l'imaginer, la ferveur d'une communauté naissante, porteuse d'un message incandescent qu'il faut encore taire, l'émotion de ces hommes et de ces femmes élus entre tous qui s'avancent au péril de leur vie vers l'ineffable vérité de Dieu !

Mais un secret ne tient guère quand il vous gonfle le cœur et que mille quatre cents personnes — un Münstérois sur cinq ou six — le partagent déjà. Ce qui sauve les élus, sans aucun doute, c'est la confusion du moment. Confusion entre l'évêque catholique et le landgrave protestant, confusion entre l'évêque et ce Conseil qui lui résiste, entre le Conseil et les guildes, au sein du Conseil même entre catholiques et protestants, entre les deux bourgmestres, Hermann Tilbeck et Caspar Judefeld, et le syndic Johann von der Wieck.

La ville est sens dessus dessous. Des gens de toutes sortes continuent d'arriver, surtout de Hollande et de Frise, ceux que l'évêque nomme « les vagabonds et les errants inconnus ». Mais ces étrangers-là ne sont pas des envahisseurs. Les richesses de la ville ne les intéressent pas : ils sont venus entendre la pure parole de Dieu. Qui donc mène cet irrésistible mouvement ? Les miséreux de Münster prenant leur revanche sur les riches, sur le sort, sur la vie ? « C'est une pauvre horde pervertie suspendue aux lèvres de Bernhard Rothmann ! » disait le syndic en novembre. Et il ajoutait : « Je n'en connais aucun qui [...] pourrait produire 200 florins [13] ! » Mais le syndic se trompait. Knipperdollinck et Kibbenbrock sont parmi les plus grosses fortunes de Münster. On voit ainsi l'épouse du riche négociant Christian Wordemann, habitant une demeure cossue au 5 place du Grand-Marché, demander à être rebaptisée par Rothmann. Son mari l'approuve et la laisse faire. Le même jour, sept nonnes du couvent Saint-Gilles, quelques autres de Rosental demandent aussi à recevoir le signe.

Ida von Merfeld, la supérieure du couvent Rosental, à Uberwasser, croit devoir, « avec une vive douleur », écrire à son évêque. Elle n'aime pas, dit-elle, « se plaindre de ses religieuses », mais elle est dépassée par ces jeunes sœurs qui oublient leurs vœux et la règle, quittent l'habit, vont écouter les prêches en ville — elles y resteraient sans doute si on le leur interdisait. Ida von Merfeld serait heureuse si Sa Grâce voulait bien « nous communiquer son conseil, sa pensée, son sentiment à ce sujet, nous dire comment nous devrions procéder en ce qui concerne ces vierges échappées ».

C'est qu'il s'en passe, des choses, en ville! D'abord continue le mouvement ordinaire des rues, des marchés, des marchands, des paysans venant livrer, des bûcherons rentrant le bois — il faut bien vivre. C'est l'époque aussi où l'on saigne le cochon, sur son seuil ou dans le jardin, et c'est toujours une fête, avec les voisins qui donnent la main pour la découpe et la salaison, les enfants excités par le sang bouillonnant qui dansent au long des caniveaux glacés. Plein hiver, fumées de bois mouillé. Dans les tavernes, on se réchauffe au genièvre, on s'emplit de bière, on s'imprègne des odeurs de boudin grillé et de soupe à l'oignon avant d'aller aux églises entendre quelque prêche, aux maisons des guildes pour un vote, au Grand-Marché pour une assemblée improvisée. Le seul rendez-vous permanent est le Grand-Marché, où se mêlent tous les bruits, toutes les rumeurs, toutes les voix, vraies et fausses nouvelles. C'est là aussi que s'improvisent, entre catholiques, réformés, rebaptiseurs qui ne veulent pas encore dire leur nom, des débats théologiques où un prédicant vient parfois mettre un peu d'ordre. On n'en finit pas de discourir sur tel ou tel verset de l'Écriture. On distribue des brochures, des libelles. Viennent d'arriver de Strasbourg les relations du procès de Melchior Hoffmann, toujours emprisonné. Dans le Christ, dit-il, c'est la parole de Dieu qui s'est incarnée, *et Verbum caro factum est*; le Christ n'est pas né de la chair et du sang de la Vierge Marie... Est-il vrai que l'Esprit est sensible dans l'âme de chacun? Est-ce l'eau du baptême qui lave les péchés? ou bien la foi? ou bien le sang du Chrit sur la croix ? Et si le mariage n'est plus un sacrement, alors, moi, je ne suis plus marié ? Tout est en cause à chaque mot. Convictions impartageables, vérités impatientes, théories qui se perdent en haleinées blanches sous les ciels bas de janvier.

Parmi la foule, un jeune menuisier, Heinrich Gresbeck, et un étudiant, presque un enfant, Hermann von Kerssenbrock, qui ne perdent rien de ce qui se déroule sous leurs yeux. L'un et l'autre laisseront un récit de ces jours-là, et notre menuisier jouera un rôle important dans l'histoire des anabaptistes de Münster. Pour l'heure, il observe, apparemment ni pour ni contre. Kerssenbrock, issu, lui, d'une famille fermement catholique, regarde ces désordres avec une hostilité qu'il ne cache pas.

C'est ainsi qu'il voit les disciples de Rothmann « hanter les femmes riches » : « Personne, disent-ils, ne pourrait partager l'union et le bonheur éternel qui ne renoncerait entièrement au monde et ne rejetterait au loin les bijoux, les ornements du corps, de la chair paresseuse. » Des bourgeoises vont porter leurs trésors chez Bernhard Rothmann, carcans de joyaux, jaserans aux guirlandes d'or fin, ceintures à boucle, flacons précieux, miroirs, bagues... Ce dépouillement ne va pas toujours de soi, et Kerssenbrock voit des maris envoyer, « par des coups et des menaces », leurs femmes reprendre leur bien. Ailleurs, des maris reçoivent « à coups de poings et de bâtons » les épouses sorties sous des prétextes variés pour écouter la nouvelle doctrine.

« Malheur, continuent de crier les prédicants, malheur à vous qui portez de l'or, de l'argent, des pierres et des habits précieux. Soyez maudits puisque vous estimez davantage l'ornement du corps que celui de l'âme... Dépouillez le vieil homme et revêtez la nouvelle armure! »

Bernhard Rothmann est totalement transformé. « Sa mine est celle d'un stoïque, et le teint de son visage très pâle », note Kerssenbrock, qui le soupçonne de dissimulation : « Il veut être pris pour Dieu sous forme humaine. » Il exhorte les élus à se séparer des papistes et des luthériens impies qui « ne font que manger, boire, forniquer et contrevenir à la parole de Dieu ». On ne les salue plus, on n'achète plus chez eux, on refuse de leur vendre. Les mariages mixtes sont interdits. Un créancier rebaptisé ne saurait réclamer une dette à un débiteur; on voit ainsi la belle-mère de Knipperdollinck rendre des reconnaissances de dettes à leurs signataires et même rembourser les intérêts qu'elle avait touchés.

Les baptêmes se poursuivent dans plusieurs maisons, surtout chez Rothmann, dans la maison de la guilde des marchands. Jan Bockelson, le cabaretier de Leyde, est là, émissaire zélé du nouveau prophète Jan Matthys. En son nom, il annonce deux commandements : il faut ne plus prêcher dans les églises, et les femmes doivent en toutes choses obéir à leur mari. Ce dernier point rassure les hommes, moins prompts que les femmes à vouloir changer la vie.

Le jeudi 15 janvier 1534, le Conseil décide de faire exécuter sa décision d'expulser les prédicants. Trois de ceux-ci, Johannes Klopris, Gottfried Strahlen et Dionysius Vinne sont appréhendés par des officiers municipaux et traînés vers les remparts. Mais des fidèles s'en aperçoivent, appellent des renforts, se groupent bientôt en un attroupement menaçant. Les officiers libèrent les prédicants. « Les anabaptistes, remarque Kerssenbrock, ne respectent pas plus le Conseil que le Conseil ne respecte l'évêque. » Les prédicants sont portés en triomphe au centre de la ville.

Et Ida von Merfeld voudrait tenir ses nonnes! Le 18, elle reçoit réponse de l'évêque. Sa Grâce lui suggère simplement de ne plus admettre avec les autres « celles qui ont rejeté le joug de leur règle ». Il ajoute qu'il croit à la vertu exemplaire d'une telle sanction. Il sous-estime l'évolution de la situation. L'abbesse, désemparée, lui envoie un nouveau courrier : ni les prières ni les menaces, explique-t-elle, n'arrêtent les religieuses séduites par les prédicants. Beaucoup ont déjà quitté l'habit, mais, se sentant responsable vis-à-vis de leurs parents, elle est « obligée d'accepter les rebelles ». Ne plus les admettre au couvent, explique-t-elle, ferait courir le plus grand risque à leur chasteté.

Mais Franz von Waldeck a d'autres soucis que la chasteté des nonnes de Rosental. Chacune de ses initiatives est l'objet de l'attention de bien des princes d'Europe. Son diocèse en effet se trouve au centre d'une vaste toile d'araignée diplomatico-politique. Chacun de ses voisins craint de le voir pencher vers l'autre. Le duc de Clèves, l'archevêque de Cologne et surtout le prince Philippe, landgrave de Hesse [14], ne veulent à aucun prix le voir faire alliance avec la puissance des Habsbourg-Bourgogne, dont la pression à l'ouest se fait menaçante [15]. L'État Bourgogne-Habsbourg que Marie de Hongrie, sœur de Charles Quint, gouverne depuis Bruxelles, comprend déjà la Franche-Comté, la Flandre, le Brabant, les Pays-Bas. Si Philippe de Hesse laisse les Habsbourg s'emparer du Wurtemberg, l'encerclement sera complet. Si l'évêque de Münster leur vend son diocèse, ils seront sur sa frontière — sans doute Franz von Waldeck saura-t-il le rappeler quand il aura besoin de l'aide de ses voisins contre ces enragés de Münster.

Le mardi 20 janvier, il n'en est pas là. La lettre qu'il envoie à Philippe de Hesse n'est qu'un exposé — inquiétant — de la situation, propre à justifier une intervention ultérieure. Il explique qu'il a tout tenté auprès du syndic, du Conseil, du chef et des maîtres des guildes, et que ses exhortations « ont été réfutées avec mépris ».

« Cette terrible doctrine hérétique, écrit-il, cette secte maudite des anabaptistes s'est frayé un chemin par les prêches séducteurs de Bernhard Rothmann et de ses disciples. » Elle se répand quotidiennement auprès des pauvres parce qu'elle enseigne que « dans une nouvelle vie chrétienne, il n'y aurait plus de pauvreté ; que, du temps des apôtres, tous les biens étaient mis en commun », enfin que le salut est impossible sans le nouveau baptême.

Les anabaptistes, poursuit-il, interdisent toute relation avec ceux qui ne le sont pas, ils jurent de « renoncer au pape, à tout ce qui dépend de lui, et à toute autorité en dehors du Christ ».

« S'ils prennent le dessus, dit-il pour finir, il faut s'attendre à une insurrection et à un bain de sang à Münster. » Sans parler, bien évidemment, d'une expansion du mal hors de la ville.

(Mais Philippe de Hesse, le jour où cette lettre devrait le toucher à Kassel, se trouve à Bar-le-Duc. Il négocie avec François Ier le soutien de sa campagne contre les Habsbourg en Wurtemberg. Le roi de France est toujours prêt à investir de ses écus pour diviser et affaiblir l'empire de son puissant rival.)

Le vendredi 23 janvier, des messagers catholiques arrivent de Münster informer l'évêque des progrès des rebaptisés dans la ville. Ils ont empêché l'expulsion de leurs prédicants et ridiculisé le Conseil. Si sa Grâce n'intervient pas rapidement, il faut craindre le pire.

Franz von Waldeck ne peut rien pour « changer la conduite de cette ville impie », mais il dicte un édit menaçant — au moins, on ne pourra lui reprocher de n'avoir pas tout essayé :

« Nous, Franz, par la grâce de Dieu évêque de Münster [...] proclamons et faisons savoir que [...] la doctrine des rebaptiseurs, maudite, interdite et insurrectionnelle, a été diffusée par un certain nombre d'escrocs... » Il rappelle qu'il a déjà écrit en vain aux bourgmestres et au Conseil et annonce que des sanctions seront désormais prises à l'encontre de ceux qui tolèrent, défendent ou abritent les prédicants : « Nous ordonnons donc à tous et à chacun, à nos fonctionnaires, à nos commandants, à nos juges et à nos sujets, de capturer et arrêter lesdits désobéissants, rebelles, révoltés [...], et de les remettre aux autorités pour qu'ils soient punis selon l'édit impérial et les décrets de la diète par les châtiments prévus par la loi. »

Le dimanche 25 janvier, à 8 heures du matin, la foule emplit la petite église Saint-Servais, près des remparts de l'est : Bernhard Rothmann prêche. Mais il aperçoit soudain, dans l'assistance, des papistes et des réformés. Il s'interrompt. « On ne jette pas des perles aux pourceaux », dit-il en guise d'explication. Il ne s'adressera plus qu'aux élus de Dieu « qui sont sur ses listes »; d'ailleurs, les prédicants parleront désormais non plus dans les églises mais dans des maisons amies, dont les portes seront gardées; on n'entrera pas sans mot de passe.

Lundi 26 janvier. Ida von Merfeld reçoit une deuxième lettre de l'évêque — qui ne l'aidera guère plus que la première. Franz von Waldeck lui suggère de prévenir les parents des nonnes rebelles. S'ils ne parviennent pas à les ramener à la raison, eh bien, qu'elle leur rende leurs filles.

Ce même jour, l'évêque convoque une diète à Wolbeck pour le lundi suivant. Il y verra les représentants de Münster, mais aussi ses conseillers militaires et les représentants de la chevalerie du diocèse. Le traité de Dulmen lui interdit d'employer la force contre la Réforme, mais, contre « les innovations insurrectionnelles », il a les mains libres.

La rumeur que l'évêque prépare une opération militaire gagne la ville en effervescence, où d'auberges en carrefours se défont les groupes excités, tout bourdonnants de mots mal entendus et mal répétés. Si l'évêque investit la ville, c'en est fini des libertés communales. Pour un peu, il unirait contre lui anabaptistes, protestants et catholiques. Chaque parti pourtant veut jouer son jeu.

Mercredi 28 janvier. Le soir tombe. Les anabaptistes — ils sont peut-être maintenant trois mille — cadenassent les chaînes qui ferment les rues, se répandent dans la ville, postent des gardes armés. C'est en vérité une réaction de défense, mais les autres n'y voient qu'une menace. « Les nôtres, note le catholique Kerssenbrock, craignent le pire. »

Papistes et réformés tirent les verrous, cachent dans les coffres de fer l'argent, les bijoux, les titres de créance, sortent les épées et les arquebuses. Tout Münster veille dans la nuit des fenêtres.

Chez Knipperdollinck, au Grand-Marché, sont réunis Rothmann, les prédicants et les deux envoyés de Matthys, Jan de Leyde et Gerit tom Kloster, encore vêtus à la mode hollandaise. Ils semblent qu'ils ne soient pas d'accord entre eux. Ils découvrent qu'ils tiennent la ville mais ne savent qu'en faire.

La nuit s'avance. Brume. Silence. Les seuls mouvements sont ceux des hommes du guet, avec leurs lanternes sourdes, les seuls bruits sont ceux de leurs pas frappant le pavé inégal.

Le conseil des anabaptistes ne se décide pas. Jan de Leyde dit qu'en attendant Matthys le mieux est de continuer à faire de nouveaux adeptes. C'est seulement quand ils seront assez nombreux que « le Seigneur nettoiera son étable de tous les impies ».

Au matin, chacun comprend qu'on n'est pas passé loin de l'affrontement. Les bourgmestres convoquent le Conseil, et les chefs des guildes pour le lendemain. Personne ne souhaite une intervention militaire de l'évêque.

Vendredi 30 janvier. Parmi les chefs de guilde, certains ont été rebaptisés. Devant le Conseil, ils demandent que la foi soit libre, que chacun puisse choisir selon sa conscience « en attendant que le Saint-Esprit ramène l'unité ». Le Conseil est hésitant, partagé. Theodor Fabricius, le prédicant envoyé par les autorités hessoises, est tenu à l'écart. Les fidèles de la nouvelle doctrine sont de plus en plus nombreux à s'afficher en ville.

Dimanche 1er février. Theodor Fabricius écrit au landgrave de Hesse. Il ne s'est, dit-il, « épargné ni jour ni nuit » pour combattre « la mauvaise herbe et la dissidence », mais il craint « ne pas pouvoir [se] maintenir longtemps ici ».

Il se sent impuissant et demande à être rappelé. Il ajoute avec amertume que l'évêque devrait bien effrayer un peu plus les meneurs ».

Lundi 2 février. C'est le jour où doit se tenir à Wolbeck la diète convoquée par l'évêque. La délégation de Münster se présente : il y a là un bourgmestre, Caspar Judefeld, de sage réputation, mais c'est lui que l'évêque avait naguère spolié d'un troupeau de bœufs; le syndic Johann von der Wieck, que l'évêque ne peut pas souffrir et qu'il tient pour rebelle; Heinrich Redecker, le pelletier qui faisait partie de l'expédition de Telgte pour la Noël 1532; Nilan, dit le Cyclope, borgne et tireur d'élite, figure populaire de Münster.

Averti de la composition de la délégation, le prince-évêque s'étouffe de rage et refuse d'admettre les Münstérois aux discussions très importantes, dit-il, qui sont à l'ordre du jour.

Tandis que les délégués s'en retournent, il avertit la chevalerie du diocèse d'avoir à se tenir prête à rendre son service.

Mardi 3 février. Franz von Waldeck ordonne à nouveau que tout individu suspect d'anabaptisme, sur tout le territoire du diocèse, soit immédiatement arrêté. A ses proches, il confirme que « l'hérésie cruelle, païenne et maudite » a fait du chemin, et qu'elle peut contaminer d'autre pays. Peut-être annonce-t-il déjà ainsi qu'il aura besoin d'aide.

Car sa décision est prise : c'est dans l'œuf qu'il faut tuer l'infection.

III

LE CHASSEMENT

Pénitence! — Des choses merveilleuses — A chacun sa rive — Des dieux de paille — Bière à volonté — Trois soleils — Comme des braises — Mille porcs — Un endroit de mort — Mardi gras — Jan Matthys est arrivé — Mort d'un syndic — Le nouveau Conseil — Croissez et multipliez — Destruction — Foutez le camp! — Une frayeur inconnue

Ida von Merfeld n'est pas au bout de ses peines. Bernhard Rothmann lui-même arrive au couvent, ce vendredi 6 février, et commence à parler. Devant les religieuses accourues, il dénonce « les pénitenciers de vierges » où on les enferme. Que chacune, dit-il, prenne sa liberté, trouve un mari et fasse des enfants!

Et soudain, il annonce que le Père céleste l'a favorisé d'une révélation : la nuit suivante, à minuit, la haute tour du couvent s'effondrera sur elle-même et le couvent deviendra poussière!

Dès l'aube du lendemain, samedi, celles que Kerssenbrock appelle « les vierges aux sens enflammés de désir », quittent le couvent d'Uberwasser, emportant tous leurs biens, et courent se réfugier en ville, notamment dans la maison mise à la disposition de Rothmann par la guilde des marchands.

La prophétie incendie Münster. Une foule innombrable prend position autour du couvent. Attente. Minuit sonne aux églises sans que rien se produise. On attend encore. Enfin vient le matin et un corbeau traverse en croassant le ciel d'hiver. Bernhard Rothmann explique qu'il s'agissait d'une prophétie conditionnelle — le clocher se serait effondré si certaines conditions avaient été remplies : si le peuple avait fait pénitence, par exemple. D'ailleurs, dit-il, Jonas a fait la même expérience, quant il prédit sur l'ordre de Dieu que Ninive serait renversée, et que cela n'arriva pas parce que Dieu avait changé d'idée.

« Pénitence! Pénitence! » Heinrich Roll se répand parmi la foule, court les rues et les ruelles « en hurlant d'une voix épouvantable », comme dit Kerssenbrock, que le temps est venu de faire pénitence, que le jour est proche. Il se démène comme un forcené, au point que les adversaires des anabaptistes chuchotent bientôt que le prédicant est la proie d'une folie provoquée par un poison dont Bernhard Rothmann a appris de ses parents la recette secrète, et dont il garde une petite quantité dans un flacon de bois.

On reparle de ce flacon de bois le lendemain, quand, au début de l'après-midi, sous un porche, près de l'église Saint-Lambert, une fillette commence à prophétiser à voix haute et claire devant une foule d'autant plus étonnée qu'on ne l'avait jamais encore entendue parler.

Pour les rebaptisés, cela ne fait pas de doute : la fin est proche. Ils parcourent la ville, poussant « des cris plaintifs et terribles », exhortant catholiques et protestants : « Malheur! Malheur à vous! Convertissez-vous si vous voulez éviter d'encourir le châtiment du Père céleste! » Place du Grand-Marché, ils s'embrassent les uns les autres.

Alors apparaît Georg tom Berge, le tailleur dont la fillette tout à l'heure prophétisait. Il est extrêmement agité. Tête nue, le voici qui tend le visage vers le ciel, extatique : « Regardez, frères, regardez là-haut, levez la tête... Je vois Dieu rayonner dans les nuages... Il porte le drapeau de la victoire [...]. Malheur à vous, impies! Convertissez-vous! Convertissez-vous! [...] Le grand et terrible Jour du Seigneur est arrivé! [...] Le châtiment de la souffrance éternelle vous attend, vous qui croyez que le Christ est né de la Vierge Marie! Dieu maintenant va nettoyer son étable et brûler l'ivraie d'un feu éternel!... Prenez le signe de la fraternité! »

Le jeune Kerssenbrock est là, sidéré : « Les gestes qui accompagnent ses cris, dit-il, sont à peine descriptibles... Il bondit d'un pavé à l'autre comme pour s'envoler; les bras levés, il frappe dans ses mains... Tantôt il lève les yeux au ciel, tantôt il les abaisse... Tantôt il est triste, tantôt il se jette à terre, se met en croix et se roule dans la boue... »

C'est Knipperdollinck maintenant qu'atteint la contagion de cette « ivresse ». Le négociant file à sa demeure, qui est là, à deux pas, se plante dans un coin, se tourne contre le mur et parle à Dieu... Phrases hachées, souvent inintelligibles, « comme celles des déments »... Et quand, « fatigué, la bouche baveuse », il se retire, le spectacle est déjà ailleurs. Un gros mendiant aveugle, un Écossais, court les rues à son tour en criant « Pénitence! Pénitence! » Les gens sortent pour regarder l'aveugle, qui s'effondre enfin dans une flaque de boue. « Il a été payé par les méchants », suggère Kerssenbrock. N'empêche. Il faut bien admettre que se préparent des événements prodigieux.

Judokus Kalenberg déboule au galop de son cheval, criant que le ciel s'effondre et qu'il voit « des choses merveilleuses et des myriades d'anges... » Les visions s'enchaînent aux visions... Transes, extases... Ici, un homme apparaît dans le ciel, coiffé d'une couronne d'or, un glaive dans la main droite, une verge dans la main gauche... Là passe un cheval blanc qui traverse la nuée... Ayant perdu la voix à force d'appeler, une femme s'attache dans le dos une sonnaille de brebis « qui tinte sans cesse, mise en branle par sa course haletante ». Une autre, la femme Timmermann, crie son repentir et ameute les gens : « Convertissez-vous! Le roi de Sion va descendre des cieux pour régénérer Jérusalem!... »

(Ce tremblement! Vide et brûlure à la fois. Maintenant, là, devant nous, autour de nous, au fond de nous, voici que s'accomplit ce qui est fixé depuis toujours, que l'œil de l'homme n'a pas vu, que son oreille n'a pas entendu, que son cœur n'a pas pressenti et que Dieu réserve à ceux qui l'aiment... Et pourtant, nous le savions... Nous avions tant de cris prisonniers en nous, tant de désirs, tant d'appels sans réponse ! Et toutes ces peurs qui nous assiégeaient, comme des loups sur notre seuil !... C'est le temps où l'Écriture s'accomplit, où les muets parlent... Le ciel s'ouvre, et voici, paraît un cheval blanc. Celui qui le monte s'appelle Fidèle et Véritable, et il juge et combat avec justice... Ses yeux sont comme une flamme de feu... Il a un nom écrit, que personne ne connaît, si ce n'est lui-même... Et il est revêtu d'un vêtement teint de sang... Son nom est Parole de Dieu... Ivres, disent de nous ceux qui ne voient pas... Ivres de Dieu, oui !... A crier, à danser, à mourir...)

Rothmann accueille et baptise par dizaines les nouveaux frères et les nouvelles sœurs.

Lundi 9 février, 8 heures du matin. A l'heure où d'ordinaire on avale chez soi la traditionnelle soupe à la bière, la tension monte brutalement. Plus de cinq cents hommes en armes occupent le Grand-Marché et l'Hôtel de Ville. Ce sont tous des rebaptisés. On leur a dit que l'évêque arrivait avec sa chevalerie et trois mille lansquenets.

Des conseillers appellent réformés et catholiques à se rassembler de l'autre côté de la rivière. Ils se mobilisent rapidement, sortent de chez eux avec leurs armes — sauf ceux qui habitent aux abords du Grand-Marché ; certains de ceux-là font sortir leurs armes sous les jupons de leurs servantes — malheur à celles qui se font prendre, comme Ussola, domestique du médecin Johann Wiesling, chez qui loge Kerssenbrock : elle est injuriée, traînée sur le marché, malmenée...

La situation se clarifie bientôt.

D'un côté de la rivière, sous les tilleuls de la place de la Cathédrale, les anabaptistes, groupés autour de Rothmann, de Knipperdollinck, du Hollandais Jan de Leyde et des prédicants. Ils détiennent les clés des dix portes de la cité et pointent aux endroits stratégiques les pièces d'artillerie qu'ils ont prises à l'arsenal et dans les réserves de l'Hôtel de Ville.

Sur l'autre rive de l'Aa, les catholiques et les protestants, pour une fois unis, avec les deux bourgmestres, Tilbeck et Caspar Judefeld, le syndic et la plupart des membres du Conseil [16]. Ils sont les plus nombreux et mieux équipés en armes individuelles. Avisant deux conseillers porteurs de clés et réputés sympathisants des anabaptistes, ils leur donnent la chasse, les arrêtent et trouvent sur eux la clé de la porte Notre-Dame. Ils arrêtent aussi les prédicants Vinne et Strahlen, enferment tout ce monde dans la tour d'Uberwasser.

Pour les rebaptisés en proie à la fièvre du dernier jour, l'heure est aux barricades : meubles jetés des maisons, blocs de pierre, ustensiles divers : la place de la Cathédrale est bientôt le dernier réduit des Élus. Ils placent des canons partout et des guetteurs dans les tours.

Quittant de justesse la place avec son logeur, l'étudiant Kerssenbrock porte un sac de cuir chargé de boulets de fer. Ils rejoignent, par la ruelle aux Chevaux, une troupe de catholiques et de protestants — une cinquantaine d'hommes — qui débouchent « près de l'urinoir », à proximité de l'église Saint-Gilles.

Des anabaptistes, surpris en train de sortir deux nouveaux canons de l'Arsenal, s'enfuient vers le marché. Salve de mousquets. Un des chevaux attelés aux canons s'écroule. « Moi, raconte Kerssenbrock, encore jeune et peu accoutumé à ce bourdonnement de guêpes [...] je me suis retiré et caché derrière l'ossuaire de Saint-Gilles. » Il profite d'une accalmie pour quitter sa cachette en rampant et rejoindre la cour de l'église d'Uberwasser, où les responsables se concertent.

Attaquer ? Bombarder ? Attendre les instructions de l'évêque ? Dès qu'ils ont pu ouvrir la porte Notre-Dame, ils ont dépêché un courrier à Franz von Waldeck.

La réponse du prince-évêque est remise au bourgmestre Hermann Tilbeck, le dernier patricien du Conseil, un homme raisonnable, même si ses sympathies vont aux théories luthériennes. Dans ce message, il demande seulement qu'on lui tienne ouverte l'une des portes de la ville ; il entrera avec ses chevaliers. Il précise qu'il garantira les libertés communales et n'opprimera que les anabaptistes.

Mais Tilbeck, ayant lu la lettre, la fait disparaître sans la montrer à quiconque. Au lieu d'ouvrir la porte Notre-Dame, il manœuvre pour éviter l'affrontement, calme les uns et les autres.

Le soir venant, des deux côtés on poste des gardes et on se donne un mot de passe. « Le nôtre était *Christ,* se rappellera Kerssenbrock ; celui des anabaptistes était *Père.* » Réformés et catholiques accrochent à leurs maisons des couronnes de paille et en portent sur eux : ceux d'en face « gueulent, blasphèment », crient que « nous fondons notre espérance sur des dieux de paille... »

Nuit. Froid. On allume des feux qui se reflètent dans les eaux indifférentes de l'Aa. On s'observe. Étranges adversaires. Ils se connaissent presque tous, et on ne pourrait dire qu'ils sont ennemis. Pourtant, ce qui les sépare à ce moment est déjà irréparable.

Autour de Rothmann et de Jan de Leyde, les Élus chantent des psaumes. Des femmes tiennent un foyer de prière dans la maison de la guilde des boulangers, au marché de poisson. Elles s'y exaltent, appellent le Père et sortent en révélant que le Seigneur est en train de descendre sur terre.

Mardi 10 février. Il fait à peine jour quand Knipperdollinck commence à crier dans les rues. Il va jusqu'à la passerelle de la tour de l'observatoire : « Faites pénitence, impies que vous êtes ! » hurle-t-il aux catholiques et aux protestants. Il faut retenir Caspar Judefeld, le deuxième bourgmestre, qui veut aller le transpercer de son épée. Knipperdollinck est capturé et enfermé dans la tour d'Uberwasser avec les prédicants et les anabaptistes prisonniers depuis la veille. Il crie jusqu'à l'extinction de voix.

A 8 heures se présente à la porte Notre-Dame une foule sombre et lente de paysans en armes — leurs armes, on les connaît : faux, fourches, pieux, masses, mais plus encore c'est leur silence qui fait peur. Leur religion ne fait pas de doute non plus : catholique, jusqu'à l'intolérance. Ils sont envoyés par l'évêque et viennent, disent-ils, se mettre à la disposition du Conseil. Le bailli de Wolbeck les suit, accompagné d'une troupe de chevaliers et de chanoines. Tilbeck décline leur offre. Les Münstérois, explique-t-il, sauront bien rétablir l'ordre seuls. Mais les paysans ne se déplacent pas pour rien et il ne peut les empêcher d'entrer dans la ville. Ils se postent sur la berge de l'Aa et attendent.

Dans l'après-midi, les efforts de Tilbeck — « Arrangeons-nous entre nous plutôt que de laisser entrer l'évêque » — aboutissent à un accord : cessez-le-feu et promesse d'instaurer une vraie liberté de foi. Échange de prisonniers et d'otages.

Le bailli, les chevaliers et les chanoines s'en retournent « très tristes », note Kerssenbrock. Quant aux paysans, le Conseil leur offre la bière à volonté. Ils se répandent dans les tavernes de la ville et, leurs terribles outils à côté d'eux, arrosent largement cette journée perdue avant d'aller « retrouver leurs femmes comme après une longue campagne ».

Dès que le dernier d'entre eux a tourné le dos, les anabaptistes barrent les portes de la ville et s'embrassent. En vérité, ils ont eu très peur, et leurs éclats de joie donnent la mesure de leur soulagement. Ils ne doutent pas que Dieu lui-même est intervenu. On n'a jamais vu une foule de paysans en armes se contenter d'un peu de bière : c'est bien la preuve que Dieu est avec eux! A ce moment-là, écrit d'ailleurs Rothmann, « les chrétiens ont vu briller au-dessus du marché trois soleils simultanément, des nuages de feu au-dessus et autour de la ville ». C'est incontestablement un signe, et qui pèsera. Au Grand-Marché, les visages des Élus « se sont teintés d'or, ainsi que les pavés ». « Si les paysans étaient restés une demi-heure de plus, explique-t-il, ils auraient brûlé dans ces flammes et seraient tombés dans les abîmes de l'enfer. »

Dans la plaine, l'évêque attend le retour des troupes et des paysans qu'il avait envoyés. Il est furieux d'apprendre qu'ils ne se sont pas battus : « C'est le Diable qui vous a conseillés! »

Comme c'était une drôle de guerre, c'est maintenant une drôle de paix; on sait désormais qui est quoi, et chaque camp a pu se compter. N'empêche. C'est quand même un grand soulagement que célèbre la monstrueuse salve des canons de Münster qu'on décharge en l'air.

Mercredi 11 février. Les anabaptistes ont écrit des lettres et envoyé des émissaires en Hollande et en Frise pour raconter « quel grand miracle s'est accompli à Münster », quand Dieu a voulu que les paysans quittent la ville de leur plein gré. Ils disent à leurs amis de venir, et de se hâter.

Jan de Leyde lui aussi a écrit. Un valet de la maison Knipperdollinck est parti porter un message urgent : le temps est venu pour Jan Matthys de venir à Münster. La ville est prête à accueillir sa révélation.

Place du Grand-Marché, Kerssenbrock voit, entre les barricades, les femmes anabaptistes en proie à « une miraculeuse folie », « une incroyable furie ». Il décrit celles qui « bondissent comme si elles voulaient voler » celles qui, les cheveux dénoués, vêtements défaits ou flottant au vent sans pudeur, se jettent au sol les bras en croix ou, la tête renversée, toutes tendues vers le ciel, appellent le Père, celles qui, les bras dressés, tapent en cadence dans leurs mains, celles qui se vautrent dans la boue, écument, grincent des dents, se frappent la poitrine, pleurent. « Certaines veulent notre perte, d'autres notre salut, certaines nous souhaitent la cécité, d'autres la lumière. Elles croient voir descendre le Père. Elles demandent sa protection sur la Ville sainte. » Elles ne convertissent pas l'étudiant : « Rien de plus épouvantable, ordurier, sot et ridicule », commentera-t-il.

Entre elles et lui, la fin du monde. Elles sont possédées par cette révélation inouïe, aveuglante : l'étoile Absinthe va se lever, et les sept coupes de la colère de Dieu vont noyer la terre sous un flot de soufre et de feu, et le tiers des étoiles va tomber en pluie... Depuis qu'elles ont dans le cœur ces mots-là, comme des braises, elles n'en peuvent plus d'attente, folles d'espoir et de terreur en même temps.

« La hache est déjà sur la racine de l'arbre » : les rebaptisés avertissent ceux qu'ils appellent les impies, et qui étaient hier leurs voisins, leurs concitoyens, leurs amis peut-être, ou même leurs parents. Ils les pressent, les supplient : « Confessez-vous ! Confessez-vous ! »

Voici que certains disent qu'il pleut du sang, et comme hier, à la même heure, place du marché, les visages extatiques se nimbent d'or. « O Père, crient les femmes, roi de Sion, épargne ton peuple ! »

On croirait entendre « mille porcs » en même temps, écrira Kerssenbrock le catholique. Un citoyen avise, surmontant une maison proche, une girouette dorée qui renvoie vers la place les rayons du soleil. D'un coup de mousquet, il abat le coq — et le reflet du feu du ciel.

Les catholiques et les protestants triomphent, crient à la mystification. C'est alors que se répand une nouvelle incroyable : le bourgmestre Hermann Tilbeck et toute sa famille viennent d'être rebaptisés par Rothmann.

Jeudi 12 février. Double mouvement dans la ville. D'une part, les candidats au rebaptême se pressent chez les prédicants. D'autre part, sensibles à cette atmosphère de fausse paix et de fanatisme, de nombreux citoyens décident de quitter Münster, chargent sur des chariots ce qu'ils peuvent entasser de provisions et de choses précieuses, mais les anabaptistes veillent aux sorties de la ville : on n'emporte pas de nourriture.

Kerssenbrock accompagne un de ses amis qui veut partir. Ils ont préparé un paquetage de livres et « deux petits pains de blé ». A la porte de Hörster, ils sont arrêtés et fouillés par des gardes armés. Ils mangent sur place les petits pains qu'on leur interdit d'emporter. Ensuite seulement on les laisse sortir : « Allez vous faire pendre, gibiers de potence, et ne revenez jamais! »

Kerssenbrock, qui n'a pas, lui, l'intention de partir, met son compagnon sur le bon chemin, longe les fossés et rentre par la porte Saint-Maurice.

Des femmes sont prises à essayer de passer des morceaux de porc entre leur chemise de laine et leurs fourrures. C'est un certain Sundermann qui découvre le stratagème par « un attouchement malhonnête ». La rumeur court les remparts : « Les femmes portent du lard sur leur corps. » Les fouilles deviennent plus sévères. On démonte les lits, on sonde à l'épée les paillasses et les coffres.

Le ralliement de Tilbeck est déjà parvenu aux oreilles du duc de Clèves et de l'évêque Franz von Waldeck. Celui-ci est assailli de demandes de secours de la part de ceux qui ont quitté la ville avec femmes et enfants « en perdant tous leurs biens ». Il ordonne à tous les fonctionnaires du diocèse de protéger et de défendre ceux qui quittent la ville et de leur délivrer des sauf-conduits. Il ordonne aussi « d'arrêter, d'emprisonner et de torturer » tout anabaptiste.

Rothmann envoie des messages dans les villes voisines. Que ceux qui se préoccupent de leur salut, dit-il, abandonnent leurs biens terrestres et viennent le rejoindre dans la Nouvelle Jérusalem pour y établir le service de Dieu — il précise quand même qu'on n'y manque de rien. Déjà, à

Coesfeld et à Warendorf, non loin de la ville, des frères et des sœurs se préparent à se mettre en chemin.

A Münster même, les rebaptiseurs et rebaptisés sont désormais majoritaires. Ils contrôlent tous les mouvements d'entrée et de sortie. Un prédicant, Heinrich Roll, est chargé d'aller recruter des lansquenets pour le cas où l'évêque attaquerait la ville.

Au couvent d'Uberwasser, la mère supérieure Ida von Merfeld s'est décidée à alerter les parents de ses vierges en péril. Ils arrivent « en voitures à ressorts, comme les nobles en ont l'habitude » et tentent en vain de convaincre leurs filles de les suivre. « Vous nous avez mises dans cet endroit de mort, répliquent celles-ci, pour vous débarrasser de nous. Vous n'avez plus d'ordres à nous donner. » La plupart d'entre elles décident de rester.

Des remparts, on voit bien que les gens de l'évêque rôdent autour des fossés. On fait rentrer toutes les provisions qu'on trouve à acheter aux alentours — charrois et barils encombrent les ruelles. Une sorte d'excitation irrigue la ville. L'évêque mettra-t-il le siège ?

A Mardi gras, on se déchaîne pour se moquer des catholiques. Des cortèges insensés se forment : ici, un cocher déguisé en évêque claque du fouet sur un attelage de six moines tirant une charrette où un prêtre, des lunettes sur le nez, un plumeau et un livre à la main, débite toutes sortes d'âneries au pied d'un lit où geint un faux malade. Plus loin, c'est un grand forgeron, Hubert Ruescher, qui s'est habillé en moine noir et tire une charrue, comme une bête de somme. Tout près, à Hilltrup, Caspar Bochardi venge sa mère, naguère expulsée après un passage au pilori : il est couché sur une charrette de fagots, et de faux dévôts l'accompagnent en procession avec croix, bannières et sonneries de clochettes, comme s'il s'agissait de l'ostension d'on ne sait quelles très saintes reliques.

Pour gagner du temps sans doute, les deux bourgmestres, Caspar Judefeld et Hermann Tilbeck, écrivent à l'évêque qu'ils ont fait ce qu'ils ont pu, mais que la situation les dépasse.

Les nouveaux arrivants se pressent aux portes. Ainsi Hermann Regewart, le pasteur de Warendorf, avec toute une partie de ses fidèles. Ainsi Peter Schwering, de Coesfeld, « avec sa femme et son argent ». Ainsi cette femme qui a laissé son mari à Drensteinfurt et est venue rejoindre deux de ses filles, de celles qui étaient nonnes à Uberwasser et ont quitté le couvent pour la communauté des Élus — et même, sa troisième fille l'accompagnait, abandonnant, elle, un mari chevalier.

Un convoi venant de Schöppingen, avec le comte lui-même, sa femme, ses enfants et un grand nombre de ses administrés, a été intercepté en route. Alertés par le fils du comte, les anabaptistes ont envoyé une troupe de renfort, mais le comte avait disparu.

Est aussi arrivé Heinrich Krechting, chez qui Jan Bockelson avait logé quelques mois plus tôt à Schöppingen, et qui a retrouvé à Münster son frère Bernhard. Et enfin Jan Matthys lui-même, avec sa femme enceinte Divara. Au reçu de la lettre de son disciple Jan de Leyde, il s'était aussitôt mis en route avec le messager. A Deventer, entendant que Münster était en pleine insurrection et que de nombreux frères avaient été tués, Matthys avait envoyé le valet en éclaireur. Maintenant, le prophète est là, et s'il a vaincu les incertitudes du chemin, c'est bien que Dieu l'a voulu. L'ancien boulanger, avec ses façons et ses mots comme des pierres, s'est tout de suite imposé au cœur de la communauté. Il fallait que la ville se purifie, disait-il. Le Jugement était imminent.

On installe les nouveaux arrivés dans les logements de ceux qui choisissent de s'en aller, et dont le nombre s'accroît aussi. Johann von der Wieck, par exemple, le si scrupuleux syndic, a décidé de retourner à Brême pour fuir les inventions de ces forcenés. « Il a pris la poudre d'escampette », dit

Kerssenbrock. Mais à peine a-t-il quitté Münster que les gens de l'évêque l'arrêtent, le conduisent à Bevergen, puis à Iburg, à Furstenau enfin où ils le confient au bailli Eberhard Moring, un serviteur fidèle de Franz von Waldeck.

Le bailli et le syndic sont en train de jouer au tric-trac quand arrive un message de l'évêque. Moring le décachette, pâlit en lisant le texte. Von der Wieck lui demande de quoi il s'agit.

« Il s'agit de votre vie », répond difficilement le bailli. « Le prince ordonne que vous soyez décapité sur-le-champ. »

Il tend la lettre au syndic, qui s'indigne, proteste que même s'il a offensé l'évêque, on n'a pas le droit de l'exécuter « en cachette », qu'on doit le traduire « devant un tribunal public ».

Moring l'interrompt, le prie de « ne pas lui faire endosser la responsabilité de sa mort », lui rappelle qu'il est engagé par serment envers son prince : l'ordre sera donc exécuté.

Von der Wieck, habitué aux disputations publiques, tente de le convaincre. Son devoir, à lui, Moring, dit-il, est d'obéir à Dieu plutôt qu'à un homme, quel qu'il soit, qui ordonne des choses impies; que c'est devant Dieu, le juste juge, qu'il devra rendre compte de cet assassinat clandestin, et non devant un homme...

Vaines paroles. Avec le messager sont venus un prêtre et un bourreau. « Tout le monde était prêt, ajoute Kerssenbrock, sauf von der Wieck. » L'ancien syndic de Münster refuse l'aide du prêtre mais recommande son âme à Dieu. Puis il s'agenouille, joint les mains et offre son cou au bourreau. Son corps est enterré sous le remblai du rempart.

Quand la nouvelle éclate à Münster, le Conseil se réunit et rédige une pétition au prince-évêque, lequel répond aussitôt que Johann von der Wieck n'a pas été arrêté en tant qu'anabaptiste, mais en tant que rebelle, qu'il s'est servi de ses compétences en droit et de sa position à Münster pour faire table rase des us et coutumes et échauffer « le mauvais sang ».

En même temps, le prédicant Heinrich Roll, parti recruter des lansquenets aux Pays-Bas, est arrêté près de Maëstricht, convaincu d'anabaptiste, dépouillé des fonds qu'il transporte, condamné au bûcher et aussitôt brûlé. Il n'y aura plus de pardon. Caspar Judefeld, l'un des bourgmestres, déserte la ville et va se réfugier discrètement à Hamm.

Éprouvant le besoin de renforts, Münster envoie un nouveau messager dans les villes d'alentour : Jakob, un maréchal-ferrant d'Osnabrück, baptisé par Jan de Leyde. A Büderich, il remet à un cordonnier une lettre du prédicant Klopris. A Wesel, il raconte à l'aubergiste les miracles de Münster. Il passe la nuit à Geldern puis gagne Venlo pour déposer chez un certain Lenhart un message du prédicant Strahlen. Il traverse Wassemberg — encore une lettre, de Klopris cette fois et pour le bailli — et Branniggen. A Dremmen, il passe deux nuits chez Peters, où se tient une réunion. Puis il gagne Olden. Partout, il répète que seuls seront sauvés ceux qui entreront dans la communauté des Élus de Münster...

Münster où, comme chaque premier lundi de Carême, on élit un nouveau Conseil. Le terrain est préparé par Rothmann, Knipperdollinck et le chef des guildes, Heinrich Redecker, qui exhorte le peuple à voter « selon l'inspiration de l'esprit, et non de la chair ». Il est entendu. Les dix grands électeurs sont tous des rebaptisés ou des sympathisants. Quant aux membres du Conseil, ils sont presque tous des notables ou des commerçants aisés connus pour leurs sympathies anabaptistes. Six sortants seulement sont réélus. Les modérés, comme Tilbeck ou le forgeron Mollenhecke, disparaissent. On peut penser que ce Conseil saura s'opposer à l'évêque [17].

« Les fauteurs de trouble, commente aigrement Kerssenbrock, ont élu un nouveau Conseil, à savoir des savetiers, tailleurs, fourreurs et autres artisans. » Le jeune catholique est de plus en plus hostile aux anabaptistes — d'autant que Heinrich Krechting est venu s'installer dans la maison où il loge, se réservant « les chambres les plus confortables ». Kerssenbrock est le seul à faire état d'une rumeur selon laquelle Jan Matthys réunit chez Knipperdollinck des anabaptistes des deux sexes; debout sous le lustre de fer pendu à la poutre et qui porte trois bougies, il prêche, dit-il, de façon à enflammer « le feu caché » qui couve dans le corps de ses fidèles. Lorsqu'il en vient au commandement « Croissez et multipliez », il souffle les bougies. Se passent alors « des horreurs sans nombre » dans cette cérémonie qui constitue « le baptême du feu ». Comme preuves, Kerssenbrock parle d'une femme qui, ayant appris le mot de passe, « s'est glissée dans la maison, a tout vu et nous l'a raconté ensuite... »

En vérité, le mardi 24 février, ce sont les nouveaux conseillers qu'on trouve chez Knipperdollinck à l'heure du déjeuner. Il s'agit pour eux de désigner deux bourgmestres — ce seront Knipperdollinck lui-même et son ami Kibbenbrock, petit homme agité et grosse fortune — des trésoriers, des magistrats, des responsables de l'hôpital, de la léproserie, de l'hospice des Antonins, de l'enseignement, les six maîtres de la force publique...

Tous des anabaptistes... La doctrine hier encore clandestine investit maintenant les cadres ordinaires de la légalité, devient le pouvoir en place dans la ville.

Mais tandis que le nouveau Conseil, autour d'une table bien servie, célèbre gravement son succès, à cent mètres de là, au Grand-Marché, Jan Matthys ameute les passants. Il dit de sa voix terrible qu'il ne suffit pas de gagner les élections, qu'il faut maintenant purifier de toute souillure la Nouvelle Jérusalem, que c'est le désir de Dieu et la condition de tout. Quelle fête, soudain, dans les rues! « Par troupeaux entiers, raconte Kerssenbrock, comme s'ils voulaient se répartir entre eux les crimes, ils se précipitaient à travers la ville, enflammés par une violence incroyable et une envie de destruction. »

Les premiers objectifs sont les couvents, et d'abord leurs églises. Ils en sortent les objets du culte et les répartissent entre « les vagabonds les plus impies, les putains et les lansquenets ». Ils grattent les murs pour rendre les fresques illisibles. Porte Saint-Maurice, la chapelle Saint-Antoine est détruite après pillage.

A 4 heures de l'après-midi, un certain Bernhard Mumme et « un troupeau de méchants » arrachent les clés au sacristain de la cathédrale, abattent le calvaire au passage, se ruent en criant sous l'immense voûte et mettent l'édifice à sac, pillant, arrachant, profanant, s'acharnant sur les fonts baptismaux et les reliquaires. Ils dansent sur les vénérables ossements des saints, piétinent les hosties, défoncent les vitraux, arrachent les tuyaux de l'orgue, chient sur les livres saints et sur les tableaux de la Vierge, mettent en pièces la bibliothèque du savant et poète Rudolf von Langer. Ils arrachent les plaques d'argent de la grand croix, renversent les monuments funéraires des évêques, fracassent à coups de masse la grande horloge à la décoration de laquelle ils ont pourtant vu travailler si longtemps le peintre Ludger tom Ring et ses deux fils[18]...

A ce jour du 24 février, la chronique du monastère de Niesing note seulement : « Ils ont été à la cathédrale, y ont passé toute la nuit, l'ont dévastée, ont arraché et emporté tous les ornements. »

(Et qui, dans ces affaires, ne sait pas que la violence seule peut accomplir la justice ? Il faut détruire pour purifier, détruire pour reconstruire. Car la putain babylonienne doit être renversée et Dieu alors sera vénéré dans ce temple vivant qu'est le cœur des hommes. Un à un, nous ne sommes rien, mais tous ensemble, nous sommes forts de la force de Dieu... Détruire ce qui offense Dieu, c'est comme une fête sacrée, le signe de notre libération, et notre vertige s'augmente du vertige des autres, et ces flammes sont des flammes de joie...

Sacrilèges ? Que Dieu nous foudroie si nous sommes sacrilèges !)

Dans cette rage frénétique de renvoyer au néant les symboles du péché et de l'oppression s'accomplissent toutes les revanches, collectives et personnelles, sur l'ordre des choses comme sur ses propres fatalités. Y bat aussi, peut-être, avec une très vieille pulsation de violence et de pouvoir, le désir inavouable de jeter dans les lacs de soufre et de feu ceux qui détiennent la puissance, la richesse, l'intelligence, la beauté... Cette rage-là, confuse, véhémente, ne connaît pas de bornes quand une cause vient la légitimer.

Le lendemain, dès le matin, c'est au tour du couvent de Niesing, près de Saint-Servais.

(Vous voyez bien que Dieu ne nous a pas foudroyés !)

Quand les hommes, armés de hallebardes et de piques, s engouffrent dans l'église, l'aumônier n'a que le temps d'ôter le saint sacrement de l'ostensoir où il était exposé et de le faire avaler à deux des religieuses qui se trouvent là. Un scribe particulièrement zélé réussit à sauver un calice précieux, des lettres de créance et plusieurs pièces de lard.

De leurs fenêtres, les religieuses peuvent voir brûler, hors les murs, l'église Saint-Maurice et les bâtiments qui l'entourent. En fait, abattant les arbres, mettant le feu aux haies et rasant les abris de jardin, les anabaptistes se préparent à un siège. Ils ont appris que l'évêque est en train de réunir son armée : sa chevalerie a été convoquée pour un service « d'un mois ou deux », il a engagé des sergents recruteurs et donné l'ordre de contrôler toutes les routes qui mènent à Münster.

C'est pourquoi il faut que les Münstérois établissent ce glacis autour de la ville, qu'ils récupèrent soigneusement tout ce qui pourra leur servir. Des femmes et des enfants chargent des chariots de blé, de pain, de viande, de lard, de tapis, de linge... On enlève même avant que l'église brûle le plomb des couvertures... Les cloches fondent... La tour s'écroule avec fracas sur l'église dont il ne reste bientôt que des pans de murs fumants.

Chez Knipperdollinck, le nouveau bourgmestre et Jan de Leyde, ce même jour, voient Matthys arpenter la grande salle de long en large : « Tue! gronde-t-il. Assomme! Assomme! Tue!... » Il sort. « Il faut prévenir les moines et les curés », dit Jan de Leyde.

A 3 heures de l'après-midi, un coup de canon annonce que Jan Matthys va prêcher. Cela se passe dans une maison proche du marché au poisson. Il lui paraît maintenant nécessaire et urgent de tuer les papistes, les luthériens, les sacramentaires, bref, tous ceux qui ne se convertiraient pas. « On ne peut se préserver de la levure d'autres sectes et de leur contamination d'aucune autre manière qu'en supprimant tous les impies. » Il ajoute que l'opération ne présente pas de difficultés, puisqu'on peut fermer la ville, et que les Élus sont les plus nombreux.

Quand il parle ainsi, le nouvel Enoch, lançant ses mots comme des gifles, on approuve sans même avoir le loisir de réfléchir. Et tous, à ce moment, sont subjugués. Il n'y a que Knipperdollinck qui, accourant, s'interpose, bientôt soutenu par Jan de Leyde : pour purifier l'aire du Seigneur, disent-ils, il suffit de chasser tous ceux qui ne voudraient pas se convertir. Jan Matthys accepte.

La nouvelle est criée dans les rues. On cite l'Écriture : « Dehors les chiens, les enchanteurs, les impudiques, les meurtriers, les idolâtres, et quiconque aime et pratique le mensonge! » Rothmann baptise au Grand-Marché, tandis qu'aux portes de la ville se croisent ceux qui fuient et ceux qui, arrivant parfois de loin, viennent vivre ici les derniers jours du monde. « Ce n'est plus le temps de la résignation, leur explique Rothmann, mais celui de la libération, celui de la restitution... Nous allons restituer à l'Église sa pureté, venger tout ce qui est injuste et mauvais sur la terre entière... »

En attendant, à Wolbeck, cinq femmes et un homme convaincus d'anabaptisme sont noyés; à Bevergen, quatre femmes sont noyées et un homme brûlé... Jakob, le forgeron d'Osnabrück parti distribuer des messages, est arrêté, torturé...

Vendredi 27 février. Temps épouvantable. « A ne pas mettre un chien dehors », dit Kerssenbrock. Vent du nord, neige, pluie glaciale. Dès l'aube, les anabaptistes courent la ville : « Dehors les impies, menacent-ils, foutez le camp! Sinon Dieu va vous châtier! » Ils sont armés de mousquets, de piques, de hallebardes et chassent les réfractaires, contraints d'abandonner tous leurs biens. Matthys apostrophe les « mécréants » : « Voyez comme la nature vous est hostile! » dit-il. Il les poursuit, leur crie de faire pénitence, s'effondre de fatigue et d'exaltation, appelle le Père à son aide, se relève d'un bond, dit que « cette ville revient aux fils de Jacob et aux véritables Israélites ».

Coups dans les portes, bruit des armes, bousculades, tumulte, ordres et contre-ordres, plaintes... Des mères sortent des berceaux des enfants qui pleurent de froid... Fabricius, le prédicant luthérien en mission, doit se déguiser pour échapper à ceux qui le cherchent... Le peintre Ludger tom Ring confie son atelier et sa demeure au soin de son domestique... Des familles entières fuient, d'autres se divisent, l'homme laissant le plus souvent la femme derrière lui... Le vieux prieur de Saint-Maurice, dont l'église a brûlé hier, tente de sortir avec quatre serviteurs. Près de l'abattoir, Jean Matthys lui-même l'arrête, lui pose sur la poitrine la pointe d'une lance : « Tu ne partiras pas ainsi, vieil escroc! Laisse-nous ou ta vie ou ton argent! » Le prieur montre un sauf-conduit que lui ont accordé les deux bourgmestres. « Moi, je ne t'ai rien promis! » lance Matthys. Ceux qui sont avec lui dépouillent le prieur de son argent et lui arrachent les bagues des doigts... Le jeune Kerssenbrock et son logeur, le médecin Westling, quittent eux aussi Münster, mais ils ne s'éloignent pas. Ils pensent pouvoir rentrer bientôt. « Le Seigneur a chassé nos ennemis, écrit Bernhard Rothmann à un ami. Ils partent par troupeaux entiers, en proie à une frayeur inconnue. »

Pendant trois jours, on baptise. Au Grand-Marché pour ceux qui peuvent se déplacer, et qui doivent aller se faire inscrire chez un des deux bourgmestres, Knipperdollinck ou Kibbenbrock. Les vieux et les malades sont baptisés chez eux.

Le samedi, on signale à Bernhard Rothmann le cas de la femme Verneken, qui tient l'auberge *A la Rose,* rue Saint-Gilles. Elle ne veut pas être rebaptisée, mais ne peut quitter la ville pour la bonne raison qu'elle est trop grosse pour bouger. Rothmann commence par tenter de la convaincre, lui parle de leur communauté fraternelle. Mais elle ne veut rien entendre, répète qu'elle a déjà été baptisée à sa naissance, et qu'elle ne veut d'autre baptême que celui de ses ancêtres. Rothmann, à bout, la menace : « Nous devrons t'éloigner par la mort [...] pour que ton impiété n'attire pas sur la ville la colère de Dieu. » La femme Verneken finit par se laisser faire : « Alors baptise-moi au nom de tous les dieux, puisque je l'ai déjà été au nom de Dieu. »

Les dernières religieuses quittent le couvent de Niesing sans pouvoir rien emporter « sauf un pain et deux harengs » pour le cocher de la voiture qui transporte la mère supérieure, malade et pratiquement impotente. Elles laissent derrière elles « au moins quatre tonnes de harengs » — sans doute la provision pour le carême — et « de grandes réserves de toutes choses », notamment de blé, de pain juste fait, de bière.

Une seule religieuse est restée à Münster, pour s'occuper de deux sœurs hospitalisées. Elles sortiront le dimanche, péniblement, à pied, à travers champs.

Elles sont sans doute les dernières à quitter officiellement Münster. Ce dimanche 1er mars, le Conseil charge un greffier nommé Teba de passer dans les rues proclamer que les non-baptisés qui resteraient dans la ville seront passibles, dès le lendemain au lever du soleil, de la peine de mort.

Tout autour de Münster, les soldats de l'évêque, à pied ou à cheval, occupent les villages et les bourgs. Des éclaireurs choisissent les emplacements des campements à établir. On amène par pleines charretées des paysans qui commencent à creuser, à planter des palissades. Franz von Waldeck a convoqué, pour ce même dimanche, les vassaux de ses trois diocèses, Münster, Osnabrück et Minden. Ils doivent se rassembler, en armes, à Telgte et Wolbeck.

Dans la nuit du dimanche au lundi, les soldats de l'évêque prennent possession de la tranchée creusée par les paysans. Des remparts de Münster, les anabaptistes les regardent. Les bourgmestres rassemblent les citoyens et Knipperdollinck les harangue, leur donne « courage et enthousiasme ». Des commandants, des capitaines et des lieutenants sont désignés. On établit des tours de garde, dont personne n'est exempté. Chacun se voit attribuer un poste de défense, à tenir jusqu'à la mort.

C'est le grand combat du Bien et du Mal qui commence là.

IV

LES AVEUX DU FORGERON JAKOB

Pièges à curetons — Des manœuvres de l'Antéchrist — Avant l'heure — Maître — Dégueulasserie papale

Tombé aux mains de l'évêque, le forgeron Jakob parle volontiers. Sur Münster et l'anabaptisme, il n'a rien à cacher, et les questionneurs ne le torturent que pour le principe.

Il dit qu'il a vu à Münster des choses miraculeuses. Par exemple, traversant le ciel, un homme monté sur un cheval blanc et armé d'un glaive dont il menaçait ceux qui refusaient de faire pénitence ou d'écouter la parole de Dieu. Ou encore un feu horrible, bleu et noir, si sombre que le soleil, par contraste, dorait le visage des gens rassemblés au Grand-Marché — et ceci s'est produit deux fois.

Ce qu'on enseigne à Münster? Que « tout le commerce des curés est une machination du Diable », que « le sacrement de la messe n'est rien d'autre que piaillements et pièges à euretons », que baptiser les enfants n'a pas plus d'effet que de leur « torcher le cul ». Lui-même ne croit pas avoir été baptisé à sa naissance. Il s'est fait baptiser après l'Épiphanie.

Quand on l'a arrêté, il annonçait que le monde allait être terriblement châtié avant Pâques, et qu'il ne resterait pas un homme sur dix. Münster seule connaîtrait la paix et la sécurité, puisque choisie par le Seigneur pour être la Nouvelle Jérusalem. Il disait aussi que des maisons et des lits étaient préparés à Münster pour accueillir tous les chrétiens qui arrivaient — il y aurait tant de monde dans la ville qu'il faudrait construire sur la place de la Cathédrale, dans la cathédrale elle-même et dans les églises. On ouvrirait aussi les maisons des païens et des impies.

Des théologiens l'interrogent sur les articles de foi et les commandements des anabaptistes.

Q. — Est-il vrai que les anabaptistes doivent renoncer au service de Dieu qu'on appelle la messe ?

R. — Ils doivent renoncer à tout ce que les curés font et disent, messes, vigiles, vêpres, matines.

Q. — Est-il vrai qu'ils doivent renoncer au saint chrême et à tout ce qu'on bénit : palmes, eau, etc. ?

R. — Le Diable a soufflé tout cela aux curetons, ce sont des manœuvres de l'Antéchrist.

Q. — Qui est l'Antéchrist ?

R. — Le pape et tous ceux qui sont contre la parole du Christ.

Q. — Est-il vrai qu'ils voient le grand dieu Baal au-dessus de la tête du prêtre ?

R. — Toutes les machinations des curés sont abominables et vaines.

Q. — Est-il vrai qu'ils doivent s'engager à ne plus jamais entendre la messe ?

R. — Il faut y renoncer à tout jamais.

Q. — Est-il vrai qu'ils doivent renoncer au monde tout entier ?

R. — Oui, avec toute sa pompe.

Q. — Est-il vrai qu'ils ne doivent pas avoir de commerce avec les impies ?

(Le forgeron Jakob avoue cet article.)

Q. — Qui sont les impies ?

R. — Les papistes et les luthériens qui bâfrent, boivent, courent la putain et vont à l'encontre de la parole de Dieu. Les païens sont des citoyens simples et les domestiques qui suivent les curés et leurs machinations.

(Le forgeron Jakob dit aussi que le Christ a été le dernier prêtre, qu'il n'y en a pas eu depuis.)

Q. — Est-il vrai qu'ils ne doivent accepter d'être sujets d'aucune autorité ?

(Le forgeron Jakob dit que cet article n'est pas vrai, car on doit obéir à l'autorité si elle n'est pas contre Dieu et sa parole.)

Q. — Est-il vrai qu'une fois par semaine, le samedi, ils se couchent en croix et prononcent des paroles inconvenantes?

(Le forgeron Jakob dit que l'article est faux.)

Q. — Est-il vrai qu'ils disent que le Christ n'a pas pris la nature humaine de Marie?

(Le forgeron Jakob dit que c'est vrai.)

Q. — Est-il vrai que personne ne doit prêcher aux païens avant l'heure?

R. — Vrai.

Q. — Que veut dire « avant l'heure » ?

R. — Que le monde doit être d'abord châtié. Qu'on prêchera ensuite les survivants.

Q. — Est-il vrai qu'ils disent qu'on doit conclure un nouveau mariage entre croyants?

R. — Vrai.

Q. — Que se passe-t-il si le mari est croyant et la femme non ?

(Le forgeron Jakob dit ne pas savoir.)

Q. — Est-il vrai que la femme doit appeler son mari qui est chrétien « seigneur » ou « maître » ?

R. — Vrai.

Q. — Est-il vrai que valets et servantes ne doivent pas servir un païen ?

R. — Vrai.

Q. — Est-il vrai qu'aucun chrétien ne doit gouverner les païens ?

R. — Vrai.

Q. — Est-il vrai que les chrétiens occupant des charges malhonnêtes doivent les quitter ?

R. — Vrai.

Q. — Est-il vrai qu'on doit cesser d'exercer même les autres charges?

R. — Vrai.

Q. — Est-il vrai qu'un chrétien ne doit pas juger des impies?

R. — Vrai.

Q. — Est-il vrai qu'un chrétien ne doit pas pratiquer l'usure, ni donner ou recevoir de rente?

R. — Vrai.

Q. — Est-il vrai qu'ils ne fêtent ni dimanches ni jours fériés? Et si oui, pourquoi?

R. — Vrai. Parce que c'est le pape qui les a institués.

Q. — Quels sont les projets des anabaptistes quand ils seront suffisamment forts? Ne veulent-ils pas opprimer et anéantir tous les autres?

(Le forgeron Jakob dit ne pas en avoir l'intention lui-même, mais il ignore ce que veulent faire les autres.)

Le forgeron Jakob, d'Osnabrück, persiste à affirmer que ces articles sont vrais et que tout chrétien doit les croire. Il continuera de l'affirmer « qu'il vive ou qu'il meure ». De toute façon, il a « renoncé au monde et à tous les plaisirs de la chair, la bouffe, les beuveries, les putains et tout ce que les curetons font dans leur dégueulasserie papale ».

V

LE SIÈGE

La règle de trois — Les florins de l'évêque — Des tonnes de poudre — Landsknechte — Le serment de guerre — La potence et la roue — Marché libre — Une soupe chaude

Un monde, ce siège. Contrastant avec ces exaltés vibrionnant comme des guêpes dans leur fiévreuse prison, le camp du prince-évêque Franz von Waldeck tâtonne encore, se perd dans la plaine, immense corps sans cœur et sans âme, avec des gestes incertains et lents de géant. C'est que ce n'est pas rien d'organiser la prise d'une ville comme Münster, avec sa double muraille et ses deux fossés, un armement considérable et des défenseurs fanatisés. Une sorte de règle, d'ailleurs, veut qu'il faille toujours, pour investir et prendre une place, consacrer trois fois plus de temps, trois fois plus de forces et trois fois plus d'argent que ne le prévoit l'estimation la plus pessimiste.

Mais Franz von Waldeck n'a pas le choix. L'exemplarité du combat qu'il mène contre la subversion anabaptiste, en même temps qu'elle lui assure le concours des princes, protestants comme catholiques, lui impose le devoir de s'en montrer digne.

Pour commencer, il installe sa suite et ses conseillers à Wolbeck et à Telgte, là même où les Münstérois deux ans plus tôt s'étaient emparés du chapitre des chanoines au grand complet — cette fois, l'évêque fait prendre des gardes jour et nuit. Lui-même se tient le plus souvent au château d'Iburg, avec sa maîtresse Anna Pohlmann. C'est le cœur de l'incessant carrousel des messagers s'éparpillant, sitôt le pont-levis passé, aux quatre horizons. Ces jours-là, il expédie des recruteurs en Rhénanie et dans les pays du Nord, des émissaires dans les grandes villes acheter du matériel de siège et de combat, des plénipotentiaires auprès des princes susceptibles de participer à son effort de guerre par la fourniture d'argent, d'hommes ou d'armes.

En même temps, il nomme son commandant en chef, Johann von Büren, confie la chevalerie à Gerhard Morien et les troupes à pied à deux chevaliers, dont un certain Smöker, alias Gerhard Münster, qui fera parler de lui. Tous sont des spécialistes renommés, et ils ont charge d'engager cavaliers et lansquenets sur les bases suivantes : solde de 8 florins-Emden [19] par mois pour un cavalier, de 4 pour un homme de pied. Un commandant touchera cinq soldes, plus une pour son aide de camp, un lieutenant en touchera deux, plus une. Un mois de guerre est de vingt-huit jours. La solde commence à courir le 3 mars. Les officiers reçoivent un engagement de trois mois. Si le siège devait se prolonger au-delà, chefs et capitaines resteraient jusqu'à la fin de la guerre sans augmentation de solde.

Le prince-évêque a commencé par avancer 12 000 florins-or soustraits à « l'impôt de bienvenue » levé entre décembre et mars. Puis il a institué une taxe portant sur les joyaux et trésors des églises du diocèse : que tout, à l'exception d'un calice par église, lui soit remis; les communes pourront racheter, après taxation, les objets précieux qu'elles ont ainsi confiés. Rapport : 13 000 florins-or. L'archevêque de Cologne accorde un prêt de 10 000 florins-or, que Franz von Waldeck garantit en donnant en gage plusieurs districts de son diocèse (cette aide sera en fait fournie en nature, sous la forme de deux troupes soldées pour un mois et plusieurs pièces d'artillerie). La reine Marie, de Bruxelles, s'est dite disposée à prêter 10 000 florins-Charles (un peu plus de 7 000 florins-or) sans intérêt. L'évêque délègue donc à Bruxelles des messagers chargés des reconnaissances de dette correspondantes, ils doivent profiter du voyage pour emprunter simultanément 27 000 florins-or à Liège et 50 000 à Lazarus Thuecher d'Anvers — la réponse de Lazarus Thuecher sera celle d'un bon professionnel de l'argent : l'empereur lui-même, dit-il, paie volontiers 14 % *et plus* d'intérêt, mais il veut bien néanmoins prêter 100 000 florins à l'évêque de Münster à 14 % *seulement*[20]...

D'un peu partout, de Cologne, de Trèves, de Francfort, le matériel commence à arriver — 122 tonnes de poudre depuis le Brabant, 150 tonnes d'Amsterdam... L'archevêque de Cologne, le duc de Clèves, le comte de Lippe, les villes de Deventer, de Kampen, de Bielefeld expédient — mais aux frais de l'évêque — des boulets de fer ou d'airain, du salpêtre... Erfurt envoie 189 tonnes de salpêtre et du soufre en quantité. Il faut acheter des centaines de quintaux de fer et de plomb, des milliers de grenades, d'arquebuses, de mousquets, de lances, de piques, des clous par dizaines de milliers, des cordes, de la paille, de l'avoine, de la toile de Nessel pour les bannières, du cuir pour les sacs à poudre... Des moulins à poudre tournent à Iburg et Osnabrück. Mille quintaux de fer sont fondus pour la fabrication des balles et des boulets. Des boulets de pierre sont taillés dans les carrières... Il faut engager des maîtres artilleurs, des forgerons, des charpentiers...

Dès que les troupes sont assez nombreuses, Franz von Waldeck fait installer les premiers des sept campements prévus par son état-major autour de la ville. Le principal, sous la direction de Wilken Steding, dans les décombres de l'abbaye Saint-Maurice. Le deuxième, devant la porte Saint-Ludger, au lieu-dit le Champ-d'avoine. Le troisième face à la porte Saint-Gilles, c'est le camp des gens de Meisen, des protestants sourcilleux qui commencent par incendier une maison appartenant à un membre du clergé catholique. Le quatrième, près de la porte Notre-Dame. Le cinquième, face à la porte du Champ-aux-Juifs, près de l'abreuvoir aux cochons, c'est le camp des Gueldrois. Le sixième, face à la porte de la Croix, c'est le camp dit de Clèves. Le septième près du moulin d'Enking.

Les campements des fantassins sont établis à une distance de 700 à 1 500 mètres des remparts, ceux des cavaliers encore plus en retrait, leur mission essentielle étant la patrouille et la surveillance, de l'ennemi aussi bien que du mercenaire soldé.

C'est l'heure des lansquenets. Des nuées de mercenaires sans emploi arrivent à Münster, en troupes organisées, en bandes, en familles. Tous sont accompagnés de femmes, de domestiques, de chiens, d'enfants. Chez les mercenaires allemands, ce sont les femmes — légitimes ou prostituées — qui portent les bagages et s'occupent des blessés. Soldats de métier, successeurs des fameux Suisses dans la grande histoire des batailles, ils se groupent souvent par origine géographique et, sans trop se soucier de la justesse de la cause qu'on les paie pour défendre, ils se mettent au service des princes ou d'États sans armée. Leur nom — *landsknechte*, ou lansquenets, serviteurs du pays — est vite devenu populaire, ainsi que leur formation en carré héritée des Suisses, ou leur façon de se vêtir, avec leurs petits chapeaux et leurs pourpoints aux crevés de couleurs vives. Ils constituent une véritable confrérie militaire, avec son code, sa discipline et sa justice expéditive. Il est de tradition que les lansquenets ne se mêlent jamais de travaux de terrassement, juste bons pour les paysans. Ils font la guerre avec des piques et des arquebuses, pas avec des pelles [21].

Chaque unité élit un représentant, qui devient son porte-parole auprès du capitaine — c'est souvent un de ceux qu'on met en première ligne des « carrés » et qui touchent double solde. Ils prêtent tous serment de respecter leurs engagements vis-à-vis de leur employeur du moment.

Ainsi, à Münster :

1. Les soldats devront combattre vaillamment, sans aucune dérobade, à chaque fois que cela sera nécessaire et là où ils seront appelés. Ils devront protéger le prince-évêque et ses sujets, et défendre leurs biens.

2. Ils se tiendront à tous les articles de guerre habituels comme cela est de droit et convient à de bons soldats.

3. Villes, châteaux, artillerie, poudre, balles seront en cas de prise à l'ennemi réclamés par le prince-évêque.

4. Le prince-évêque ne sera pas tenu de payer la solde convenue s'il concède aux soldats la ville pour pillage.

5. L'Hôtel de Ville de Münster ne sera ni pillé ni endommagé, mais réservé au prince-évêque. Du reste du butin, le prince-évêque prélèvera la moitié.

6. Les chanoines, autres membres du clergé et citoyens de Münster chassés de la ville auront la préférence lors du rachat de leurs biens restés dans la ville.

7. Rien de ce qui est, dans les maisons, fixé aux murs ou au sol ne devra être démonté par les soldats après la prise de la ville.

8. Après la prise de la ville, les soldats remettront portes et fortifications aux représentants du prince-évêque.

9. Les soldats devront quitter la ville au signal du tambour au bout de huit jours pendant lesquels le butin sera transformé en argent liquide et partagé. La solde due sera payée richement et princièrement.

10. Les soldats ne devront pas tuer les chefs de la rébellion. [...] Ils devront les capturer et les remettre au prince-évêque, dont ils pourront alors attendre de riches récompenses.

Au début de mars, alors que le camp sous la ville n'est encore qu'un filet à grosses mailles, des lansquenets vont offrir leurs services aux assiégés, et l'évêque doit l'interdire formellement, avec des menaces de sanctions sévères.

Contrairement à l'ancien usage, tous ceux qui arrivent ne sont pas armés, et il faudra les fournir en piques — leur arme de prédilection, un bois ferré de 5 mètres de long qui tient les chevaux à distance, mais qu'il est difficile de manier en raison de ses vibrations —, en arquebuses et en mousquets [22].

Sanctions aussi — une potence et une roue sont dressées — pour ceux qui spolieraient les paysans et commerçants locaux, déjà prêts à les considérer tous comme des « pillards et des sauvages ». C'est que le camp vit essentiellement sur le pays. L'évêque invite par lettres les habitants de la région à pourvoir au ravitaillement des hommes et des bêtes. Le prix du blé, monté très haut en quelques jours, commence à baisser.

Il est convenu que chaque district du diocèse doit expédier avant le 24 avril 22 chariots de paille et d'herbe, ainsi que 22 voitures de gros fagots. Les districts du Nord, trop éloignés de Münster, paieront en remplacement de la prestation un florin par domaine et un demi-florin par métairie.

Chaque campement est filleul d'une ville chargée de l'approvisionner — c'est ainsi que Wolbeck achemine à « son » camp 20 bœufs gras par semaine, que Coesfeld fournit au sien de telles quantités de pain et de bière qu'il n'en reste plus pour ses propres pauvres. Un marché libre s'est installé dans le camp de Nevinghof : pain, viande, beurre, bière, poisson, avoine et paille à volonté pour ceux qui ont de l'argent.

Peu à peu s'organise ainsi la formidable entreprise. Non sans secousses ni retards : Franz von Waldeck, pris dans un entrelacs d'intérêts contraires, de politiques ambiguës, de promesses non tenues, est soumis à tous les aléas de la guerre et de la diplomatie.

Pourtant, le camp commence à ressembler à un camp, et les artilleurs mettent les batteries en place. Le landgrave de Hesse a envoyé ses 2 grosses pièces, appelées *le Diable* et *Sa mère*; le duc de Clèves, 8 pièces; le comte de Bentheim,

1 pièce et 8 couleuvrines... Les villes de Deventer, Kampen et Zwolle ont fourni 6 grosses pièces et 6 couleuvrines... Au total : 42 pièces d'artillerie, dont quelques gros canons de siège [23].

Pour l'essentiel, l'artillerie est placée devant la porte du Champ-aux-Juifs, la porte de Hörster et la porte Saint-Maurice. C'est la porte du Champ-aux-Juifs qui paraît à l'assiégeant la plus vulnérable : parce que le fossé, dominant légèrement le niveau de l'Aa, y semble plus facile à vider — Franz von Waldeck demande à l'évêque de Liège de lui envoyer deux cents sapeurs.

Au milieu de toute cette agitation, il est harcelé par les citoyens de Münster expulsés : représentés par quatre bourgeois, ils font valoir qu'ils ne sont ici que parce qu'ils ont voulu échapper à la souillure de l'« ignoble hérésie » pour demander qu'après la prise de la ville soient maintenus les anciens privilèges, libertés et droits, ils demandent également que certains citoyens embarqués malgré eux dans l'anabaptisme — ils disent « les malades et les vieux », mais sans doute s'agit-il aussi des épouses et des serviteurs laissés sur place pour sauver ce qui pouvait l'être — soient épargnés lors de la prise de la ville.

Le 27 mars, le prince-évêque fait sa première inspection. Elle a pour objet de contrôler que les effectifs et les équipements sont bien ceux pour lesquels la solde a été demandée, chaque chevalier devant ainsi produire, selon les contrats, deux ou trois hommes et de deux à huit montures.

Parmi les centaines de tentes multicolores, les cordées de chevaux, les files de chariots, les batteries d'artillerie, s'agite tout un monde de soldats, de forgerons, de charpentiers, de paysans occupés à creuser des tranchées et à monter des remblais, de filles, de valets, de vivandiers. Avec des branches de saule, on tresse des paravents de protection, ou des gabions qu'on emplit de terre; un peu partout, sur de petites forges, on fabrique des crochets, des haches, des pelles; on meule les lances ou les armures rouillées; on entraîne les chevaux aux vacarmes de la guerre.

Franz von Waldeck peut être fier. Le camp est comme une mer autour de Münster, son île ennemie.

Les soldats de Meisen, les protestants du camp de la porte Saint-Gilles, trouvent, eux, qu'on fait bien des histoires et qu'on dépense bien de l'argent « pour un si petit village ». Investir Münster, proclament-ils, « ne prendra pas plus de temps que d'avaler une soupe chaude ».

VI

LE NOUVEL ENOCH

Signé Emmanuel — Feu de joie — Les gardiens du trésor — Prophète de merde — Un trou dans le dos — Autodafé — Les faux-frères — La mort d'Enoch

Münster est l'une des villes les mieux fortifiées de l'Empire. Non par un de ces vertigineux remparts des pays de rocaille — en Westphalie, les carrières sont rares et on économise la pierre — mais par un ouvrage complexe, grossièrement pentagonal, comprenant, de l'intérieur vers l'extérieur, un mur d'enceinte de plus de 4 kilomètres, avec poternes et chemins de ronde, un fossé empli d'eau, un remblai comportant des bastions avancés et de l'artillerie, enfin un second fossé franchissable par pont-levis. L'ensemble s'étend sur près de 100 mètres *. A l'intérieur, la communauté des Élus s'y sent comme dans le poing de Dieu, à l'abri des péchés du siècle et des entreprises du prince-évêque.

S'y trouvent alors, après le grand chassement des derniers jours de février, de huit mille à neuf mille frères et sœurs [24] — des sœurs surtout, avec ces nonnes défroquées et toutes ces étrangères surgies à l'appel des prophètes. Si deux mille Münstérois peut-être ont choisi de partir, ils ont été remplacés par un nombre à peu près égal de Hollandais, de Frisons et d'Allemands de la région, alertés par les lettres ou par les rumeurs.

D'ailleurs, les prédicants et les conseillers adressent de

* Voir la restitution de la porte de La Croix, pp. 304-305.

nouveaux appels : « Que chacun se mette en marche vers la Nouvelle Jérusalem des saints, écrivent-ils ainsi aux Pays-Bas, car Dieu veut punir le monde. [...] Fuyez Babylone!

« Mesurez l'urgence. [...] Rappelez-vous la femme de Loth et ne regardez pas en arrière.

« Dans la ville se trouvent suffisamment de biens pour les saints. Prenez seulement de l'argent, des vêtements et de la nourriture pour la route.

« Que ceux qui possèdent un couteau, une pique ou un mousquet l'apportent, et que les autres en achètent, car le Seigneur va nous libérer et nous sauver par sa main puissante.

« Rassemblez-vous tous à une demi-lieue de Hasselt, près du monastère de la montagne, le 24 mars vers midi.[...] Que personne ne manque de venir. »

Le message est signé Emmanuel, c'est-à-dire l'ami de Dieu.

Dans Münster, le peuple des Élus, en proie à une sorte de joie terrifiée maintenant que sont séparés le bon grain et l'ivraie, fou de sa puissance et de sa peur, finit de détruire ce qui parle encore de l'ordre ancien. Les titres de créance et actes des tribunaux sont déchirés, jetés place de la Cathédrale dans le grand feu de joie qui allume les visages et brûle les cœurs. Vitraux et statues sont martelés, brisés à la masse. Les couvents sont pillés, les meubles fracassés, jetés au feu avec les portraits des anciens évêques, les cithares, les luths, les lyres, les partitions. Toutes les peintures religieuses qui ornent les murs sont barbouillées à la chaux. A l'Hôtel de Ville, les rebaptisés s'emparent du grand sceau municipal, qui représente saint Paul. Ils fouillent les archives secrètes, déchirent les privilèges, les décrets du Conseil, les livres de comptes.

Rien ne restera du passé, rien. La maison de Dieu sera nue et pure. Tout ce qu'on a sorti de la cathédrale et des riches demeures épiscopales est entassé sur l'esplanade, parmi les tilleuls, formant bientôt une énorme pyramide — « c'est le mont Sion! » dit quelqu'un, et les enfants partent en courant le répéter partout :« Le mont Sion! Le mont Sion! » Le nom restera, et désignera l'endroit le plus sacré du rituel des Élus.

Dans ces premiers jours du siège, la vie s'organise. Le nouveau Conseil prend sa tâche particulièrement à cœur, et notamment les bourgmestres inséparables, Knipperdollinck et Kibbenbrock.

Le premier souci est la défense. Chacune des portes de la ville est protégée par de nouveaux remblais, faits des sarcophages des évêques, chanoines et femmes nobles, des dalles des églises, des stalles de bois sculpté recouverts de terre. Un certain Johann Uldan a l'idée d'établir, entre les portes Saint-Servais et Saint-Ludger, un nouveau type de redoute : on aménage dans l'épaisseur des fortifications des cavernes et des tunnels où on dissimulera des pièces d'artillerie.

Chacun a son rôle à jouer. Certains sont équipés de seaux de cuir et de peaux de bœufs fraîches, prêts à maîtriser et à éteindre des incendies. Un groupe de réserve est constitué; en cas d'alerte, ses membres doivent accourir devant la cathédrale. Des entraînements de tir sont organisés. Dans le jardin de Melchior von Büren, le grand échanson de l'évêque, on fond des canons et autres machines de guerre. On lave la terre des caves et on la fait bouillir pour en tirer le salpêtre. C'est dans la cathédrale qu'on fabrique de la poudre à l'aide d'un moulin à main. Les femmes tressent des torsades de lin et d'étoupe qu'on trempera dans la poix brûlante pour décourager les ennemis qui grimperaient aux échelles. Elles s'entraînent à faire bouillir sur les remparts la poix et la chaux.

Les nouveaux arrivés sont logés dans les bâtiments religieux désormais purifiés et sans emploi : aux gens de Coesfeld est attribuée la commanderie de Saint-Georges, à ceux de Liège la maison des frères de Springborn, aux Frisons le couvent de Niesing, à ceux de Gilderhaus la maison des frères mineurs, à ceux de Warendorf la commanderie des chevaliers de Saint-Jean. Le Frison Julius von Franeker, nommé évêque de la ville et seul baptiseur — il n'y aura plus à baptiser que les futurs arrivants — est logé au couvent Ringe. Quant au monastère Rosental, il est transformé en prison pour les femmes qui n'obéiraient pas à leur mari.

Quelques-uns s'installent dans les belles demeures des chanoines. D'autres, comme Knipperdollinck, percent les murs de leurs maisons pour annexer les logements contigus si personne n'y est resté pour que les biens ne puissent être déclarés vacants.

Le zèle de tous est tel que personne n'est jamais seul. Il se trouve toujours un frère près de vous, pour vous reprendre, pour vous aider à faire votre salut. C'est ainsi que les maîtres de la force publique, par exemple, se relèvent la nuit pour aller s'assurer que les sentinelles sont à leurs postes, et l'œil bien ouvert. Mais les maîtres de la force publique sont eux-mêmes surveillés par les conseillers. Ainsi, une nuit, alors qu'ils font le tour des remparts, les bourgmestres et certains des conseillers aperçoivent un grand feu qui enveloppe la ville, et dans ce feu deux glaives, et entre les deux glaives, des flammes hautes comme un homme. C'est le signe, interprète Knipperdollinck, que Dieu lui-même monte la garde devant les murs.

Les visions sont fréquentes. Une fois, ils voient trois villes suspendues dans l'air au-dessus des pignons dentelés et des tours des églises. Ils reconnaissent Münster, Strasbourg et Deventer : là où Dieu va assembler le peuple saint, là d'où rayonnera Sa parole et la gloire de Son nom. Knipperdollinck se fait une spécialité de ces apparitions miraculeuses. Un soir qu'on regarde la lune, il dit y voir des visages, et même des visages de nègres. Certains les voient comme lui, d'autres ne voient rien que d'habituel, et se tiennent pour moins saints que ceux qui voient.

Jan Matthys ne se mêle pas trop de ce qui se passe dans la ville. Il alterne les moments d'exaltation et de prostration. Ceux qui commencent à le connaître comprennent qu'il couve quelque chose — que Dieu est au travail en lui. Quand il ouvre la bouche pour transmettre les ordres du Père, ne dirait-on pas que, selon l'Écriture, ses paroles sont comme le feu? Ou comme le marteau qui brise les pierres ?

C'est presque naturellement que les biens des émigrés sont collectés et mis en commun. Des responsables rassemblent les lits, les couvertures, les vêtements, le blé, les armes, les chaudrons, les tonneaux, les pots d'étain. Les maisons abandonnées ne sont plus que des coquilles vides.

Puis il est demandé que tous ceux qui possèdent des monnaies de cuivre les apportent à l'Hôtel de Ville, où on les leur change.

Enfin la décision est prise au Conseil que tous les biens seront mis en commun. Les prédicants le justifient dans leurs prêches : « Personne ne doit avoir plus que les autres... C'est la volonté de Dieu que nous mettions notre argent en commun... » Matthys est catégorique : « Entre chrétiens, il n'y a pas place pour l'argent », et Bernhard Rothmann se fait rassurant : « Dieu ne tolérera pas que vous manquiez de quoi que ce soit. » Argent, métaux précieux et bijoux doivent être apportés à l'Hôtel de Ville, au secrétariat où tout est consigné. Quatre gardiens du trésor sont institués, dont Cort Cruse, l'orfèvre qui le premier s'était rebellé contre la justice épiscopale. Ils prendront en charge les dépenses de la communauté et rembourseront même, si nécessaire, les dettes que les chrétiens auraient encore à rembourser à des non-croyants. « Une partie seulement des gens ont tout apporté, dit Gresbeck; d'autres n'ont apporté qu'une partie seulement de leurs richesses; d'autres enfin ont tout gardé... Ils avaient encore des doutes. »

Ensuite, il est demandé aux Élus de prier pour que le Père désigne sept hommes chargés de gérer les biens de la communauté. Le troisième jour, le Conseil annonce les noms inspirés par Dieu à Jan Matthys [25]. Les sept sont nommés diacres et conduits à l'évêque Julius de Franeker, qui les confirme dans leur charge par imposition des mains. Ils devront pour commencer distribuer les biens des émigrés et répartir les maisons vides entre les nécessiteux.

Les diacres inscrivent à leur inventaire « tout ce que chacun a dans sa maison ». On ne peut plus disposer librement des biens qui ont été inscrits. Puis ils regroupent la viande, le lard, la poitrine fumée pris dans les couvents et ramassent tout ce qui a été inscrit pour réquisition. Les troupeaux sont recensés. Des tours de rôle sont établis pour sortir vaches, chevaux, chèvres et moutons, sous la protection de troupes armées, paître hors la ville, de façon à épargner l'herbe des prés et des talus de l'intérieur.

Devant chacune des portes de la ville est instituée une maison commune, où on prendra les repas ensemble. Ce sont les diacres qui fournissent la nourriture ; un responsable désigné tient la maison et fait la cuisine. A midi, un garçon lit un chapitre de l'Ancien Testament ou des Prophètes. A la fin du repas, on chante des psaumes traduits en allemand par Luther.

Tout désormais doit être libre et accessible. Les maisons doivent rester ouvertes de façon que chacun puisse aller chez l'autre quand il le désire — tout juste peut-on laisser un treillis pour empêcher les cochons d'entrer. A chacune des portes de la ville se tiennent en permanence un capitaine, un prédicant et un brigadier. « Nous sommes un seul cœur et un seul courage », écrit Rothmann, ébloui.

Inspirateur des premières mesures, Bernhard Rothmann rentre peu à peu dans le rang. Sans lui, Münster serait sans doute encore catholique. Mais, comme si son rôle n'avait été que de rendre possible l'arrivée de Jan Matthys, il s'efface maintenant devant le boulanger de Haarlem. Il n'était que le prophète de ce messie-là.

Le messie, celui que Dieu envoie pour instaurer l'Age d'or sur la terre, doit se faire connaître par des actions extraordinaires, établir son règne et dominer la vie des fidèles. Or, en ce même temps, la population de Münster — aussi bien les anabaptistes sincères que les rebaptisés de circonstance — commence à trouver pesante la présence zélée des immigrés et l'intransigeance de Jan Matthys le Hollandais.

Un soir qu'il monte la garde, le grand forgeron Hubert Ruescher, qui avait si gaiement fêté Carnaval, confie qu'il ne croit guère en ce Matthys, qu'il tient pour « menteur, fou, stupide, inculte » et qui « s'octroie le droit de donner ses instructions alors qu'il ignore les coutumes de notre ville ». Et il ajoute : « Le prenne pour prophète qui voudra, mais moi je suis d'avis que c'est un prophète de merde! »

Dénoncé, Ruescher est arrêté et emprisonné dans la tour le lendemain matin. Au milieu d'un cercle constitué par cinq rangées d'hommes en armes se réunissent les prophètes, les conseillers et les prédicants. On amène Ruescher, accusé devant la communauté d'avoir parlé contre Dieu, ses prophètes, apôtres et prédicants : « Il devait avoir le Diable au corps. » Le forgeron ne peut nier. On lui dit qu'il mérite la peine de mort parce que Dieu ne veut rien d'impur dans la ville, et que « tout ce qui est dans le péché doit être exterminé ».

L'ancien bourgmestre Tilbeck et Redecker, soutenus par d'autres Münstérois, sans prendre la défense du forgeron, demandent qu'il soit jugé par un tribunal régulier, au terme d'un vrai procès. Matthys prend fort mal l'intervention. Il fait aussitôt arrêter, lier et incarcérer les deux notables. Jan de Leyde intervient à son tour. Par solidarité hollandaise ou parce qu'il ne supporte pas que l'autorité de son baptiseur soit bafouée, il va pour la première fois s'engager de telle façon que tout son destin s'ensuivra naturellement.

« Ruescher, proclame-t-il d'une voix forte, ne doit pas

vivre un jour de plus. » Il s'empare d'une hallebarde, qui vibre dans son poing. « La porte des grâces est fermée! » dit-il. Par deux fois, il plonge l'arme dans le corps du forgeron, mais sans parvenir à le traverser. Ruescher tombe. On l'emporte à la tour.

Jan de Leyde est pris alors d'une sorte de transe, dont on ne sait s'il faut l'attribuer au comédien, au bourreau ou au prophète accomplissant la justice de Dieu. Il arrache sa veste et maudit tous les assistants, crie qu'il voit Dieu, et que Dieu est furieux, qu'il tient dans son poing un glaive de feu — « Vous vous consumerez tous dans les feux de l'enfer! »

Les hommes se jettent au sol, face contre terre, puis se relèvent et crient au miracle.

On va chercher Ruescher. On le ramène place de la Cathédrale. Il gémit, implore. Jan Matthys tente de l'appuyer au mur, mais le forgeron se laisse glisser à terre, se couche à plat ventre, le visage sur les pavés, les bras en croix. Matthys attrape un mousquet et à bout portant « troue le dos » de Ruescher, qui se retourne, crie lamentablement. On le porte chez lui. Jan de Leyde vient le visiter : « Il guérit, il guérit! » dit-il. Mais Ruescher mourra. « C'est la première victime du peuple de Dieu », commente Kerssenbrock.

L'exécution de Ruescher installe Matthys dans le rôle de chef indiscuté, mais il n'oubliera pas, à l'occasion, de rendre hommage à Jan de Leyde : il lui a été révélé, dit-il, que ce Jan-là deviendrait un grand prophète et occuperait une place éminente dans le monde.

Matthys désormais s'occupe de tout, des prêches et des méditations du matin, du recensement des armes — 86 canons, 450 arquebuses —, de l'entraînement à la défense, de la sortie des troupeaux, de l'entretien des fortifications, de la gestion des biens de la communauté. Chacun, dans son rôle, fait du zèle. Les anabaptistes, maintenant rompus aux exercices militaires, font des incursions dans le camp de l'évêque. Le 6 mars, par exemple, ils sortent par la porte de

Hörster, incendient deux moulins, tuent quelques soldats et rentrent. Le 13, ils jaillissent au nord-ouest, par la porte du Champ-aux-Juifs, jettent des torches incendiaires dans deux propriétés et tuent quelques autres soldats. Le lendemain, ils sortent à cinq cents cette fois, pour brûler une briqueterie. Ils manquent se faire couper leur retraite, mais s'échappent par un passage inconnu des assiégeants. En chemin, ils capturent un tambour, lui coupent la tête et la fixent avec son tambour au sommet de la tour de Bisping. C'est vraiment la guerre.

Le jour suivant, dimanche 15 mars, Jan Matthys l'analphabète décide que « personne ne doit posséder, prendre en main ou lire aucun livre autre que l'Ancien ou le Nouveau Testament : ils suffisent à eux seuls pour le salut de l'âme ». Tous les autres doivent être apportés immédiatement devant la cathédrale. Sont jetés au feu et réduits en cendres une montagne de livres dont la valeur marchande est à l'époque évaluée à 20 000 florins [26]. Matthys entendait surtout faire disparaître les commentaires et interprétations de l'Écriture par les Pères de l'Église.

C'est aussi dans ces jours-là qu'il ordonne à tous les hommes de se rassembler, avec leurs arquebuses et leurs cuirasses, au mont Sion. Quand tout le monde est là, ceux qui ont été baptisés après le 26 février doivent sortir des rangs : Matthys estime qu'ils sont des faux-frères, qu'ils n'ont accepté le rebaptême que pour protéger leurs biens. Leur impiété, dit-il, compromet le salut de toute la communauté.

Les « faux-frères » — trois cents hommes — sont contraints de déposer leurs armes et de quitter leurs cuirasses. Puis ils doivent se coucher par terre. Ils restent une heure ainsi, s'attendant à mourir à chaque instant. Ils sont alors conduits dans l'église Saint-Lambert, où ils doivent à nouveau se coucher à terre et prier d'avoir le droit « de rester dans la ville avec le peuple saint ».

Certains sont pris de transe, se repentent et demandent pardon en pleurant, en proie à des révélations, exaltés par des visions. Un halluciné fait tant de bruit et remue tant l'air — il se jette au sol, se relève, montre la voûte, implore, gémit, crie — que Jan de Leyde pénètre dans l'église et s'adresse aux repentis : « Vous avez obtenu, dit-il, la grâce de Dieu. Vous resterez avec nous, parmi le peuple saint. » Sans doute est-il intervenu pour apaiser la colère du terrible boulanger-prophète.

On approche du temps où a été fixé le grand rendez-vous des anabaptistes de Hollande : le 24 mars, à midi. Dans Münster, on compte que les amis arriveront avant Pâques, le 5 avril, qu'ils seront des milliers et des milliers, qu'ils balaieront au passage l'évêque, ses chanoines, ses papistes et ses alliés réformés, et qu'ils délivreront la Nouvelle Jérusalem.

Dans une ville assiégée, il faut savoir attendre. Des habitudes se créent, des rituels, comme ces rendez-vous autour des tilleuls de la place de la Cathédrale ou au Grand-Marché, comme ces promenades, à l'heure du repos, sur le chemin de ronde pour défier l'ennemi de Dieu, comme ces blagues dont sont l'objet les harengs trop quotidiens, livrés par pleins paniers aux maisons communes — ah ! on avait bien préparé le carême, dans les couvents — et qu'on finit, dégoûtés, par jeter aux bêtes.

(En Hollande, en Frise, en Brabant, des milliers d'anabaptistes, alertés par les lettres et les messagers de Münster, se mettent en chemin pour être, le 24 à midi, au couvent de la Montagne, près de Zwolle, là où un prophète doit venir les chercher. Cinq bateaux sont interceptés près de Vollenhove et coulés. A cette date, vingt et un sont encore en mer. D'autres amis se sont emparés du couvent de Kamp. Leur nombre croît de jour en jour et ils ont l'intention d'aller délivrer la Nouvelle Jérusalem. Mais le gouverneur impérial en Frise, Georg Schenck von Tautenberg, détruit les divers rassemblements et extermine les anabaptistes « par l'épée, l'eau ou le feu ». Ils étaient environ cinq mille[27].)

A Münster, on attend toujours. Le vendredi saint 3 avril, jour de deuil et d'affliction dans toute la chrétienté, est fêté à grandes cloches. On chante, on rit, on allume des cierges « pour outrager la coutume », dit Kerssenbrock. Puis on ne sait qui a l'idée de prendre le document cacheté du traité signé naguère entre l'évêque et la ville, de l'accrocher à la queue d'une vieille jument et de chasser celle-ci vers le camp Saint-Maurice.

Samedi saint, 4 avril. Matthys a-t-il appris le massacre des anabaptistes de Hollande? Sait-il que les renforts ne viendront pas ? Il assiste ce jour avec sa jolie femme Divara à un mariage. La fête est plaisante « car les anabaptistes, dit Gresbeck le menuisier, voulaient être gais dans le Seigneur ». Matthys, au moment où l'on apporte les rôtis, frappe dans ses mains et se met à gémir en balançant la tête, les yeux clos. Enfin il paraît s'éveiller. Il dit : « O Père, pas comme je veux, mais comme tu veux! » Puis il donne à chacun le baiser de paix et s'en va avec Divara.

Pâques, dimanche 5 avril. « Voici que le Seigneur, dit Enoch, est venu avec ses saintes myriades pour exercer le jugement contre tous et convaincre tous les impies de toutes les impiétés qu'ils ont commises. » Ce matin-là, Jan Matthys, le nouvel Enoch, rassemble quelque hommes en guise de saintes myriades, empoigne une hallebarde et sort par la porte Saint-Ludger, tranquille et farouche, comme s'il ne devait rien craindre.

Vite alertée, la foule des Élus se presse aux remparts. Elle voit là-bas Matthys s'avancer vers les lansquenets de l'évêque et les provoquer. La petite troupe est aussitôt encerclée. Des coups de feu sont tirés à bout portant [28]. Matthys lui-même est transpercé d'un coup de pique. Le ventre ouvert, il s'écroule. Son corps est aussitôt dépecé « en cent morceaux » que les soldats s'amusent à se jeter les uns aux autres. La tête est fichée sur un pieu d'enclos. « Venez donc chercher votre bourgmestre! » crient les soldats aux assiégés de Münster.

VII

D'UN PROPHÈTE À L'AUTRE

Un homme de Dieu — Appel — Tours et défis — A bas les clochers — Le prophète nu — Douze Anciens — Le glaive de justice — Décrets — Le nouvel Israël — La Cène — Dans le livre de vie

Atterrement, silence mortel. Le peuple des Élus est commotionné. Qu'avons-nous fait de mal ? Pourquoi Dieu nous abandonne-t-il ainsi ? On n'ose même pas s'entre-regarder. Si Jan Matthys est mort, c'est que Dieu l'a voulu. Mais depuis quand Dieu fait-il mourir ses prophètes ?

A moins que... Cette foule accablée que la vie a désertée et qui s'avance par habitude vers le mont Sion est soudain traversée par une rumeur brûlante : Jan Matthys ressuscitera dans trois jours... Il est le nouveau Christ, il est celui qu'on attendait, et toutes ces choses doivent s'accomplir... Ces fous d'espoir pressent le pas... Il faut que quelqu'un leur dise de ne pas avoir peur, de ne pas douter...

Mais l'estrade est vide.

Ils sont comme une gerbe dénouée, ils ont perdu leur âme, leur force... Certains parlent de se rendre à l'évêque, puisque les secours ne viendront plus... Ou de se suicider, comme on dit que firent les Juifs quand les Romains envahirent Jérusalem [29]...

Soudain apparaît une silhouette. C'est Jan de Leyde. Qui mieux que lui pourrait parler de Jan Matthys ? Il était son ami, Hollandais comme lui, il lui devait même son baptême, et Jan Matthys l'avait promis à une grande destinée.

Jan de Leyde est grave. Il étend les mains :

« Frères, sœurs, dit-il... Ne perdez pas courage! Jan Matthys est mort parce que son temps était accompli! »

La foule retient son souffle. Ce qui est arrivé, explique Jan de Leyde, est un juste jugement de Dieu. En effet, avant sa sortie dans le camp ennemi, Matthys a-t-il demandé qu'on jeûne ? A-t-il demandé qu'on prie pour obtenir l'aide de Dieu ? N'a-t-il pas péché par orgueil ? N'est-ce pas la vanité de sa propre gloire qui l'a condamné aux yeux du Tout-Puissant ? Peut-on s'imaginer que quelque chose se produise sans que Dieu l'ait voulu ?

D'ailleurs, lui, Jan Bockelson, n'est pas étonné... Il savait... Depuis huit jours... Il révèle que l'autre dimanche, alors qu'il dormait, le Père lui a envoyé une vision... Il voyait un homme transpercé par la pique d'un soldat, et de son ventre ouvert ses boyaux se répandaient à terre... Et l'homme à la pique lui disait à lui, Bockelson : « Ne crains rien, homme de Dieu! Reste fidèle à ta promesse! » Puis il lui confirmait que l'homme au ventre crevé était Jan Matthys, et qu'il devait prendre sa femme après sa mort... Ces révélations l'avaient tellement stupéfait qu'il en avait fait part au bourgmestre Knipperdollinck, chez qui il habite, afin qu'il puisse témoigner « si ces choses se produisaient ».

Knipperdollinck se précipite aux côtés de Jan de Leyde. Tout cela est vrai, il le confirme, et il y voit le signe que le frère ici présent est un ami de Dieu, que le Père parle par sa bouche et lui donne Son amour.

« Père, entonne la foule, ô Père, donne-nous Ton amour... » La gerbe dénouée se rassemble, la pierre délitée se reforme en bloc. Soudé bien mieux encore qu'avant, bouleversé, brisé par ces chocs contraires, le peuple des Élus éperdu de reconnaissance chante d'une seule voix.

Et d'intrépides lansquenets peuvent bien venir, à la nuit, clouer contre la porte tournante de Saint-Gilles les génitoires de Jan Matthys, il ne s'agit plus que d'un affront comme les autres.

Reste à Jan de Leyde à parler de l'avenir, afin que les frères et les sœurs ne songent pas à regarder en arrière. « Il faut, dit-il, poursuivre votre œuvre... Exterminer toute injustice et tout péché... C'est votre tâche à vous, les élus qui êtes entrés dans l'église apostolique... Votre modèle se répandra dans le monde entier comme il a commencé ici, dans cette ville sainte... »

Nous ne sommes plus seuls.

Trois jours plus tard, et alors que Jan de Leyde a tout naturellement pris la place de Jan Matthys, le Conseil décide de rédiger un « appel de la communauté du Christ aux assiégeants ». Le ton en est modéré, et il n'est pas question, comme du temps de Matthys, d'exterminer tous les impies. Sans doute le nouveau prophète veut-il rassurer ses disciples les moins guerriers, comme Bernhard Rothmann et Hermann Tilbeck.

L'« appel » est imprimé sur la presse installée dans la cave de Knipperdollinck. Les feuillets sont expédiés au moyen de projectiles divers — pierres, flèches — dans les camps des lansquenets. « Écoutez, peuples! ont-ils écrit... Nous ne voulons pas seulement la paix! Nous voulons aussi partager avec tous les hommes un amour fraternel... Nous espérons qu'il se trouvera encore parmi vous beaucoup d'hommes qui aiment leur Dieu et créateur... »

Ils disent que cette guerre qu'on leur fait n'a jamais été déclarée, qu'ils sont en état de légitime défense et donc protégés par la parole de Dieu. Ils donnent une « brève justification » de leur foi, réaffirmant qu'ils ne tolèrent pas le péché et qu'ils sont prêts à payer « quatre fois le dommage » qu'ils auraient pu causer à qui que ce soit d'autre que le Diable et son train. « Dieu est notre espoir et notre confiance, notre protection et notre bouclier... »

« Confessez-vous, exhortent-ils, convertissez-vous, reconnaissez vos erreurs tant qu'il en est encore temps! [...] Ne creusez pas vous-même le fossé de votre propre perte! Nous souhaitons que tous les hommes se convertissent et deviennent bienheureux parmi nous. Si vous ne croyez pas que cette profession de notre foi est véridique, nous tolérerons qu'un certain nombre de vos camarades viennent ici vérifier par eux-mêmes.

« Nous ne cherchons et ne souhaitons rien d'autre que le règne de Dieu. »

Les tentatives de séduction n'interrompent pas pour autant le jeu des insultes et des escarmouches — le défi à l'ennemi entretient le moral des troupes. « De part et d'autre, écrit Kerssenbrock, ils inventent mille manières de s'injurier, de se moquer les uns des autres, de s'exciter mutuellement. » Des lansquenets — toujours les mercenaires méprisent les épiciers — bravent la mitraille pour venir accrocher de vieilles empeignes aux portes et défier, parfois au prix de leur vie, les artisans et commerçants de Münster : « Cordonnier, répare-moi mes bottes! » Les Münstérois, eux, font sortir un jour une voiture à deux chevaux portant un gros tonneau, hermétiquement fermé. Les lansquenets se précipitent pour le mettre en perce et s'aperçoivent que la futaille est remplie d'excréments. « Ils inventent beaucoup d'autres tours. » La moindre des provocations est évidemment de se montrer son cul. Un garçon, raconte Kerssenbrock, faisait cela souvent, et au même endroit, de sorte que les pointeurs de Münster ont eu le temps d'ajuster leur tir. La fois de trop, « le garçon » est touché de plein fouet, « de sorte que ses membres volent en tous sens » — cris de joie sur les remparts.

Le jeudi 9 avril, c'est au tour de Berndt Knipperdollinck d'être « saisi par l'esprit prophétique ». En proie à une vive agitation, il crie que tout ce qui s'élève sera abaissé [30], comme il est dit dans l'Écriture, et que c'est le Père qui l'ordonne par sa voix. Pour commencer, il faut abattre les clochers, symboles de l'arrogance de l'Église!

Les trois plus habiles charpentiers s'emploient alors à scier les charpentes et à mettre des leviers en place. Les clochers s'abattent sur les toits et les voûtes des églises avec un tel bruit, levant une telle poussière, que les assiégeants s'immobilisent tout autour de Münster, croyant peut-être que la ville s'effondre sur elle-même par la volonté de Dieu.

A Saint-Martin, le clocher penche vers l'est, mais refuse de tomber. Après plusieurs jours de vains efforts, un certain Trutelinck découvre, par une révélation, la manière de l'abattre. Pour escalader le toit de l'église recouvert de feuilles de cuivre, il arme ses pieds et ses genoux d'éperons pointus et prend des pics dans ses mains. Il se fixe aux épaules une longue corde, qu'il veut aller nouer entre la croix et la boule. Il commence à grimper. Il n'est encore qu'à mi-hauteur quand le clocher s'effondre sur l'église, entraînant et écrasant Trutelinck, celui qui avait voulu contrevenir à la volonté de Dieu de laisser la flèche de guingois, disent les uns, ou qui avait mal compris les instructions divines, suggèrent les autres [31].

En tout cas, l'arasement des clochers dégage de superbes plates-formes que les Münstérois ont vite fait d'équiper de pièces d'artillerie. Ainsi disposées, dominant le paysage, servies par des tireurs adroits, elles font à partir de ce jour régner l'insécurité dans le camp de l'évêque, où il devient par exemple impossible de s'assembler à quelques-uns pour regarder une partie de dés sur un tambour ou chanter des refrains du pays autour des feux du soir.

C'est maintenant le matin. Jan de Leyde s'est dépouillé de tous ses vêtements. Il se jette dans la rue comme dans un torrent. Ses cris font sortir les frères et les sœurs. « Vous autres, crie-t-il, vous les nouveaux Israélites qui habitez la Ville sainte de Jérusalem, craignez le Père, faites pénitence pour votre vie antérieure... Le grand roi de Sion va descendre du ciel parmi ses légions d'anges au son des trompettes... »

Il fait ainsi le tour de la ville. On ne voit pas qu'il est nu — seulement qu'il est pur et plein d'humilité. Puis il se tait soudain et retourne chez Knipperdollinck en se tenant la gorge. Par gestes, il fait comprendre qu'il est muet, demande du papier, écrit que le Père lui a lié la langue et qu'il n'a pas le pouvoir de parler avant le troisième jour.

Trois longs jours d'attente et de prière autour de cet homme abîmé en lui-même, en proie à Dieu.

Au troisième jour, il demande que le peuple des Élus soit convoqué au mont Sion. Là, il annonce que la volonté de Dieu est d'instaurer une nouvelle organisation pour le peuple d'Israël. Le Père ordonne qu'on supprime le Conseil, qui sera remplacé par douze Anciens particulièrement dévoués, et dont il donne les noms. Il les baptise « Anciens des tribus d'Israël ». D'eux désormais relèvent toutes les décisions[32].

Sur les douze, on compte six Münstérois et six frères venus de l'extérieur, représentant les différents contingents d'immigrés. Le premier nommé est Hermann Tilbeck, patricien et ancien bourgmestre, incarnant bien l'histoire et la personnalité münstéroises.

Jan de Leyde présente les douze Anciens un à un et leur remet à chacun une épée :

« Prends, dit-il, le droit de glaive que le Père te confère par ma main, et fais-en usage selon l'ordre de Dieu. »

Tilbeck s'écroule d'émotion :

« Ô Père, je ne suis pas digne d'une telle charge... Donne-moi sagesse et force... »

Quant à Knipperdollinck, dont les visions troublent peut-être celles de Jan de Leyde, il est nommé porteur du glaive de justice; au nom du principe qu'il avait lui-même proclamé — ce qui s'élève sera abaissé — l'ancien bourgmestre devient bourreau, l'emploi jusqu'alors le plus méprisé de la communauté, l'homme sans nom, l'innommable[33].

Bernhard Rothmann intervient pour dire tout le bien qu'on peut attendre d'une nouvelle organisation ainsi voulue par Dieu et qu'il faut aider de ses prières.

Le peuple des Élus tombe à genoux, entonne avec lui *Gloria in excelsis Deo.* Les premières feuilles des arbres de la place prouvent s'il en était besoin que c'est un nouveau monde qui commence là.

Les Anciens ont prononcé la dissolution du Conseil, abrogé la constitution en vigueur et promulgué de nouvelles lois. Ils tiennent leur réunion devant une bible ouverte, et seule l'Écriture doit les inspirer. Dieu fait connaître ses désirs par la voix de Jan de Leyde.

Les premiers décrets des Anciens, tous fondés sur l'Écriture, établissent un nouveau code moral :

« La grâce et la paix, déclare le préambule, soient sur tous ceux qui craignent Dieu ! Nous avons voulu présenter dans une brève table [...] ce que chacun doit faire et ne pas faire.

« Soyons frères et héritiers du Christ.

« Il n'est d'autorité qu'en Dieu. Ceux qui s'y opposent seront jugés. »

Seront notamment punissables de mort :

1. Le blasphème de Dieu, la calomnie de Son nom ou de Sa parole.
2. Le blasphème de l'autorité.
3. La calomnie de ses parents ou la rébellion contre leur autorité. La désobéissance de la femme à son mari.
4. La désobéissance des domestiques à leur maître et le manquement du maître à ses devoirs.
5. L'adultère.

6. La prostitution et les mauvaises mœurs de toutes sortes.
7. L'avarice et la cupidité.
8. Le vol.
9. L'escroquerie et la tromperie.
10. Le mensonge et la médisance,
11. La calomnie et les vaines paroles.
12. Les disputes, la colère et l'envie.
13. Les calomnies, grondements et rébellions dans le peuple de Dieu.

En conclusion, il est précisé que « quiconque s'entache par des péchés contrevenant aux enseignements salutaires du Christ [...] doit être exterminé par le glaive de l'autorité instituée par Dieu ».

« Bienheureux, est-il dit pour finir, ceux qui sont dans la ville, car, comme il est dit dans l'Apocalypse (XXII, 15, 16) : " Dehors les chiens, les enchanteurs, les impudiques, les meurtriers, les idolâtres, et quiconque aime et pratique le mensonge ! " »

Si les péchés sont devenus des crimes, c'est que le royaume de Münster est dans l'ordre de Dieu, et non de la terre et du siècle. Les Élus, loin d'y voir une régression de la démocratie, ont la conviction de faire un pas de plus vers la restitution de la communauté évangélique des premiers temps. Jan de Leyde, avec ce sens du moment qu'ont les hommes de grand destin, en profite pour inspirer aux Anciens une véritable constitution, réglant dans ses moindres détails la vie sociale, militaire et économique.

C'est la deuxième vague de décrets publiés par les Anciens en avril 1534 : « Devoirs et articles à suivre en toute fidélité par le peuple d'Israël et les enfants de Dieu ». A l'avenir :

1. On observera ce que l'Écriture ordonne ou proscrit.
2. On exercera son métier avec application, on respectera l'autorité instituée par Dieu.

3. Chacun des douze Anciens aura un serviteur.

4. Cinq Anciens superviseront les gardes, de nuit comme de jour.

5. Chaque nuit, un Ancien inspectera toutes les gardes des murs, des remparts et des portes.

6. Chaque jour, entre 7 heures et 9 heures le matin, entre 2 heures et 4 heures l'après-midi, six Anciens se tiendront au Grand-Marché pour arbitrer les différends.

7. Le prophète Jan de Leyde proclamera et présentera les décisions des Anciens.

8. Le porteur du glaive appliquera les sanctions prévues par la loi. En cas de flagrant délit, le délinquant sera présenté aux Anciens, qui statueront sur-le-champ.

9. Les préposés aux repas dans les maisons communes présenteront les mets prévus aux frères et aux sœurs, qui ne pourront rien exiger d'autre.

10. Les gardes de jour mangeront au deuxième service.

11. Les maîtres de la pêche, Christian Kerckerinck et Hermann Redecker, ainsi que leurs serviteurs sont seuls autorisés à pêcher. Ils ne doivent pas refuser de poisson aux malades et aux femmes enceintes.

12. Deux bouchers (désignés) sont chargés de l'abattage et de la distribution de la viande.

13. Trois cordonniers (désignés) et leurs six ouvriers assureront tous les travaux de cordonnerie.

14. Six forgerons (désignés) travailleront pour tous. Deux autres, dont Heinrich Mollenhecke, ne travailleront que pour les autorités.

15. Un cloutier (désigné) et ses compagnons fabriqueront les clous.

16. Quatre maîtres tailleurs assureront le service des vêtements. Ils veilleront qu'il n'y ait pas de coupe nouvelle et inusitée de vêtements.

17. Personne ne portera de vêtements déchirés ou découpés.

18. Toutes les décisions des Anciens seront consignées par Heinrich Krechting.

19. Deux hommes seront responsables de la surveillance des canons et des mousquets.

20. Un homme (désigné) est chargé du vin « pour les malades et les mélancoliques ».

21. Quatre hommes, dont Cort Cruse, seront responsables des réserves d'or et d'argent, de leur emploi juste et légal. Ils devront veiller à ce que ne soit faite aucune dépense inutile et que tout soit utilisé pour le bien commun.

22. Deux tanneurs (désignés) seront chargés des cuirs et peaux.

23. Deux vétérinaires (désignés) sont chargés des bêtes; ils devront notamment veiller à ce que le fourrage ne soit pas gaspillé.

24. Quatre hommes, dont Kibbenbrock, sont préposés au renforcement des fortifications; ils ne construiront rien sans en référer aux Anciens.

25. J. Krechting apportera au moulin tout le colza disponible et conservera l'huile.

26. Un homme (désigné) est chargé des sucres et épices.

27. Les Anciens se chargeront eux-mêmes de la bière et du pain, pour qu'on n'en manque pas.

28. Un homme (désigné) est chargé des déblais et gravats; il se servira de voitures à deux ou quatre chevaux; il prendra soin de récupérer le cuivre, le plomb et l'étain des clochers et des tours abattus.

29. Tout étranger, frère, compatriote, proche parent arrivant dans la ville sera aussitôt amené à Berndt Knipperdollinck.

30. Un chrétien ne parlera ni ne mangera avec un nouvel arrivant.

31. Il est interdit de pêcher ou d'attraper des poissons par quelque ruse que ce soit.

32. Il est interdit sous peine de mort de changer d'insigne militaire et de passer d'une section à une autre.

33. Si un chrétien vient à mourir, victime de l'ennemi ou pour une autre raison, ses biens et ses armes seront apportés à Berndt Knipperdollinck. Celui-ci les transmettra aux Anciens, qui décideront à qui ils doivent être attribués.

Cette série de décrets, où le nouveau prophète n'apparaît que comme le porte-parole des décisions des Anciens, institutionnalise sa prise de pouvoir. L'ordre antérieur et traditionnel bourgmestres-conseil-guildes est détruit. Les hommes sont restés, une partie tout au moins, à la tête du Nouvel Israël, mais ils doivent partager leurs droits et devoirs avec les représentants des immigrés. Sans doute l'aspect raisonnable et compréhensible des mesures, étant donné la situation de la ville assiégée et les justifications bibliques, concourent-ils à avaliser l'idée que le royaume de Münster, avec ses novations et ses références, a bien pour mission de rassembler les saints et d'anéantir les impies.

Pour célébrer la nouvelle règle, une Cène solennelle est préparée dans chacune des maisons communes des portes de la ville. Quatre cents convives à chaque fois, qui se sont préparés « comme pour une noce » et se sont purifiés. Ceux qui étaient brouillés ont dû se réconcilier et s'accorder le pardon. Ceux qui détenaient encore de l'argent ou de l'or ont dû l'apporter.

Tandis qu'on sert des rôtis et de la bière, les prédicants parcourent les tables et prêchent.

« Cette Cène, demandent-ils, est bien conforme à celle qu'institua le Christ ?

— Oui, leur répond-on.

— Êtes-vous prêts à tout souffrir pour l'amour de Dieu ?

— Oui. »

A la fin de la Cène, les prédicants proposent des galettes

rondes, grandes comme la main. Ils les déposent sur les tables et disent :

« Regardez, chers frères et chères sœurs, regardez comme nous faisons et faites comme nous. »

Ils rompent lentement leur galette en deux parties, en mangent une moitié et donnent l'autre, puis boivent une gorgée de vin. Tout le monde les imite. Tous ensemble chantent un psaume, et c'est la fin de la Cène, repas rituel en souvenir du Christ. Pour la sortie, les prédicants se tiennent à la porte des maisons communes, serrent les mains et donnent à chaque frère et sœur le baiser de paix :

« Allez au nom du Seigneur, disent-ils, et que la paix du Christ soit avec vous. »

Puis les hommes de garde viennent à leur tour prendre place à table.

Le nouveau prophète, lui, l'ancien cabaretier des *Trois Harengs*, Jan de Leyde, court à cheval d'une Cène à l'autre. On dirait qu'il est ici et là en même temps.

Münster, la perle de Westphalie, est bien à ce moment « la Ville sainte, Jérusalem, qui descendait du ciel, d'auprès de Dieu, ayant la gloire de Dieu... [...] Il n'entrera chez elle rien de souillé, ni personne qui se livrera à l'abomination et au mensonge; il n'entrera que ceux qui sont écrits dans le livre de vie de l'Agneau. »

Dès qu'il apparaît, Jan de Leyde, les frères et les sœurs fondent de reconnaissance et d'amour. Il est honoré et vénéré « comme unique après le Père [34]. ». Et pour accréditer encore, s'il en était besoin, la certitude qu'on éprouve d'être dans le vrai, un des rebaptisés de Münster, sorti de nuit, s'en va mettre le feu au village de Wolbeck, là où se tiennent une partie des chefs de guerre de l'évêque et toutes ses réserves de poudre!

VIII

L'ASSAUT

Impôts et corvées — Imbroglio — Deux mille huit cents boulets — Deux jours de retard — L'honneur de Dieu — Veillée d'armes — A l'assaut! — Tout recommencer — Appel à tous les princes — Urgence — Le feu du ciel — Chiens sanguinaires — Smöker change de camp — Comme un rouleau de terre

En mai, déjà, la solde est en retard et le prince-évêque ne sait comment l'honorer. Il envoie une ambassade à l'archevêque de Cologne, qui avait promis son aide; l'ambassade revient sans argent, rapportant seulement l'étonnement de l'évêque : comment se fait-il qu'on n'ait pas encore donné l'assaut ?

Franz von Waldeck alors fait florin de tout. Il commence par en emprunter 25 000, à des nobles et à des négociants, dont les intérêts seront à la charge des communes. Il lève sur le clergé un impôt sur le revenu d'environ 10 %, un impôt sur les charrues, un impôt sur le bétail, pour près de 45 000 florins-or et au prix d'un très vif mécontentement : une abbaye d'Osnabrück refuse d'acquitter les 500 florins qu'on lui réclame en rappelant qu'elle en a déjà versé 800 « contre les Turcs » et 200 au titre de l'impôt sur les joyaux. Des paysans requis aux corvées de terrassement refusent de payer l'impôt sur le bétail. Coesfeld obtient d'être exempté du même et de la plus grande partie de l'impôt sur les charrues en faisant valoir que la commune héberge déjà la cavalerie. Beaucoup sont contraints de vendre leurs biens pour se mettre en règle.

Le 15 avril, l'évêque a dû renvoyer à Philippe de Hesse les lansquenets que celui-ci avait prêtés et dont il va avoir besoin pour sa campagne en Wurtemberg. Mais quelques jours plus tard, leur départ est compensé par l'arrivée des troupes recrutées en Saxe par le capitaine Steding. Puis le gouverneur « bourguignon » Schenck von Tautenberg, celui-là même qui a détruit le mois précédent les renforts anabaptistes en Hollande, apporte à l'évêque 4 000 florins et quarante et un tonneaux de poudre — ce qui fait courir la rumeur d'une intervention possible des Habsbourg-Bourgogne.

Philippe de Hesse, protestant désireux d'éliminer l'hérésie anabaptiste, n'est pas un allié de tout repos pour le catholique Franz von Waldeck, obsédé qu'il est par la crainte que les mercenaires de Münster ne soient débauchés, aussitôt la victoire, par les Habsbourg-Bourgogne, ses adversaires au Wurtemberg, justement. Quant aux princes rhénans de Cologne, de Clèves et de Trèves, ils font tout ce qu'ils peuvent pour séparer l'évêque de ses alliés Hesse et Habsbourg... La paix de la région, dans l'état de décomposition où se trouve l'Empire, n'est plus qu'un fragile écheveau de conflits de fixation et d'alliances contournées; chaque initiative de l'un ou de l'autre compromet à tout moment l'équilibre de l'ensemble, qu'il faut rétablir à petits coups, une poignée de lansquenets ici, une promesse solennelle là, ou une trahison compensatoire, quelques milliers de florins... Ils ont beau jeu, les anabaptistes, de dénoncer le cynisme des grands de ce monde et le peu de cas qu'ils font du salut des gens.

Le jeudi 7 mai, l'évêque rencontre à Neuss les princes archevêques de Cologne et de Trèves et le duc de Clèves, chacun de ces derniers se déclarant prêt à fournir, pour un assaut imminent, deux cents cavaliers et cent terrassiers, sans compter un prêt de 10 000 florins-or chacun et quatre sections de mercenaires. En échange, chaque prince nommera deux conseillers militaires, dont l'accord préalable sera exigé avant toute action d'envergure.

Rien de tout cela ne sera exécuté dans les délais prévus, comme s'il ne s'agissait pour les princes rhénans que de faire traîner les choses et d'enfoncer un coin dans les alliances de l'évêque avec Philippe de Hesse et les Habsbourg-Bourgogne, ces derniers suspectés de vouloir mettre la main sur Münster...

L'évêque, orgueilleux, entêté, impatient, décide d'en finir tout à la fois avec ce siège qui s'éternise, ses dettes et les imbroglios de la grande diplomatie. Il ordonne qu'on prépare l'assaut.

Le conseil de guerre de Franz von Waldeck, on le sait, a décidé de vider de son eau le fossé qui entoure la ville à hauteur de la porte du Champ-aux-Juifs. Il a fallu tout d'abord monter un remblai pour travailler à l'abri des défenseurs, puis entreprendre le percement souterrain de la berge.

Trois cents paysans s'y relaient nuit après nuit, répartis entre quatre équipes placées sous la direction de pionniers militaires, d'anciens mineurs de Saxe. Mais ce n'est pas assez, les travaux n'avancent pas. Franz von Waldeck, maintenant déterminé à bousculer les choses, fait appel aux paysans des diocèses voisins. Ems enverra six cents hommes pour le dimanche 10, Cloppenburg quatre cents avant le 17, etc. Pendant deux semaines, le remblai devient une véritable fourmilière, bien abritée, où le travail avance enfin, malgré les tirs d'artillerie des assiégés.

Assuré que le fossé sera vidé de son eau, le prince-évêque décide le 13 mai que l'assaut sera donné le 24 à l'aube, dimanche de Pentecôte, après quatre jours de bombardement.

De haut en bas de la hiérarchie militaire, c'est le branle-bas de combat. On compte maintenant plus de six mille soldats autour de la ville, et qui n'attendent que ce moment-là.

Dans chacun des campements sont préparées douze voitures chargées de matériel d'assaut : échelles, grapins, boucliers, munitions. Des attelages de dix chevaux sont prévus pour les tirer jusqu'au fossé. Dans la nuit précédant l'assaut, des fagots seront jetés dans la boue du fossé pour en faciliter le franchissement.

Le bombardement doit commencer le 19. Les trente-cinq canonniers ont reçu ordre de tirer chaque jour vingt boulets chacun, en visant en priorité les portes et les défenses qui les protègent. Sept cents boulets par jour pendant quatre jours, soit deux mille huit cents boulets de fer et de pierre : les défenses de Münster ne s'en sortiront pas intactes.

Il se trouve quelques assiégés, de ceux qui n'étaient restés que pour protéger leurs biens, qui sont pris de peur et s'échappent. Ils disent aux capitaines de l'évêque que les rebaptisés attendent l'assaut de pied ferme, chacun à son poste, avec d'énormes quantités de matériel pour repousser les échelles, de pierres et de poix à jeter sur les assaillants, de torches et de fagots à enflammer... Qu'ils sont dans un état d'exaltation extraordinaire, qu'ils se préparent au combat de la fin du monde, où Dieu se montrera auprès de ses Élus...

Le 16 mai, trois jours avant la date prévue pour le commencement du pilonnage, le camp de l'évêque est surpris par une troupe d'assiégés sortis en trombe qui détruisent treize pièces d'artillerie et une bouche à feu d'appoint appartenant à l'archevêque de Cologne, fracassent les roues des voitures d'approvisionnement, dispersent deux tonnes de poudre, font une trentaine de morts avant de rentrer chez eux avec trois prisonniers. « Ce soir, vers quatre heures, écrit au prince de Clèves un de ses conseillers de guerre, un certain nombre de citoyens de la ville nous sont tombés dessus... »

Les trois prisonniers adressent le lendemain une lettre à leurs amis, demandant d'envoyer une délégation à Münster pour négocier un échange de captifs. Ce même dimanche, les assiégeants reçoivent le renfort inattendu d'un capitaine et de ses six cents mercenaires, qui arrivent du nord où ils n'ont plus de travail.

La remise en état de l'artillerie contraint l'évêque à repousser de deux jours les dates retenues pour le bombardement et l'assaut. Mais, deux jours de plus ou deux jours de moins, on ne voit pas comment Münster pourrait résister à l'énorme entreprise. Le landgrave de Hesse écrit au roi du Danemark pour lui signaler que les lansquenets de l'évêque seront libres d'ici deux semaines et qu'il peut les retenir dès maintenant pour éviter qu'ils ne passent au service des Habsbourg.

Le 20, les anabaptistes font parvenir dans le camp de l'évêque deux réponses à des messages reçus les jours précédents :

« Réponse de la communauté chrétienne de Münster aux assiégeants Albert von Belzig et Jörg von Wolframsdorf :

« Nous, les Anciens de la communauté chrétienne de Münster, avons parfaitement compris le contenu de la lettre que vous nous avez envoyée pour entrer en dialogue avec nous.

« [...] Nous sommes prêts à parler avec vous ou avec d'autres de l'honneur de Dieu [...] ou même de notre foi et de notre ville, de toutes nos actions, dont nous sommes prêts à donner connaissance et justification. » Ils disent qu'ils souhaitent « un entretien honnête » afin que « le monde entier, reconnaissant la vérité, fasse la paix avec Dieu ».

Encore faudrait-il fixer les conditions d'une rencontre, à quelle distance de la porte, qui, quel mot de passe...

Ils répètent que tout s'arrangerait vite si les princes et les seigneurs réfléchissaient « contre qui et quoi ils font la guerre ici ». Ils attendent une réponse écrite.

« Craignez Dieu et honorez-le. »

Autre lettre, à l'évêque celle-ci, en réponse à une

demande de capitulation, pour la refuser le plus nettement du monde :

« Puisque la vérité ne peut trouver sur terre ni justice ni demeure, nous laissons juge Notre Seigneur qui est aux cieux et se moque des impies.

« Pour le reste, nous sommes prêts à justifier toutes nos actions et à accepter que vous veniez chez nous vous entretenir à l'amiable.

« Au cas où vous nous convaincriez que nous poursuivons un projet impie, nous nous engageons non seulement à l'abandonner mais de plus à nous soumettre à la punition de Dieu et du monde entier.

« Nous voulons oublier l'acharnement de Votre Grâce à verser notre sang, celui de nos femmes et de nos enfants, et recommander Votre Grâce au Seigneur Dieu. Qu'Il arbitre entre nous et nos ennemis ! »

Mais ce ne sont bientôt plus des lettres qu'on échange. Le 22, vendredi avant la Pentecôte, commence le bombardement de Münster. Conformément au plan révisé, l'assaut sera donné quatre jours plus tard, soit le mardi 26 mai à l'aube.

La journée la plus longue est celle du lundi, lendemain de Pentecôte et veillée d'armes, toujours ponctuée par les coups sourds de l'artillerie dont on suit les effets sur les murailles de la ville. Chez les assaillants, tout est prêt. Épées meulées, fourbies, piques aiguisées, arquebuses révisées, poires à poudre pleines, réserves de balles de plomb vérifiées. On a graissé les cuirs et sablé les cuirasses pour leur redonner du brillant.

Aux lansquenets on rappelle leur serment de « se tenir à tous les articles usuels de la guerre comme il est de droit et convient à de bons soldats ». On désigne ceux qui franchiront les premiers le fossé et grimperont les premiers aux échelles, méritant par leur courage double solde et considération — le rôle est si risqué que, faute de volontaires, il est arrivé qu'on le confie à des condamnés à mort avec promesse de grâce. On distribue de la bière et du vin aux hommes qui tuent le temps comme ils peuvent, aux dés, aux femmes, aux histoires de bataille.

Les commandants de guerre sont réunis autour de l'évêque. Derniers ordres, derniers détails.

Au camp n° 3, près de l'abreuvoir aux cochons, face à la porte du Champ-aux-Juifs, les hommes de Gueldre, assommés de bière, se sont endormis lourdement. En fin d'après-midi, l'un d'eux entrouvre un œil embrumé, voit le soleil à l'horizon, saute sur ses pieds en braillllant que c'est l'aube : « A l'assaut! A l'assaut! » Les autres le suivent, s'équipent en hâte et foncent en titubant vers le fossé. Leur clameur déclenche toute cette force impatiemment retenue. C'est comme une digue qui lâche. Des milliers d'hommes maintenant assaillent Münster dans un désordre de cauchemar, s'embourbent dans le fossé où les fascines n'ont pas encore été mises en place, arriment comme ils peuvent les échelles, s'offrent à la défense forcenée des assiégés. Les capitaines suivent leurs hommes, les commandants suivent leurs capitaines...

Deux heures plus tard, à la nuit, il faut bien donner l'ordre de repli et constater le désastre. L'évêque va devoir recommencer tous ses préparatifs, refaire tous ses approvisionnements, dilapidés pour rien, à cause d'un ivrogne qui ne distinguait même plus le soir du matin.

Le lendemain, 26 mai, Franz von Waldeck rend compte au landgrave Philippe de Hesse : « Nous ne voulons pas nous cacher », commence-t-il... Il explique que « des lansquenets ivres ont attaqué de manière inattendue et sans ordre », avoue deux cents morts et blessés, et exprime sa vraie crainte : la réputation d'invincibilité de Münster, qui peut favoriser les désertions, faire obstacle au recrutement et surtout accréditer l'idée que Dieu protège les anabaptistes. « Les lansquenets, dit-il, commencent à devenir inquiets. »

C'est vrai qu'un certain nombre d'entre eux ont quitté cette nuit le camp de l'évêque pour aller rejoindre les assiégés fous de joie qui chantaient et dansaient aux remparts, forts de la force de Dieu.

Mais l'évêque est indécourageable. A la fois par tempérament, par devoir de prince catholique et par intérêt : c'est seulement quand il aura repris Münster qu'il pourra rembourser ses énormes emprunts.

Il repart à zéro, mais la stratégie reste la même : trouver de l'argent et combler le fossé.

Un nouveau maître terrassier, Hans Frauke, reprend l'étude de l'assèchement. Le 3 juin, l'évêque fait lever tous les corvéables du diocèse. L'ordre prévoit l'arrivée de 2 000 hommes le 7, de 2 650 le 8, de 2 600 le 13, de 3 800 le 14 juin. Les paysans travailleront dix jours, les citadins trois semaines.

Le 7, l'évêque, accompagné d'une suite de soixante-cinq personnes, se rend à nouveau à Neuss, où il doit rencontrer l'archevêque de Cologne et le duc de Clèves, qui ne cachent pas leur mécontentement.

Le 13, arrivent au camp sous Münster deux envoyés de Bourgogne. Ils viennent proposer l'aide sans conditions de la reine Marie, inquiète pour les Pays-Bas, et qui voudrait aider à anéantir la menace anabaptiste. Le duc de Brunswick-Grubenhagen, à qui l'évêque a laissé la responsabilité du diocèse, envoie un messager informer le landgrave de Hesse. Celui-ci fait aussitôt avertir, à Neuss, l'archevêque de Cologne et le duc de Clèves, leur recommandant de soutenir l'évêque pour ne pas qu'il tombe sous l'influence de Bourgogne...

Les deux princes rhénans se montrent soudain compréhensifs et souscrivent un important programme de soutien, chacun d'eux se chargeant pour un mois de quatre mille soldes de mercenaires et mille soldes de terrassiers. Soit, avec une contribution suppplémentaire pour achat de poudre, environ 20 000 florins-or chacun, pour lesquels l'évêque leur laisse en gage les districts de Dulmen, Wolbeck, Ramsborf, Bocholt, Stromberg.

Usant de leur autorité, l'archevêque et le duc lancent un appel « à tous les princes, électeurs, ducs, potentats, honnêtes gens du Saint-Empire », qu'ils aident l'évêque « à ramener la ville à l'obéissance ». Que ceux qui ne peuvent pas envoyer de soldats, précisent-ils, expédient au moins de la poudre.

De plus, ils demandent à ceux qui tiennent le siège de veiller à ce que le campement ne sombre pas dans la débauche. Le commandant en chef et les conseillers doivent faire proscrire les blasphèmes, les injures, les querelles, les rixes et l'ivrognerie...

Ils prient enfin l'évêque de ne traiter avec aucune autre autorité qu'eux-mêmes des questions touchant à la défense, et de les prévenir dans les plus brefs délais si jamais il recevait d'autres propositions d'assistance.

L'évêque en profite pour demander que chacun subvienne aux besoins de ses propres conseillers de guerre, et surtout pour rappeler qu'il aura à nouveau besoin d'argent le mois prochain. Les princes rhénans lui donnent six semaines, après quoi il devra assurer seul la poursuite de la guerre.

Regagnant son diocèse, Franz von Waldeck y trouve les envoyés de Bourgogne restés à l'attendre, entourés de la suspicion générale des conseillers. Il en profite, jouant sur les deux tableaux, pour leur demander de faire part à Bruxelles d'une demande d'emprunt de 80 000 florins-or, somme énorme.

Pour sa part, il décrète dans le diocèse un impôt sur les revenus du dixième pfennig (de 10 %) pour les autochtones et du troisième pfennig (33 %) pour les étrangers; un impôt foncier sur les domaines; un impôt sur les individus pour les artisans et gens de service. Personne n'échappe à la terrible pression fiscale. L'évêque fait d'ailleurs annoncer que lui-même va payer le huitième pfennig de son revenu annuel, et que le chapitre des chanoines de la cathédrale de Münster va verser 4 000 florins-or au trésor de guerre. En outre, chacun des chevaliers et des patriciens du diocèse est contraint de prêter 100 florins-or, au taux de 5 % sur deux ans. Au total, ces mesures rapporteront plus de 40 000 florins.

Mais c'est tout de suite qu'il faut de l'argent. Comme la ville n'a pas été prise et que les lansquenets n'ont pu se payer sur le butin, l'évêque leur doit d'ores et déjà trois semaines de solde. Le service des mercenaires du diocèse doit se terminer le 30 juin, selon les termes du contrat. C'est avant cette date qu'il doit trouver de l'argent. Il envoie son secrétaire personnel à Philippe de Hesse, à Kassel. Il lui faut d'urgence 6 000 florins-or, qu'il rendra dans dix jours. Sinon, il craint le pire.

Les lansquenets, en effet, commencent à s'agiter. Fidèles tant qu'on les paie, ils deviennent vite indociles quand ils ne touchent que des promesses de solde — et l'on a vu plus d'une compagnie changer de camp avec armes et bagages. Les deux risques de leur métier sont la mort et l'insolvabilité de leurs employeurs. Quand, encore, ils ont en contrepartie la joie sauvage du pillage et du butin... Mais, à Münster, malgré l'ampleur des moyens mis en œuvre par l'évêque, l'avenir n'est guère encourageant.

Tandis que les paysans, avec leurs pioches, leurs pelles, leurs brouettes et leurs hottes, continuent à prendre de la terre ici pour la mettre là, ils attendent qu'on fasse de nouveau appel à eux en jouant aux dés ou en assurant d'humbles missions de protection.

Puis, voici que les assiégés, qui ont creusé sous les remparts des sorties secrètes, entreprennent des opérations de harcèlement et de démoralisation, surgissant à l'improviste au milieu des tentes, pour des coups de main sauvages et rapides.

Au nord de la ville, ils parviennent ainsi, en rampant à couvert des propres abris des lansquenets, à surprendre le camp au repos. Les soldats qui ne peuvent s'enfuir sont massacrés. Tandis que les secours s'organisent, les rebaptisés enfoncent à coups de marteau des clous d'acier dans les trous d'amorce de dix-neuf pièces d'artillerie abritées sous des auvents, brisent à la hache les roues des canons et des chariots, défoncent les caisses de munitions, répandent la poudre dans le sable aux abords du campement.

Quand les secours arrivent, les rebaptisés s'enfuient, sont pris en chasse, réussissent à ramener leurs poursuivants jusqu'à l'endroit où ils ont répandu la poudre dans la poussière et allument derrière eux. Des soldats, rapporte Kerssenbrock, « brûlent lamentablement ». D'autres, pris de terreur, croient que « le feu est tombé du ciel ». Ceux enfin qui suivent les fuyards jusque sous les murailles sont pris sous la mitraille meurtrière des canons des remparts, bourrés jusqu'à la gueule de morceaux de grilles arrachées à la cathédrale...

Le seul revers des anabaptistes, en ces jours où tout leur sourit, est la perte d'un moulin, non loin de la porte Saint-Maurice, qu'ils avaient fortifié et qui leur servait de base avancée. Le commandant de la casemate d'en face ayant décidé de le réduire une fois pour toutes, les lansquenets ont pu s'en emparer au prix d'un combat sauvage où les défenseurs ont été exterminés. Le commandant, quant à lui, y a laissé un œil crevé d'un coup de pierre et a dû « prendre sa retraite de soldat ».

Mais la perte du moulin de Saint-Maurice est aussitôt compensée par quelques coups de main audacieux, que seuls des fanatiques bien entraînés peuvent oser entreprendre et réussir. Chaque fois qu'ils sortent ainsi, ils laissent derrière eux des textes imprimés qui circulent aussitôt de main en main dans les campements des assiégeants. Tel celui-ci, sans doute rédigé par Bernhard Rothmann et adressé aux lansquenets :

« Le Dieu tout-puissant, écrit-il, origine de toutes choses, m'inspire ce que je dois vous écrire à vous, gens aveugles et endurcis... »

Il les traite de « chiens sanguinaires », mais précise aussitôt que les responsables sont ceux qui les « instruisent faussement ». Comment peuvent-ils accorder leur aide à l'évêque, « alors que vous savez, insiste-t-il non sans malice, qu'il n'a pas d'argent ? Il pressure les paysans, les prêtres et les bourgeois pour payer votre solde... »

Il les conjure de réfléchir : « C'est contre le Christ que vous luttez, le Seigneur de tous les princes... Il se moque de vos menaces... Vous avez engagé une guerre contre Dieu ! »

Rothmann réfute des mensonges qui courent sur leur compte, et selon lesquels, à Münster, « le père couche avec la fille, la mère avec le fils, le frère avec la sœur... » S'ils ne sont pas persuadés, qu'ils viennent donc voir de leurs propres yeux et entendre la vérité de l'Écriture; et s'ils ne sont pas convaincus, ils pourront repartir : « Nous ne vou s retiendrons pas contre votre gré. » Mais bienvenue à eux s'ils veulent rester : « La parole de Dieu sera votre solde. »

Quant à la guerre, ceux de Münster ne la craignent pas, protégés qu'ils sont contre *le Diable* et *Sa mère,* la putain de Babylone, les canons du duc de Hesse, contre les couleuvrines et les émerillons... Et pour les ennemis, ils ont « préparé un mets de chaux et de poix » dont ils leur « rempliront la gueule à ras bords au prochain assaut ».

Au cours de ce mois de juin, quelques centaines de lansquenets, d'après Kerssenbrock, ont déserté le camp de l'évêque, les uns pour rejoindre les assiégés, les autres pour fuir un combat aussi douteux. Parmi ces derniers, les protestants de Meisen, ceux-là même qui prétendaient avec mépris qu'investir Münster ne prendrait pas plus de temps « que d'avaler une soupe chaude ».

C'est dans ces jours-là que les assiégés ont accueilli un transfuge considérable, un capitaine, ce Smöker, alias Gerhard Münster le bien nommé, qui avait la confiance de l'évêque et était allé enrôler des mercenaires aux Pays-Bas.

Pour achever le tableau, les paysans, soumis aux harcèlements incessants des assiégés, commencent à refuser de terrasser à proximité de la ville. Dans ces conditions, et si on ne peut combler le fossé, on ne voit pas comment donner un nouvel assaut. Il faut se résoudre à constater que toutes ces journées de travail ont été gaspillées pour un résultat nul.

C'est dans ce marasme qu'on écoute la suggestion d'un terrassier, un certain Offerkamps. Son idée a la simplicité évidente des grandes inventions. Puisqu'on ne peut s'approcher assez près des murailles pour combler le fossé, explique-t-il, il suffit de partir de loin, d'édifier un formidable remblai, une levée de terre présentant sa face abrupte à Münster et une face en pente douce à l'arrière. C'est là, à l'abri, que se tiendront les paysans, montant la terre et la versant de l'autre côté, faisant en quelque sorte avancer la colossale dune « comme un rouleau de terre ».

Le principe est acquis. Il faudra en permanence neuf mille paysans au travail. La progression sera d'environ un pied par jour. L'entreprise s'annonce longue et coûteuse, mais imparable. On voit déjà la vague formidable arriver au premier rempart, le noyer sous sa masse, combler le fossé comme une simple ornière et déverser sur la ville terrifiée les lansquenets en formation de parade...

On donne à la mi-juin le premier coup de pelle. Les 7 et 8 juillet, il arrive tant d'hommes d'Osnabrück qu'on ne peut les mettre tous au travail ! Fin août au plus tard, c'en sera fini de Münster la rebelle.

IX

L'ÉTÉ DES FEMMES

Pour mille ans — La nouvelle Judith — Trahison — Au grand tilleul — Cité et absent — Le prophète et la servante — La cuisse de Gédéon — Communément vicieuse — La course aux femmes — Mutinerie — Les florins de l'évêque (suite) — Ultimatum — Dieu avec nous — La chanson du lansquenet

Münster a enterré ses martyrs, restauré ses murailles crevées et s'est installée comme pour mille ans, la victoire au cœur, dans la vie de tous les jours. Méditations du matin, exercices de défense — quarante gardes veillent jour et nuit à chacune des portes de la ville — repas communautaires, débats pointilleux sur tel passage de l'Écriture ou sur telle question théorique. A table, par exemple, une vive discussion s'est élevée entre Bernhard Rothmann et Knipperdollinck : peut-on engager des mercenaires pour défendre la cause de Dieu ? Interminable concertation des prédicants débouchant sur une décision pratique : on n'engagera pas de lansquenets pour défendre Münster, mais on accueillera volontiers ceux qui viendraient à se présenter.

En réalité, s'il n'ont pas été soldés, certains lansquenets se sont montrés vivement intéressés par les nouveaux florins tout chaud frappés, qui valent chacun sept ou huit des florins de l'évêque. L'argent, depuis Matthys, est interdit entre chrétiens, et s'il en faut pour commercer avec l'extérieur, seul vaut désormais, « sur la terre entière », le florin de Münster.

D'autres pièces ont été frappées, l'une portant l'inscription : « Le Verbe deviendra chair »; l'autre : « Le Verbe s'est fait chair ». C'est le prophète Jan qui les distribue. Les frères et les sœurs se les passent au cou.

Des écoles ont été ouvertes; c'est dans les psaumes que les élèves apprennent à lire et à écrire. Une fois par semaine, les enfants sont conduits en rang par deux à la cathédrale où ils entendent la prédication et chantent les psaumes en allemand. En arrivant à l'école, ils chantent ensemble, et aussi avant de rentrer chez eux.

On s'installe comme pour mille ans, mais sans oublier qu'il va d'abord falloir traverser l'effondrement du monde. Le prophète Jan n'a pas fixé de date. On sait bien que nul ne connaît l'heure, mais on sait aussi qu'il est plus tard qu'il ne paraît. Avant la sortie glorieuse du peuple des Élus se répandant sur le monde, l'évêque doit périr et disparaître, et avec lui ses chanoines, ses concubines, ses bouffons, ses conseillers, ses soldats et ses alliés. Car on voit bien qu'il n'abandonne pas. Obstiné comme le Diable, le voilà qui renverse le paysage, élève à l'horizon une monstrueuse levée de terre, machine d'assaut si lente qu'elle paraît immobile.

Vers la mi-juin, une femme vient trouver les Anciens. Elle a entendu dans un prêche, dit-elle, l'histoire de cette Judith qui, sa ville étant assiégée par Holopherne, se para superbement et descendit dans le camp des Assyriens, demandant à rencontrer leur chef pour lui vendre Béthulie et toute la Judée. Frappé par sa beauté, Holopherne l'accueillit sans méfiance dans sa tente et, une nuit qu'il était ivre, elle lui coupa la tête et la rapporta aux enfants d'Israël. Et Hilla Feicken explique tranquillement que Dieu lui a inspiré de faire ce qu'a fait Judith. Qu'on la laisse se parer et sortir dans le camp, elle arrivera bien jusqu'à cet évêque notoirement lubrique. Les Anciens la regardent. C'est une belle femme, bien faite, aux traits réguliers, avec ce calme qui cache les plus farouches déterminations. Le prophète Jan et Knipperdollinck hésitent, se concertent, lui demandent comment elle s'y prendra. Comme Judith, elle prétendra, dit-elle, vouloir livrer la ville à l'évêque; pour le reste, elle ne doute pas que, le moment venu, Dieu l'inspirera.

Les Anciens donnent finalement leur accord à l'entreprise. Hilla est soignée comme une reine, avec son lourd chignon tenu par un galon tressé, ses bijoux et ses fards. Knipperdollinck lui donne au dernier moment 12 florins et deux bagues d'or. Elle emporte en outre une robe du lin le plus fin pour offrir à l'évêque — le tissu est imprégné d'un poison violent. Elle quitte Münster à l'aube d'un matin de juin, le 16. Ceux qui savent la regardent, depuis les remparts, s'éloigner de sa fière démarche. Ils voient des lansquenets l'arrêter.

Hilla Feicken, de sergent en capitaine, de capitaine en commandant, est menée jusqu'à Telgte au prévôt de Wolbeck. Elle connaît, lui dit-elle, un moyen d'entrer dans la ville sans verser le sang, mais elle ne le confiera qu'au prince-évêque. Pourquoi trahit-elle ? Parce que son mari et elle ont décidé de fuir ces rebaptisés... Elle a dû attendre pour pouvoir sortir que son mari soit de garde près d'une porte... Si tranquillement belle, si calme, elle convainc sans effort. On va l'envoyer à l'évêque, et en attendant on la traite avec tous les égards.

Le surlendemain, un autre Münstérois sort de la ville, mais en cachette celui-ci : le bourgeois Hermann Ramers, chez qui Jan de Leyde a logé lors de son premier séjour à Münster. C'est un ami de Knipperdollinck, et il s'est fait rebaptiser comme tout le monde. Il demande à voir d'urgence un officier, et lui révèle le plan d'Hilla Feicken. En échange, il demande la grâce pour lui maintenant, la sauvegarde de sa femme, de ses enfants et de ses biens lors de la prise de la ville.

On rattrape Hilla Feicken. Elle transporte bien dans son petit bagage une robe dont le tissu est empoisonné. On la jette en prison, on l'interroge sous la torture.

Q. — Comment est-elle arrivée à Münster ?

R. — Elle est née près de Sneek, en Frise de l'Ouest. Son père est journalier. Elle est mariée depuis l'hiver précédent. Ils ont appris, par des lettres et des voyageurs, que Münster était la Nouvelle Jérusalem. Son mari est parti avant elle, puis il a écrit de venir la rejoindre. Elle a donné tous ses biens aux pauvres et s'est mise en route pour chercher le bonheur de son âme dans la parole de Dieu.

Q. — Qu'a-t-elle fait à Münster ?

R. — Elle logeait au couvent de Niesing. Elle travaillait aux remparts, comme les autres femmes.

Q. — Pourquoi a-t-elle quitté la ville ?

R. — Parce qu'elle avait eu la révélation qu'elle devait être la nouvelle Judith... Non, personne ne l'a aidée. Knipperdollinck lui a remis de l'argent et de la nourriture.

Q. — Que pense-t-elle du baptême des enfants ?

R. — Elle croit que la foi doit précéder le baptême.

Q. — Ne craint-elle pas les tortures ni la mort ?

R. — Rien ne peut l'enlever à la béatitude de Dieu, et le bourreau n'a pas le pouvoir de l'exécuter.

La nouvelle de la trahison de Ramers et de la capture de Hilla arrive vite à Münster, où il faut bien admettre que Dieu n'épargne pas les épreuves à ses enfants. On propose d'échanger le traître contre d'autres prisonniers : l'évêque refuse.

Mais une autre affaire occupe les gens de la ville. Le dimanche, Smöker, le capitaine de l'évêque qui avait rejoint Münster, est dans une auberge avec quatre lansquenets. A l'heure de la fermeture, ils demandent encore à boire, mais l'aubergiste Everdt Remmensnyder leur refuse la bière, sa femme — une ancienne nonne — aussi. Quand « ce vieux sermonneur et cette putain » sont sortis, Smöker s'en prend aux enfants, puis à un valet, les menaçant, s'ils n'apportent pas de bière, de leur fracasser le crâne à coups de pichet d'étain. C'est un des soldats qui finalement va remplir le cruchon à la cave.

Quand Remmensnyder revient, Smöker le prend à partie :

« Gibier de potence! Escroc! Il y a trop longtemps que tu es maître ici! Puisque tout est à tous, c'en est désormais fini! »

L'aubergiste court se plaindre aux Anciens. Smöker et les quatre lansquenets sont jugés dès le lendemain lundi et condamnés à mort. On les mène place de la Cathédrale, où on inaugure pour l'occasion un nouveau mode d'exécution. Une corde terminée par un anneau est accrochée à un grand tilleul. Les condamnés, l'un après l'autre, doivent y passer la tête. Puis on les fusille. Il ne manque pas de tireurs volontaires : le prophète Jan a dit que le Père aime tout particulièrement ceux dont la main purifie le peuple d'Israël.

C'est ce même jour, à Bevergen, où siège le tribunal du sang, que le bourreau s'avance vers Hilla Feicken. Impressionné par ce qu'elle a dit, par ce qu'elle est, plus ému qu'elle peut-être, il frappe cette nuque de femme d'un coup de hache, dit Kerssenbrock, « à abattre un gros chêne ». Le corps de la nouvelle Judith est exposé sur la roue, en pâture aux oiseaux du ciel.

Dans ces longs jours d'été, le peuple des Élus se nourrit de lui-même, une sorte de ferveur ayant remplacé ce sentiment d'extrême urgence des tout premiers temps du siège. Chaque victoire est prise comme signe favorable du soutien de Dieu; chaque revers, chaque déception vient alimenter cette brûlante conviction que la grande révolution est nécessaire puisque tant de mal règne encore dans cette vallée de larmes.

Rien ne se justifie mieux, pour ces groupes obsédés d'eux-mêmes, que la discipline sans nuance; et rien ne se prend plus vite que l'habitude de supprimer les individus au nom de la collectivité. Smöker et les quatre lansquenets sont sans doute une perte non négligeable pour la maigre armée des défenseurs : on les a sacrifiés avec d'autant plus de conviction.

Le 14 juillet — ainsi vont les lenteurs de la justice — Jan Matthys est jugé par la Cour de La Haye pour ses menées subversives de novembre précédent. Convoqué « sous peine de bannissement et confiscation de ses biens », le « cité et absent » est accusé de s'être dit « prophète de la ville d'Amsterdam » et d'y avoir « prêché la doctrine erronée du rebaptême ». Il s'est prétendu visité par l'Esprit. Il a abusé beaucoup de gens et pratiqué de nombreux baptêmes avant de partir pour Münster, en Westphalie. « Le cité et absent, demande l'accusation, doit être corrigé et puni dans son corps et ses biens », comme « tentateur et escroc ». Au nom de l'empereur, le duc de Hollande décide de priver « le cité et absent » de tous les privilèges et protections qu'il aurait pu avoir dans cette affaire, le déclare « banni à vie et condamné à la confiscation de tous ses biens ». Il y a quatre mois et dix jours que les mercenaires de l'évêque l'ont coupé en morceaux.

Mais son message brûle encore. Moins dogmatique sans doute, moins terrible, le prophète Jan a assumé l'héritage —

égalité des hommes, partage des richesses, abolition de l'argent, vie collective, avec maisons ouvertes, travail obligatoire, suppression des livres. De plus, il a ruiné l'ancienne hiérarchie et l'ancienne façon de gouverner pour instaurer des lois directement inspirées de l'Écriture et propres à recréer les conditions de la parfaite restitution de l'Église des premiers temps.

Mais le plus grand changement de mœurs, celui en tout cas qui divisera le plus le peuple des Élus, reste à venir : plusieurs sœurs pour un frère; autrement dit : plusieurs femmes pour un homme. On ne sait si c'est un vieux projet du prophète Jan, un de ces rêves, peut-être, comme les hommes en traînent toute leur vie; ou simplement, en raison des circonstances, l'occasion saisie de suite par cet esprit inventif et rapide de résoudre d'un coup plusieurs des problèmes qui se posaient à Münster : surabondance de femmes, manque d'enfants pour assurer l'avenir, besoin inconscient de transposer la révolution sociale[35] — sans compter, pour le prophète Jan lui-même, l'envie de témoigner sa puissance et le désir tout biblique d'une nombreuse descendance personnelle.

Un lansquenet, donc, ayant quitté les rangs de l'évêque pour rejoindre Münster, est amené, selon le règlement, à Knipperdollinck qui l'interroge, l'endoctrine et, peut-être pour continuer de le surveiller, le garde quelques jours dans sa maison, où logent toujours le prophète Jan et Divara sa compagne selon Dieu, sur le point de donner naissance à l'enfant de Jan Matthys. Une nuit, notre lansquenet voit le prophète quitter la chambre de Divara pour rejoindre une servante de la maison, Else.

Scandalisé, il ameute les étages, parle de tromperie, de forfaiture, Knipperdollinck et Jan de Leyde parviennent à le calmer : « Et Abraham, n'avait-il pas plusieurs femmes ? Et David ? Et Jacob ? »

Le grand débat est lancé. Bernhard Rothmann et les

Anciens sont consultés. Mais le sujet est brûlant. Les prédicants plongent dans la Bible, interrogent l'Écriture. « Or, trouvent-ils, Gédéon eut soixante-dix fils issus de la cuisse, car il avait beaucoup de femmes. » (Jug. VIII, 30)... Lamek eut deux femmes, Ada et Çilla (Gen. IV, 19)... Nahor, frère d'Abraham, avait une femme, Milka, et une concubine. Réuma (Gen. XXII, 24)... Il faut bientôt l'admettre : nulle part dans la Bible il n'est dit que l'homme doit vivre avec une seule femme! Au contraire, saint Paul, dans la Première Epitre à Timothée, précise expressément que les évêques et les diacres « n'aient qu'une femme » (III, 1, 12) : l'esprit le plus simple peut en déduire que les autres hommes peuvent en avoir plusieurs.

Les bonnes raisons ne manquent pas plus que les exemples. « Dieu a planté en nous la bénédiction d'une croissance et d'une multiplication », écrit Rothmann, et il a ordonné à Adam et Eve de peupler la terre. Est-ce que ce n'est pas un péché de laisser perdre la semence de l'homme ? Or est perdue celle qui ne peut engendrer — quand l'épouse est stérile, ou enceinte, ou trop vieille...

Le conseil des Anciens et les prédicants organisent trois jours de prêche et un grand rassemblement. Aucune décision n'est encore prise tant le sujet touche des régions sensibles de l'âme des uns et des autres.

Majoritaires dans la ville, les femmes ne sont pas représentées au gouvernement de Münster. L'époque ne leur est pas tendre. Sans doute, à leur façon, elles règnent chacune dans leur maison, à condition toutefois de jouer la comédie du seigneur et de la servante. « Dieu, proclame encore Rothmann, a mis toute femme sous l'obéissance du mari. » Et plus encore sous sa suspicion. Dans ces temps d'angoisse diffuse, la femme reste celle par qui le péché arrive, celle qu'inspire le serpent, le masque le plus ordinaire du mal. Toute femme est une possible sorcière, et fait peur — « la femme ignoble, la femme perfide, la femme lâche qui souille ce qui est pur, rumine des choses impies... » écrivait au XIIe siècle le clunisien Bernard de Morlas. « Elle est communément infidèle, vaniteuse, vicieuse et coquette, écrit en 1512 le prédicateur alsacien Thomas Murner. Elle est l'appât dont Satan se sert pour attirer l'autre sexe en enfer. » Et Glapion, le confesseur de Charles Quint, refuse de prendre en considération le témoignage de Marie Madeleine sur la résurrection du Christ : « Car la femme, entre toutes créatures, est variable et muable, parquoy elle ne poulroit assez prouver contre les ennemis de notre foy... »

L'homme est vivement incité à garder son épouse bien en main, dans une société qui garde le goût des vertus patriarcales vantées dans l'Écriture[36].

Le débat, à Münster, occupe comme bien on l'imagine quelques bonnes journées, puis le prophète Jan se prononce : « La volonté de Dieu est que nous multiplions le monde, que chacun prenne trois ou quatre femmes, autant qu'il veut, mais à condition de vivre en paix avec elles. »

Toutes les femmes sont concernées : vierges, servantes, veuves, nobles, anciennes nonnes, et même celles dont les maris ont quitté la ville et qui ne sont restées que pour garder les biens.

Les hommes seuls, notamment les immigrés hollandais et frisons, parcourent la ville, entrent dans les maisons et se choisissent des épouses. Le désordre est tel que la course aux femmes doit être interdite. L'homme devra entrer seul dans la maison et demander la femme en mariage. Si elle refuse ou si elle est déjà engagée, il devra chercher ailleurs « jusqu'à ce que Dieu inspire la femme ». Mais si « l'Esprit ne vient pas témoigner » et que la femme refuse obtinément, l'homme peut en référer aux prédicants qui, le cas échéant, peuvent contraindre la femme à prendre tel ou tel époux. C'est ainsi qu'une certaine Greta, restée à Münster pour garder les biens tandis que son mari avait quitté la ville, est contrainte de devenir la deuxième épouse d'Everdt Remmensnyder, l'aubergiste qui a déjà épousé une nonne défroquée.

Le prophète Jan donne l'exemple en épousant, outre Divara et la servante Else, une jeune femme, Maria Heckers. Tilbeck l'ancien bourgmestre, Knipperdollinck et Kibbenbrock, les frères Redecker, Bernhard Rothmann sont parmi les premiers à mettre en pratique les nouveaux principes.

Au début, on instaure entre époux trois jours de prière avant de vivre ensemble « pour la gloire de Dieu [...] et pour accroître le monde ». Puis la formalité se simplifie encore quand est passé le temps des premiers excès : « Voulez-vous m'avoir pour mari ? — Je vous désire. » Il suffit que deux ou trois frères assistent à l'échange pour que le mariage soit déclaré conclu. Et même, un peu plus tard, sans aucune cérémonie, il suffira « que chacun donne son cœur à l'autre ».

Dans la grande pagaille des mariages plus ou moins improvisés, retenons celui de notre menuisier, Gresbeck, avec — ce qui serait proprement impensable en d'autres temps — la fille du patricien Albert Cleivorn; elle est seule de sa famille à être restée à Münster, et ils vont s'installer chez elle, au 9 du Vieux-Chemin-de-Pierres, derrière le marché au sel.

Autre singulière union, celle de Christophe von Waldeck, un bâtard de l'évêque fait prisonnier alors qu'il se promenait imprudemment près des remparts et aussitôt rebaptisé, que Jan de Leyde emploie à son service, et qui épouse la jeune Engele, fille de Christian Kerckerinck et parente d'une autre Engele Kerckerinck, que Jan s'empressera d'épouser, devenant du même coup le jubilant parent par alliance du prince-évêque Franz von Waldeck.

Kerssenbrock, fasciné, fait grand cas du comportement des anciennes religieuses, qu'il décrit « en proie au feu de la lubricité », ou « plus impudiques que tout animal ». C'est que, bon catholique, il éprouve une sorte de sainte horreur à la transgression d'un des tabous les plus sacrés de son crédo.

Il n'est pas seul. Dans Münster même couve une révolte. C'est la première fois qu'une instruction du prophète Jan est discutée. Pour nouvelles qu'elles fussent, les autres mesures acceptées parce qu'elles avaient pour but d'équilibrer les richesses entre pauvres et possédants, ou entre autochtones et immigrés, ou encore parce qu'elles correspondaient aux besoins d'une situation de guerre. Chacune était la réponse des anabaptistes à des circonstances déjà envisagées mille et une fois. Mais la polygamie apparaît soudain comme porteuse d'un ordre auquel les esprits ne sont pas préparés.

Le jeudi 30 juillet au soir, une femme demande à quitter la ville avec son enfant. Elle refuse de croire « qu'un homme peut avoir plusieurs femmes ou quitter l'une pour l'autre ». Knipperdollinck la fait enfermer. Un attroupement se forme aussitôt — citoyens hommes et femmes, lansquenets —, contraint Knipperdollinck à libérer la femme et l'enferme à sa place dans une cave de l'Hôtel de Ville, ainsi d'ailleurs que le prophète Jan venu à la rescousse.

Le forgeron Mollenhecke prend la tête de ceux que scandalise la polygamie. Se forme aussitôt une troupe de mutins cherchant les coupables dans la ville. Ils arrachent par exemple de son lit le prédicant Schlachtschaf présentement couché avec quatre femmes, l'enferment dans la cage du pilori, au Grand-Marché, où les femmes lui jettent de la boue et des pierres, se moquent de lui...

Mais Tilbeck, le premier des Anciens, fait donner l'alarme. Des citoyens fidèles occupent les portes de Münster, d'autres se forment en ordre de bataille et débouchent au Grand-Marché. Mollenhecke et les siens se replient sur l'Hôtel de Ville, où ils sont bientôt assiégés dans les étages. Échanges de coups de feu. Des hommes tombent. Le prophète Jan et Knipperdollinck sont tirés de la cave.

Une pièce d'artillerie est amenée sur la place, braquée sur l'Hôtel de Ville. Feu! ordonne Jan de Leyde. Le boulet entre par une fenêtre. Les mutins agitent des chapeaux pour dire qu'ils se rendent. Cent vingt sont faits prisonniers avec Mollenhecke, dont un lansquenet, Nicolaus Dethmar, qui avait eu le temps de dérober 4 000 florins dans le trésor de guerre.

Les Anciens décident que les prisonniers seront abattus au gros tilleul. Les exécutions commencent le lendemain. Les corps sont jetés dans deux tranchées creusées sur la place même. Vingt-cinq hommes sont fusillés, puis, à la fois pour économiser la poudre et pour éviter que l'ennemi ne sache ce qui se passe, vingt-cinq autres seront tués à l'arme blanche dans les jours suivants, décapités ou « tailladés avec des épées courtes », dit Gresbeck, « par tous ceux qui voulaient ». Nicolaus Dethmar, le lansquenet voleur, est torturé avant son exécution. Les autres enfin seront grâciés — mais c'est aussi que la ville a besoin de défenseurs.

Car si la monstrueuse vague de terre paraît toujours immobile, le fait est qu'elle avance. Et les espions du prophète Jan rapportent qu'on commence à parler d'un nouvel assaut.

Le terrassier Offerkamps estime que son remblai mobile atteindra Münster à la fin du mois d'août. Le 20 juillet sont arrivés deux mille trois cents hommes frais, et l'évêque décide de lever, du 12 au 31 août, un homme sur trois dans huit districts — en pleines moissons. D'ailleurs, il a dû mater des mouvements de révolte ici ou là et fait désormais pratiquer des saisies d'office sur ceux qui tardent à répondre aux convocations.

Reste que le coût de l'énorme travail dépasse ses possibilités. Au début de juillet, il a fait porter à la reine Marie une obligation de 12 000 livres flamandes et, quatre jours plus tard, une nouvelle reconnaissance de dette de

10 000 florins-Charles, soit en tout environ 15 000 florins-or. Par ce dernier courrier, il renouvelait une demande de prêt important : 90 000 florins-or. Simultanément, Philippe de Hesse, traitant avec l'archiduc d'Autriche et roi de Hongrie Ferdinand, obtenait de fournir au siège de Münster, au lieu d'une aide contre les Turcs, cinq cents cavaliers et trois mille lansquenets « au nom du roi ». La nouvelle de ce qui apparaît comme une alliance de fait entre les Habsbourg et Hesse jette la panique chez les princes rhénans de Cologne et de Clèves qui, conformément à leur engagement de Neuss, ont pris en charge la plus grande partie des frais de guerre de juillet.

Mais le 5 août, quand l'archevêque de Cologne vient lui-même rencontrer Franz von Waldeck, la solde des lansquenets a déjà une semaine de retard. Les deux prélats envisagent ensemble d'élargir le cercle des concours réguliers, d'y inclure notamment le roi Ferdinand, les princes électeurs de Mayence, de Trèves, de Saxe, de Brandebourg, les ducs de Brunswick et de Saxe... Reprend le ballet des courriers...

En attendant, l'évêque et l'archevêque partent pour Essen rencontrer le duc de Clèves le 19 août. Il s'agit moins de diplomatie, maintenant, que d'éviter une révolte de lansquenets avant le nouvel assaut projeté. L'archevêque de Cologne et le duc de Clèves s'engagent pour 20 000 florins-or, acceptant d'en verser le quart immédiatement pour éviter le pire, et le reste une semaine plus tard.

Le 25 août, il pleut. Le remblai géant est pratiquement arrivé au bord du fossé, face à la porte de Hörster, et, devant la porte du Champ-aux-Juifs, le flanc du fossé vient d'être à nouveau percé, de sorte que celui-ci se vide comme par une bonde. L'évêque adresse un ultimatum aux assiégés, garantissant la vie et la liberté à ceux qui quitteront la ville sans armes. Le prophète Jan répond qu'il n'a pas besoin de la grâce de l'évêque, que la bonté du Père lui suffit.

Persuadé que sa proposition n'a pas été transmise à la population, l'évêque en fait envoyer des copies par-dessus les murs au moyen de flèches ou de boulets creux. Mais le conseil des Anciens en interdit la lecture sous peine de mort.

Le 27 commence le bombardement de la ville. Il pleut toujours, de ces interminables pluies de fin d'été, mitraille de grosses gouttes sur les tambours, sur les tonneaux de poudre, sur la toile détrempée des tentes, sur le moral des troupes. Le fossé se remplit à nouveau face à la porte du Champs-aux-Juifs. Et, plus grave pour l'évêque, le rouleau de terre, le remblai géant venu de si loin, la vague monstrueuse tourne peu à peu en boue, coule, fond, dégouline, cloaque accablant où ne vont même plus patauger les paysans dégoûtés de tant de travail pour rien.

Le 31 août à 5 heures du matin, un tir d'alarme donne malgré tout le signal de l'assaut général.

Les lansquenets attaquent en plusieurs points à la fois, dressent les lourdes échelles où ils peuvent monter à trois à la fois sous les grands boucliers d'assaut. La défense des assiégés est féroce, précise, bien coordonnée par le prophète Jan lui-même, qui utilise à bon escient ses réserves. Ils sont tous aux remparts, les rebaptisés : les hommes aux armes, les femmes aux chaudrons de poix bouillante, les enfants approvisionnant les uns et les autres. Il y a maintenant six mois qu'ils sont entre eux, enfermés là, six mois qu'ils répètent ces gestes, six mois qu'ils défient les florins et les bombardes de l'Antéchrist, six mois que, de purges en évasions, leur groupe devient plus uni, plus fort, se trempe comme un acier dans l'épreuve.

Repoussés une première fois, les lansquenets reviennent à l'assaut, sont rejetés, reviennent encore, ébouillantés, percés, foudroyés par les pièces d'artillerie dissimulées dans les murailles, renversés avec leurs échelles, écrasés sous les blocs de pierre... Un moment, ils prennent pied sur le second rempart. Corps à corps sauvage, la mort à bout portant. Le sort de la bataille se joue là, et les lansquenets retombent en arrière... C'est fini...

« Revenez! crient les rebaptisés. Revenez donc! Vous partez déjà ? »

Les lansquenets ramassent leurs trois mille morts tandis que le peuple des Élus, en interminable procession sur le chemin de ronde, fait à Münster une couronne de joie.

Dieu est avec nous, il vient encore de le prouver à la face du monde. Et chaque jour qui passe, et chaque épreuve surmontée nous rapproche du moment ineffable où le Christ viendra du Ciel et restera parmi nous pendant mille ans pour fonder un nouveau monde. Celui qui ne le croit pas, c'est comme s'il ne croyait pas à Dieu.

Dans le camp du prince-évêque, c'est l'heure des deuils et des drames, des inventaires, des règlements de compte. Des lansquenets désertent par paquets, préférant partir sans leur solde que d'attendre un troisième assaut voué à l'échec [37].

L'un deux, un certain Spiess, invente la chanson de Münster, racontant en dix-sept couplets comment l'évêque a injustement attaqué la ville, où les anabaptistes ne faisaient rien de mal, comment après avoir tiré « trois jours et trois nuits » contre les tours et les murs, il a « attaqué la cité par les cinq bouts ». En vain.

Les lansquenets saluent ceux de Münster
Qui si vaillamment résistèrent
Faudrait les faire chevaliers

. . . .

Nobles et roturiers sont morts par milliers
Vous trouverez leurs noms
Dans le registre du maréchal
A celui-ci qu'on ne verse pas de solde
Il a perdu ceux qui maintenant gisent.

Mon Dieu, pardonne à celui
Qui a commencé cette guerre
Où tant et tant périrent.
Que les âmes n'oublient pas
La chanson de Spiess le lansquenet...

Rancœur, malheur. Et si, au bout du compte et de la complainte, ils avaient raison, les baptisés de Münster ?

Après quelques jours d'actions de grâces et de travail aux remparts, un certain Johannes Dusentschur, un boiteux, ancien orfèvre à Warendorf, appelle le peuple au Grand-Marché. Depuis le ciel, dit-il, le Père lui a fait une révélation : le prophète Jan doit être roi de toute la terre :

« Il doit régner sur les empereurs, rois, princes et puissants de ce monde. Il sera l'autorité de toute autorité et aucune ne le surpassera. Il prendra le trône et le sceptre de David jusqu'à ce que Dieu lui succède. »

DEUXIÈME PARTIE

I

LE ROI DU MONDE

Le trône de David — L'ordrc de cour — La reine Divara — Quatre paires de draps — Les deux muettes — Rouge et gris — Le roi Jan — Exécutions — Saint, saint, saint — Knipperdollinck fait le drôle — Tous les anges — Trois jours de prison — Dans les siècles des siècles

« ... Il prendra possession du trône et du sceptre de David jusqu'à ce que Dieu lui succède ! » Devant la foule stupéfaite, l'orfèvre Dusentschur demande aux Anciens de lui remettre leur épée. Puis il s'approche de Jan de Leyde :

« Reçois le glaive de justice, proclame-t-il d'une voix forte, et avec lui le pouvoir de soumettre tous les peuples du monde. »

Il l'oint d'une huile parfumée :

« Je t'oins par ordre du Père et te proclame devant tout le peuple roi de la Nouvelle Jérusalem. »

Le chroniqueur Kerssenbrock, toujours hostile, prétend que c'est en prévision de cet instant que le Hollandais avait tout fait mettre en commun et peu à peu concentré tous les pouvoirs dans ses mains. Peut-être a-t-il sous-estimé, chez cet improvisateur, la remarquable aptitude à saisir l'opportunité. Or, la victoire du 31 août lui laissait en quelque sorte une créance ouverte. Sans compter qu'il est dans la logique d'un mouvement messianique de devoir avancer d'événement en événement. L'attente des derniers jours ne peut être immobile. Elle se nourrit de chocs, de commotions. Son intensité est telle qu'elle ne se pourrait soutenir longtemps.

Jan de Leyde tombe à genoux :

« Père, supplie-t-il, je ne suis pas digne !... Je n'ai ni l'âge, ni la sagesse, ni l'autorité d'assumer un tel pouvoir !...

Aussi, je me réfugie dans ta bonté et te prie humblement de m'accorder ton aide, que je sache et reconnaisse ce qui te plaira. »

Il rayonne d'humilité, comme ces grands saints des icônes. Enfin, il se relève et s'adresse au peuple :

« Frères très chers, il y a plusieurs jours que le Père m'a révélé que ceci arriverait... J'attendais qu'un autre le proclame pour que vous puissiez comprendre qu'il s'agit de la seule volonté de Dieu... Si vous saviez combien je préférerais garder les porcs ou guider la charrue !... Mais je ne puis me dérober, puisque le Père m'a élu. »

Certains, dans la foule, s'étonnent, murmurent : comment la cité des égaux peut-elle s'accommoder d'un roi ? Et pourquoi, demandent les Münstérois, un roi étranger ?

Jan de Leyde étend les bras, douloureux :

« Quoi, vous murmurez contre la volonté du Père... »

Pendant trois jours, Bernhard Rothmann et les prédicants lisent et commentent les textes de Jérémie et d'Ezéchiel où l'on voit l'Éternel rassembler ses brebis, leur donner des pasteurs pour les paître — ils seront mon peuple et je serai leur Dieu. Mon serviteur David sera leur roi, leur prince pour toujours... Je les établirai, je les multiplierai, je placerai mon sanctuaire au milieu d'eux pour toujours. Ma demeure sera parmi eux. Je serai leur Dieu et ils seront mon peuple...

Mots magiques, obsédants, rassurants, suscitant des images grandioses et vagues qui tiennent lieu de projet et de mémoire, chargés d'une mystérieuse puissance. Les prédicants de Jan de Leyde en jouent, comme ils jouent de la menace sourde de cet enfer promis à ceux qui ne se soumettraient pas à la voix du Dieu tout-puissant. Peut-être, pris un à un, les élus résisteraient-ils, mais pas quand ils sont en foule et que s'abolit ce qui reste en eux de raison et de critique — et ce prophète de Leyde ne les a-t-il pas, après tout, menés à la victoire contre la redoutable coalition des papistes et des luthériens ? Comment un cabaretier l'aurait-il fait sans l'aide de Dieu ? Imposteur, il mentirait depuis le début. Prophète devenant roi, il accomplit leur destin.

Pour commencer, il destitue les douze Anciens, les commandants, les capitaines, tous les titulaires de charges et de fonctions précédemment nommés. Tout doit être renouvelé.

Cent quarante-six charges sont mentionnées dans l'ordre de cour qu'établit le roi Jan. Knipperdollinck est nommé lieutenant général, Tilbeck grand chancelier, Bernhard Rothmann porte-parole. C'est ce dernier qui, debout sur un banc, devant la cathédrale, lit face à toute l'assemblée la liste des serviteurs du roi. Le dosage entre Münsterois et immigrés est soigneusement équilibré : la plupart des anciens notables, conseillers, chefs de guilde ou artisans aisés occupent des charges importantes. Ils ne sont minoritaires par rapport aux immigrés frisons et hollandais que dans les fonctions subalternes[38].

« Pour moi, explique le roi, je n'ai nul besoin de conseillers ou de serviteurs, mais je les ai nommés afin que chacun s'habitue à leur autorité s'il arrivait que, demain peut-être, le Père m'appelle... »

Au fond de son instinct le plus sûr, il a retrouvé les principes éternels du gouvernement des foules : feindre d'abord de partager leur sentiment, et même l'exprimer, avant de le modifier et de lui substituer son contraire.

Ici, il incarne désormais à la fois le pouvoir spirituel et le pouvoir temporel dans un royaume qui n'est plus qu'à peine de ce monde. Pape et empereur à lui seul, il unit dans sa personne les deux visages terrestres de Dieu.

Prêt à répondre à l'appel divin, il va pour le moment magnifier la toute-puissance du Père par la pompe et la majesté de son règne. Pour commencer, il s'installe dans le plus beau des palais de la place de la Cathédrale, celui de Melchior von Büren, le très fastueux grand échanson de l'évêque. La maison voisine, où avait habité le prévôt de la cathédrale, est réservée aux épouses du roi — un passage est pratiqué dans le mur mitoyen.

Il nomme ses grands dignitaires et ne laisse à personne le soin de choisir ses écuyers, ses pages, ses gardes, ses cuisiniers. Divara, la première de ses épouses et qui a donné naissance à une fille, est faite reine; elle aussi aura sa cour, ses dames d'honneur, ses domestiques. Ses autres épouses — il en augmente le nombre au gré de ses fantaisies — seront nommées servantes de la reine, concubines du roi ou femmes-jouets. Elles doivent à Divara « obéissance sans envie ».

Il commande pour eux deux des vêtements royaux, choisit ses couleurs — gris et rouge —, ses tissus, ses modèles; imagine des couronnes pour leurs fronts, des bijoux, un symbole : un globe traversé de deux épées croisées, l'une d'or, l'autre d'argent; entre les deux pommeaux, une croix d'or, fixée sur le globe, porte gravés les mots qui désignent le roi comme le seigneur du monde : « Un roi de justice sur toutes choses ».

Et tandis que les artisans s'exécutent, il élabore et fait répéter les articles du protocole qui régira désormais la vie de la Nouvelle Jérusalem.

Cet automne est un peu fou. Les soldats de l'évêque ont repris leurs terrassements en contrebas, mais assiégés et assiégeants savent que rien ne se passera avant plusieurs semaines. C'est un temps libre d'échéances humaines, miraculeusement préservé, comme suspendu entre hier et demain, irréel.

Dusentchur, l'orfèvre boiteux à qui Dieu a signifié Sa volonté de voir Jan de Leyde devenir roi, est devenu le prophète officiel de la cour. Ses visions ont quasiment force de loi. « Le Père, révèle-t-il ainsi un jour, condamne l'excès de nourriture et de vêtements, chez l'homme comme chez la femme. » Il transmet les détails :

« Que les hommes n'aient plus que deux vestes, deux pantalons, deux pourpoints, quatre chemises et deux chapeaux. Les femmes ne pourront posséder plus de deux jupes, un manteau, deux culottes, quatre chemises, quatre jaquettes, quatre bonnets. Ceux qui possèdent plus doivent s'en défaire pour le bien commun. »

Des charrettes passent dans les rues. En trois jours, on sort des coffres et des bahuts profonds de quoi en faire quatre-vingt-trois pleins chargements. Les diacres eux-mêmes visitent les maisons :

« La paix du Seigneur soit avec vous, disent-ils. Je viens voir, selon le commandement, si vous avez plus que de besoin... Il faut donner le surplus à ceux qui ont moins... »

De la literie est ainsi récupérée — on laisse quatre paires de draps pour chaque lit — et répartie, avec les vêtements, à ceux qui en manquent parmi les immigrés, Frisons, Hollandais ou lansquenets.

En ce qui concerne « l'excès de nourriture », le roi fait saisir dans les resserres et les souillardes la plus grande partie de ce qui reste de viande de bœuf et de porc. Il la fera redistribuer, dit-il, « en période de plus grande nécessité ».

La façon dont on se vêt reste symbolique. Au roi les ors, au peuple le dépouillement et le lin nu. Deux fillettes se chargent de faire la police du superflu. Ce sont deux petites muettes de huit ou neuf ans. Quand elles croisent dans la rue des frères qui, conformément à l'usage du temps, portent des rubans au-dessus du genou, elles s'approchent, se postent devant eux et tendent l'index en émettant de ces désagréables cris de muets. Les hommes doivent défaire les rubans et leur remettre; sinon elles frappent dans leurs mains, sautent et dansent autour d'eux, ameutent le quartier.

Aux femmes, elles demandent leurs foulards, qu'elles réclament avec d'autant plus de force qu'ils sont plus riches, brodés ou crêpés. Certaines comprennent la leçon, brûlent leurs atours, brisent leurs miroirs de verre étamé pour « être humbles et pures » et ne plus vivre dans le péché. D'autres, non convaincues, laissent chez elles leurs foulards et les jolis plissés qu'on porte d'ordinaire sous la coiffe. Pour ne pas aller tête nue, elles s'affublent des galettes noires de leurs époux et sortent coiffées comme des lansquenets. Elles teignent de même en noir leurs bonnets de nuit ordinairement rouges.

Avec ce qu'elles récupèrent, les deux petites muettes font des feux de joie. Elles sont prises d'étranges frénésies, se roulent au sol, se tirent les cheveux, font « des grimaces horribles ». Ceux qui tentent d'intervenir pour les calmer, pour les tenir, sont à leur tour pris d'inexplicables tourments. « Père, crient les femmes, ô Père, pitié! Grâce!»

L'affaire fait tant de bruit en ville que le roi et les prédicants font venir les fillettes. Ils reconnaissent la présence en elles d'un esprit — malin, disent certains — et les mettent à l'isolement « jusqu'à ce que l'esprit les ait quittées ».

Les femmes sont à nouveau autorisées à porter foulards et fichus sans craindre de s'en voir dépouiller.

Dès qu'ils ont leurs vêtements d'apparat, le roi, la reine et leurs dignitaires sortent dans la ville selon la formation fixée par le protocole.

Vont d'abord les hérauts d'armes et sonneurs de busines, suivis de quatre gardes empanachés, eux-mêmes précédant les conseillers dans leurs uniformes neufs ornés de lourdes chaînes de métal précieux, puis viennent le grand maître Hermann Tilbeck, solennel, frappant le sol de son long bâton blanc. Juste devant le roi marchent deux pages de rouge et gris vêtus; celui de droite porte la Bible, celui de gauche l'Épée, symboles des deux pouvoirs réunis dans la personne du roi et qui sont aussi les insignes de saint Paul, le patron de Münster. L'un des deux pages est le fils de l'évêque, Christophe von Waldeck.

Le roi monte un palefroi caparaçonné d'étoffes précieuses — quelque ancienne chasuble épiscopale. Chemise de dentelle fine mettant en valeur la légère barbe blonde, pourpoint de velours rehaussé de perles et de pierres, manteau de drap d'or, éperons d'or. A son côté, une épée dans un fourreau d'or. Son sceptre est orné de trois anneaux dorés et ses doigts sont chargés de bagues précieuses, dont un sceau, qu'il porte à l'index, lourd de 22 florins d'or rhénan, le plus dur.

Derrière le roi vient Knipperdollinck, raide et pompeux dans ses brocards, puis le chancelier Krechting, le bourreau borgne Nilan, dit le Cyclope, enfin le reste de la cour et du personnel... De chaque côté du roi vont vingt-huit trabans avec cuirasses et hallebardes, chargés de contenir le peuple en liesse.

C'est un beau jour de septembre qu'il traverse ainsi pour la première fois la ville, sa ville, image admirable, éblouissante, qui arrache des cris de bonheur et d'allégeance à cette foule qui se reconnaît en lui, comme elle se reconnaît en lui quand il dit que Dieu va venir prendre place parmi ses brebis. Il a fait répéter qu'on n'honore pas sa personne, mais qu'on honore Dieu en lui — et rien n'est trop beau pour Dieu.

Et ce jour-là, il est si sûr de lui, le roi Jan de Münster, qu'il sort même de la ville, passe les remparts et fait un tour hors les murs, peut-être pour défier l'évêque, peut-être aussi pour vérifier que la ville dont il est le roi n'est pas une de ces bulles de savon où se réfugient parfois ceux qui rêvent.

Quel enfant ne s'est jamais donné, le temps d'une fable, quelque destin royal ? Sans doute, comme on connaît Jan de Leyde, s'est-il plus souvent qu'à son tour, à l'âge des épées de bois, pris pour un prince de légende, sans doute a-t-il lui aussi, au grand galop d'un balai, délivré son lot de princesses et pourfendu des hordes d'infidèles.

Mais la vérité voulait que sa mère fût une servante

engrossée par le maître de la maison, un certain Bockel, bourgeois de Leyde. Le bourgeois était marié, et jusqu'à la mort de sa femme, la servante est restée servante, et le petit Jan un bâtard [39].

Quand enfin, sa femme morte, Bockel avait épousé la servante, il avait fait enseigner l'alphabet à l'enfant et l'avait mis en apprentissage chez un tailleur de la rue Pappengracht. Sans doute, Jan aimait les déguisements, les étoffes superbes, mais apprenti-tailleur quand on a rêvé du trône! Dès qu'il put, il s'embarqua pour Londres, où il passa quatre ans. Revenu à Leyde à vingt ans, il épousa cette Elisa, veuve de marinier plus âgée que lui et qui possédait une auberge. Il s'y sentit bientôt à l'étroit, se trouva une vocation de négociant et partit pour le Portugal, pensant peut-être affréter une flotte de navires bourrés d'épices et de bois précieux — mais revint à l'auberge comme les marins rentrent au port.

Pour supporter la vie aux *Trois Harengs,* il a alors inventé d'y dresser une estrade et d'y donner des spectacles, tenant lui-même tous les rôles, jouant les scènes bibliques qu'il lui suffisait de lire une fois pour savoir par cœur, ou improvisant sous les poutres enfumées des facéties et des drames; d'un mot, d'un geste, d'un mouvement de son vêtement, il changeait le monde, était qui il voulait, subjuguant son public de mariniers aux lourdes mains crevassées.

Mais cela non plus n'était pas assez. Quand il entendit parler de ce que disaient les rebaptiseurs, ceux qui eux aussi voulaient changer le monde pour hâter la fin des temps, il partit à nouveau. Le projet lui convenait. C'était un matin de mai 1533 — nous l'avons vu quitter *Les Trois Harengs.* Deux mois à Münster à écouter les prédicants solennels, une fois de plus à l'auberge, une fois de plus déçu. Il fallut l'arrivée de Matthys avec sa femme Divara...

Il n'y avait pas plus d'un an. Que de chemin parcouru en un an! Roi! Et il n'a pas vingt-cinq ans! Si sa mère, seulement, pouvait le voir! Quelle revanche pour la servante du bourgeois! D'autant qu'elle venait de Münster elle-même, elle était née là où son fils, justement, met en scène autour de lui le destin du monde.

Au Grand-Marché, Jan de Leyde a fait installer une estrade de trois marches, « comme il sied à un roi », couverte de tapis pourpres et de coussins de soie, sur laquelle trône un large faudesteuil tendu de soie. Trois fois par semaine, il y vient en grand apparat entendre « les plaintes du peuple ». Il est à la fois le nouveau David et le nouveau Salomon. La reine Divara y vient aussi, montant une haquenée blanche, précédée de son maître de cour Heinrich Rodde, suivie des autres femmes du roi et de sa cour. Elle s'assied face au roi, parmi les gens de sa suite. Les prédicants se tiennent sur une autre estrade.

Les plaintes et litiges, en cette fin de septembre, concernent surtout le mariage. C'est que la loi sur la polygamie n'est pas d'application facile. L'obligation de mettre en œuvre le commandement « croissez et multipliez » interdit pratiquement à une femme de rester seule. Même les toutes jeunes filles, de treize, douze ou même onze ans, se trouvent mariées d'une heure à l'autre. La soigneuse de la ville, la femme Knuppers, en a accueilli une quinzaine à qui les hommes avaient « brisé le corps ».

Les femmes qui ne se soumettent pas à la volonté et la liberté de l'homme risquent, dans le meilleur des cas, l'internement au couvent-prison de Rosental, jusqu'au repentir.

Quand l'épouse d'un ancien chanoine d'Utrecht a été déclarée enceinte, son mari en a pris une autre. La première a protesté publiquement. Son mari a porté plainte. C'est une des affaires que le roi juge au Grand-Marché : la femme de l'ancien chanoine est condamnée à être exécutée, mais seulement après la naissance de l'enfant, prévue pour janvier. Jan sait bien que s'il faut grâcier parfois pour être aimé du peuple, il faut punir souvent pour en être écouté.

Une autre, Elizabeth Holschers, est traînée par son mari au tribunal. C'est qu'elle a refusé, trois ou quatre fois, d'accomplir son devoir conjugal. De plus, elle a blasphémé : « Ô père, a-t-elle dit, si tu es tout-puissant, fais que, vivante, je ne monte plus jamais dans le lit conjugal ! » Elle est la première à qui le bourreau Nilan, le Cyclope, tranche la tête. C'est le 25 septembre.

Le lendemain, autre cas, une certaine Katharina Kockenbeckers est à son tour déférée devant le roi : elle a, celle-ci, renversant impudemment la loi, épousé deux hommes en deux jours ! Tête tranchée. Même verdict pour Margaretha, une femme d'Osnabrück qui a refusé d'entendre les pieux sermons du prédicant Schlachtschaf — et même, elle lui a craché à la figure. Parfois, en fin d'après-midi, après l'exécution publique des sentences, le roi appelle un orchestre et ouvre lui-même le bal.

C'est surtout dans ces périodes de calme, comme en ce début d'automne, que les femmes se rebiffent. C'est que les prophètes alors ne sont plus que des hommes, dont elles n'ont pas de leçons à recevoir. Mais quand, les circonstances l'exigeant, Dieu parle par la voix de l'un ou de l'autre, alors, et bien mieux que les hommes, elles sont là, bouleversées, véhémentes, prêtes à mourir s'il le faut.

Mais pour le moment, elles ne sont que victimes ou spectatrices. En octobre, le spectacle ne manquera pas. Car ce pouvoir qui est maintenant dans les mains d'un seul, il suffit d'un seul pour le prendre. Le premier à essayer, comme on pouvait s'y attendre, est Knipperdollinck, historiquement le premier ennemi de l'évêque, le premier emprisonné de l'affaire, le premier soutien de Bernhard Rothmann, le personnage important de Münster, l'ancien grand électeur, l'ancien bourgmestre, l'ancienne grosse fortune, ravalé par le prophète Jan au rang de bourreau puis, ce qui est sans doute pire, maintenant deuxième personnage du royaume. Déjà, quand Jan de Leyde l'a pris de vitesse pour remplacer le prophète Matthys, il s'est manifesté en faisant raser les clochers des églises. Maintenant que ce Hollandais est devenu roi ici, qu'il juge de tout, Knipperdollinck ne peut plus vivre.

Le 11 octobre, alors que le peuple est rassemblé autour du roi au Grand-Marché, l'ancien négociant surgit en criant : « Pénitence! Pénitence! » Il est en proie à une extrême agitation, la bave aux lèvres, halluciné. « Saint, saint, saint, crie-t-il, nous sommes le peuple saint! » Dans le silence stupéfait de tous, il commence à danser, à se tordre, à sauter, à s'arracher la barbe, à faire d'extravagantes contorsions autour du trône du roi Jan : « Sire roi, je suis ton bouffon. » Il se roule par terre, fait le drôle, se relève d'un bond, enlève sa hallebarde à un garde et défile, tête droite, l'arme à l'épaule : « Nous irons ainsi, dit-il, quand nous quitterons la ville... Nous parcourrons le monde et châtierons tous les impies... » Il avise un hallebardier grand décapiteur de pécheurs : « Tu immoleras tous les impies! » Le respectable Berndt Knipperdollinck maintenant se dresse à l'envers, la tête au sol et les pieds en l'air — il fait le poirier, diraient les enfants —, puis bascule dans les rangs des femmes.

Soudain calmé, il souffle au visage des uns et des autres en disant : « Le Père t'a sanctifié, reçois l'Esprit! » Il passe de sa salive sur les yeux morts d'aveugles qui se trouvent là afin qu'ils voient, et annonce qu'il mourra aujourd'hui même, puis qu'il ressuscitera. Il s'approche d'un commerçant :

« Tu aimerais bien toi aussi être sanctifié, hein? Mais tu ne veux pas quitter ton commerce!... Quitte d'abord ton commerce, tu seras sanctifié après! »

On ne sait qui de Dieu ou du Diable a pris possession de Knipperdollinck. Le roi, jusque-là incertain, lâche soudain son sceptre, glisse de son trône, tombe à genoux, tremblant, les mains jointes, les yeux clos. Des femmes aussitôt se mettent à pousser des cris aigus qui font basculer les plus raisonnables. L'Esprit en tourmente plus d'un maintenant.

Mais ce n'est plus Knipperdollinck qu'on regarde, c'est le roi — l'immobile, pas l'agité. Knipperdollinck comprend qu'il a perdu le devant de la scène. Il va au roi, l'aide à se relever, le réinstalle dans son grand faudesteuil tendu de soie. Jan de Leyde semble reprendre vie, se ranime. Sa voix est encore pleine d'une émotion tremblante : « Chers frères et sœurs, dit-il, j'ai vu une grande joie... Vous êtes comme des anges... Chacun est plus beau que l'autre... Vous êtes des saints... »

Des femmes, encore, crient, au bord de défaillir. Elles appellent le Père, qu'Il vienne, là, maintenant, parmi elles, qu'Il descende sur la place du Grand-Marché de Münster.

Le roi s'abîme à nouveau dans une ineffable contemplation, d'où il ramène le grand projet capable de mobiliser les esprits et les forces :

« Songez, dit-il, qu'il nous reste à faire le tour du monde... Je dois établir ma puissance sur toutes les nations... »

Dans cet étrange affrontement, Knipperdollinck n'est pas de taille. Il ne peut se servir du poids réel qu'il a au sein de la fraction influente de la population et tente de procéder par coups de folie : c'est le seul moyen qu'il lui reste, lui qui est sans extases, de sortir de soi-même et d'entraîner la foule. Mais il ne suscite aucune émotion, n'est pas capable de ces improvisations foudroyantes qui mettent les bonnes gens en transes. Il confond le théâtre et la foire.

Il rassemble maintenant la douzaine d'amis qui avaient été emprisonnés avec lui en février, lorsque la ville s'était pour la première fois coupée en deux. Il les installe sur un banc, leur insuffle l'Esprit, leur attribue à chacun un nom, comme aux apôtres, les avertit que l'Esprit va se manifester. Alors ils montent sur le banc et commencent à se balancer sur place, à danser même. L'Esprit ne passe pas. Knipperdollinck insiste, s'affaire énormément autour de ses apôtres, leur parle à l'oreille. En vain.

Le roi alors fait signe à sa garde personnelle, se lève et rentre chez lui, comme un qui trouverait ennuyeux et raté le spectacle du jour.

Le lendemain, Knipperdollinck revient à l'assaut, recommence à danser et à rager autour du trône. Jan de Leyde, furieux, rejoint son palais. Knipperdollinck s'installe dans le faudesteuil royal, dit qu'il faudrait deux rois, l'un selon la chair, l'autre selon l'esprit... Jan de Leyde revient. Les deux hommes se chamaillent. « C'est moi, dit amèrement Knipperdollinck, c'est moi qui t'ai fait roi, alors que j'aurais dû l'être ! » Jan de Leyde lui ordonne de se taire. De la foule commence à monter un vilain grondement.

Le roi Jan abandonne alors Knipperdollinck et s'adresse une fois de plus au peuple des Élus : « Ne vous alarmez pas, dit-il, Knipperdollinck a perdu le sens. » Il fait signe à ses hallebardiers, qui encadrent le négociant et l'entraînent. Jan parle. C'est par la parole qu'il a pris le pouvoir, c'est par la parole qu'il règne, et par cette aptitude à trouver les mots qu'il faut, à susciter des émotions qu'il reçoit en écho, dont il nourrit la suite de son discours. Il ne fait jamais appel à la raison de son peuple, toujours à son imagination et à son goût de l'autorité. Les hommes en état de foule ne méprisent-ils pas ce qu'ils ne craignent pas ?

Et quand Jan de Leyde a parlé — « Il disait des merveilles », racontera le menuisier Gresbeck — chacun s'en retourne chez soi, apaisé.

Knipperdollinck reste trois jours en prison. Il a trop de partisans et d'amis pour que le roi puisse s'en débarrasser, et il a encore besoin de lui. Il lui écrit alors pour l' « exhorter amicalement » et lui rappeler qu'il lui faut quelqu'un au-dessus des autres dignitaires pour unifier leur action, puis lui rappelle leur amitié passée : « Ne t'éloigne pas de moi... Tes bienfaits et ceux de ta femme me restent en mémoire... Soyons-nous fidèles, notre récompense sera grande... » Il s'autorise un conseil : « Défais-toi de l'orgueil, fuis le doute, tiens-t'en à la prière. » Et, peut-être en prévision d'un avenir qu'il pressent difficile, il lui recommande vivement de ne pas s'inquiéter si beaucoup commençaient à désespérer, puisqu'on pourrait en déduire, justement, que « le temps est proche ». « Reste ferme dans ta foi, conclut-il, Dieu prendra soin de ta chair. » Et il signe Jan de Leyde, avec sa devise : « La puissance de Dieu est ma force. »

Knipperdollinck répond qu'il ne comprend pas ce qui lui est arrivé, que le diable sans doute l'a poussé, mais qu'en prison il a été favorisé d'une inspiration divine : Jan de Leyde est bien un roi selon la volonté du Père. Il est libéré et reprend sa place à la tête du gouvernement — mais à côté du trône.

N'est pas roi, dit-on, celui qui n'a pas encore vaincu son rival. Cette fois, Jan de Leyde est bien le roi de Münster. Maintenant et dans les siècles des siècles.

II

L'ÉVÊQUE S'ENTERRE

Fortins — Les florins de l'évêque (suite) — Le cinquième pfennig — La belle vie

Deux jours après l'assaut meurtrier du 31 août, Franz von Waldeck, prince-évêque de Münster, Osnabrück et Minden, a convoqué au camp de Saint-Maurice une réunion d'état-major. Atmosphère lugubre, bilans désastreux. Les mercenaires désertaient sans même laisser sécher leurs paquetages trempés. Une partie de la noblesse s'en repartait chez elle, les campements des cavaliers se défaisaient les uns après les autres, l'armée semblait se dissoudre, tout comme s'était dissous le grand remblai.

Il n'y avait peut-être que le prince-évêque à rester ferme. Ces fanatiques le défiaient ? Eh bien, il tenait le défi! En vérité, la seule chance qu'il avait de pouvoir rembourser ses dettes était de reprendre Münster, et vite.

Comme pour montrer sa détermination, il décida ce jour-là de transformer les campements ouverts en solides fortins que relieraient des patrouilles de cavalerie. Il économiserait ainsi, à enterrer son armée, la moitié de l'effectif précédent — trois mille lansquenets suffiraient désormais — et manifestait sa volonté de rester là, bien ancré dans le sol. Et si on ne prenait pas la ville d'assaut, eh bien! on l'affamerait. L'hiver serait dur à Münster.

Il a encore fallu trouver 50 000 florins-Emden pour octobre et novembre. A nouveau sollicités, les princes de Cologne et de Clèves ont répondu qu'il faudrait d'abord songer à leur remettre les districts gageant les crédits précédents. L'évêque a dû comme toujours menacer de s'adresser ailleurs.

A ce stade, le siège, à l'en croire, lui a déjà coûté l'énorme somme de 600 000 florins. Il s'active dans toutes les directions. Le 6 septembre, il demande au duc de Clèves — responsable depuis 1530 de la résistance contre les Turcs — de convoquer le cercle des États de Bas-Rhin - Westphalie à Cologne. Il cherche à intéresser l'électeur et le duc de Saxe à son entreprise contre la contagion anabaptiste. Il demande à l'archevêque de Cologne d'alerter l'archevêque-électeur de Mayence.

Mais en attendant des réponses, la diète du diocèse réunie à Telgte le 14 septembre constate que les lansquenets ne sont pas payés depuis quatre semaines, et qu'il est donc impossible de les licencier, même pour faire des économies. De plus, les paysans ne viennent plus livrer de nourriture aux camps : les pluies, disent-ils, ont rendu les chemins impraticables. Franz von Waldeck les menace de laisser les lansquenets aller se servir eux-mêmes.

Mais pour l'argent, la diète décide, vu l'urgence, de ponctionner les biens de la chevalerie et du clergé, prélèvement non répercutable sur les locataires. En outre, chaque citoyen possédant devra donner le cinquième pfennig de son revenu. L'évêque refuse les demandes d'exemption et réprime les divers mouvements de refus.

Le principe des fortins, calcule-t-on, permet de licencier près de sept sections de lansquenets, ramenant le coût d'une solde de quatre semaines de 25 000 à 13 000 florins-Emden. Mais il faut engager quatre maîtres terrassiers, demander 2 000 ouvriers à l'archevêque de Cologne, lever 2 500 paysans du haut-diocèse, 1 homme sur 3 du bas-diocèse — et régler les problèmes ainsi créés aux seigneurs dont ces paysans dépendent —, trouver 70 bûcherons, 85 charpentiers...

Implantation des camps et des fortins

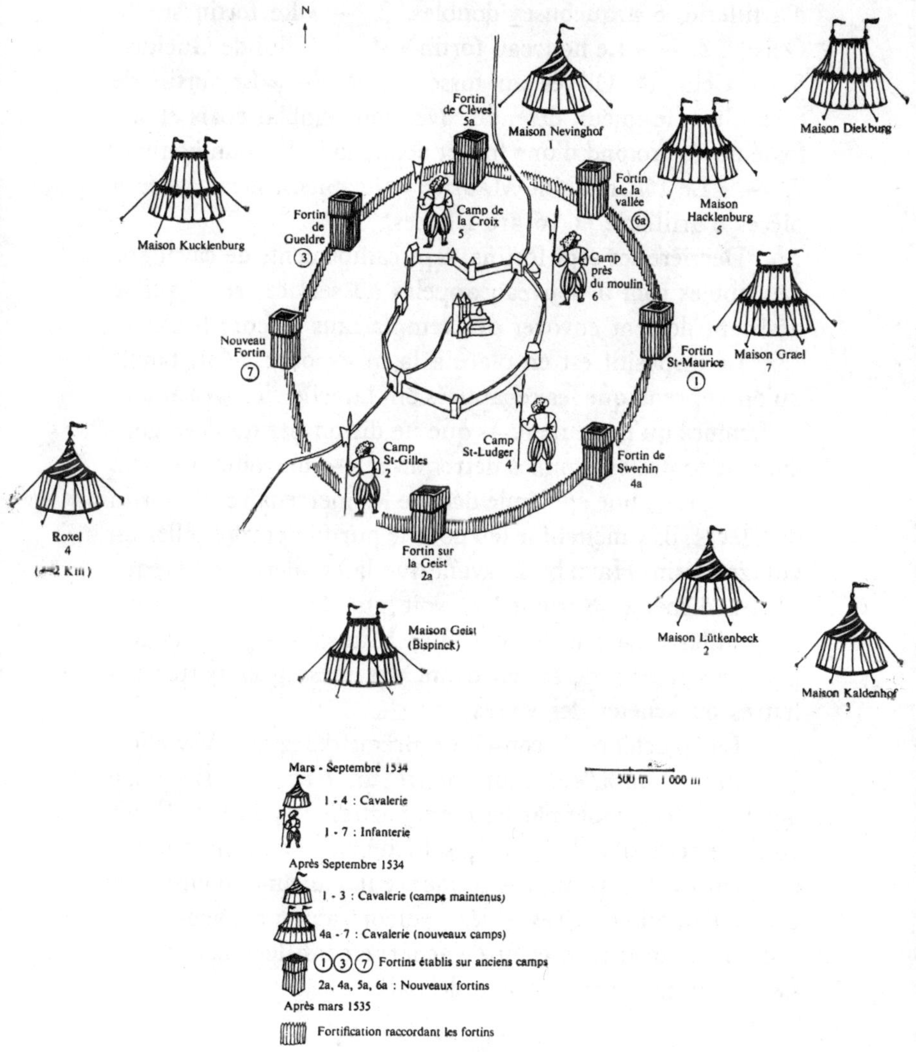

Les sept fortins sont achevés au début d'octobre : 1. — « Le fortin dans la vallée », carré, 300 pas de périmètre, rempart de 25 pieds dépassant le fossé de 10 pieds, 2 pièces d'artillerie, 6 arquebuses doubles. 2. — « Le fortin sur la Geist ». 3. — « Le nouveau fortin ». 4. — Celui de Gueldre. 5. — Celui de Clèves au fossé sec. 6. — « Le fortin de Swerhin », le mieux défendu, avec son remblai épais et son fossé noyé, profond d'une fois et demie la taille d'un homme. 7. — « Le fortin Saint-Maurice », le mieux armé, avec 4 pièces d'artillerie et 16 arquebuses.

Derrière les sept fortins, sept campements de cavaliers. Les nobles sont à nouveau appelés au service, ceux qui se désistent doivent envoyer des remplaçants à leurs frais.

Le dispositif est en place à la mi-octobre. Mais tandis qu'on apprend que les rebaptisés ont la belle vie, avec autant de femmes qu'ils veulent — que ne dit-on pas du dévergondage de toutes ces nonnes défroquées! —, un roi et des fêtes tous les jours, une épidémie décime les mercenaires du fortin de Clèves, ils y mettent le feu pour le purifier et vont piller un village voisin, Havixbeck, avant que la cavalerie de l'évêque ne les disperse. Surtout, on voit que le système fortins-patrouilles n'est pas étanche. Les Münstérois y circulent à peu près à leur guise, envoyant des messagers porter des lettres ou acheter des vivres.

Le 10 octobre, le conseil de Brême délègue son syndic à l'évêque : il propose, pour mettre un terme au siège, un arbitrage acceptable par les deux parties. Réponse de Franz von Waldeck : il a déjà, dit-il, sollicité l'aide de l'empereur et des princes et ne peut plus décider seul d'aucune condition de paix, d'autant que ses alliés veulent faire un exemple de l'affaire münstéroise et que l'acharnement des anabaptistes ne mérite ni grâce ni traité de paix.

III

LA GRANDE CÈNE

Les trois trompettes — Une couronne d'or pur — Rabat-joie — Buvez-en tous — Les vingt-sept apôtres — Échafauds — Deux pièces d'or — Le prince et le prisonnier — La mission Fabricius — Comme si un ange

A peine finie l'affaire Knipperdollinck, voici que Dusentschur, le prophète boiteux, est visité par une nouvelle vision, et d'importance : le temps est venu, dit-il, de quitter la ville. Le Père lui a révélé que Ses glorieuses trompettes sonneraient trois fois. A la première trompette, il faudra se tenir prêt. A la deuxième trompette, se rassembler au mont Sion. A la troisième trompette, enfin, le peuple des Élus passera sans se retourner les portes de Münster.

Et les vieillards ? demande-t-on. Et les malades ?

Tous doivent partir. D'ailleurs, assurent les prédicants, les paralytiques marcheront et les aveugles verront. Ceux qui ne viendraient pas au rendez-vous seront considérés comme impies et exécutés.

Et les troupes de l'évêque ? Et comment traverseront-ils les camps des lansquenets ?

Dieu lui-même frappera les ennemis. Il suffira de cinq rebaptisés pour battre cent des autres, et dix en vaudront mille!

Que faut-il emporter ?

Rien, que les armes.

Et que deviendra la ville derrière eux ?

Des bêtes sauvages entreront dans les rues, et elle se transformera en forêt...

... La première trompette sonne le matin d'un jour où

doit se tenir, place de la Cathédrale, une grande Cène, pour laquelle on a déjà disposé les tréteaux, les planches et les bancs.

Dusentschur et le sonneur de trompette traversent la ville. Ceux qui les accompagnent disent que l'heure venue, le Seigneur va se lever avec Son peuple, et ils partiront ensemble pour la Terre promise. Tout s'accomplit donc. On en voit qui suffoquent, joie, joie, pleurs de joie, le cœur battant à mourir, tandis que chez d'autres le sang tourne en glace, effroyable terreur de ce qui se trame et va vous mener, pitoyables, devant la terrible justice du Père.

Quand sonne la deuxième trompette, on sort de chez soi, on marche sans se retourner vers la cathédrale. Les ruelles et les rues s'emplissent du peuple des Élus en chemin vers Dieu. Les hommes sont en armes, avec leurs cuirasses brillantes, les femmes portent des paniers pleins de trésors inutiles et de chères misères, des mères serrent leurs bébés contre elles, on guide les aveugles, on porte à dos les invalides. Accablement, recueillement, silence en tout cas.

Il est peut-être 9 heures quand on s'assemble autour du mont Sion — 5 000 femmes environ, estime Kerssenbrock, 1 200 hommes, 400 vieillards et petits enfants. Le roi n'est pas là. Les hommes en armes se forment sur sept rangs. On attend la troisième trompette, celle qui donnera le signal et rendra la vue aux aveugles, et leurs jambes aux paralytiques. On prie.

A 10 heures, soudain, arrive le cortège du roi, plus éclatant que jamais. Le roi est en armure, mais il a coiffé sa haute couronne d'or pur — un écuyer porte son casque de guerre. Autour de lui, sa garde personnelle et une troupe montée spécialement entraînée qui va se placer devant les sept rangées des milices.

La reine arrive à son tour. Elle est en voiture, parmi sa cour et les autres épouses du roi.

Jan de Leyde parade sur la place, se fait regarder autant

qu'il regarde, passe en revue les troupes. C'est sans doute l'un des hauts moments de sa vie. Tout le peuple d'Israël est là assemblé, suspendu à ses gestes, à sa voix, à son regard. A cet instant précis, il est vraiment le roi du monde — comme on peut être roi de théâtre et subjuguer, le temps d'une représentation, un public qui ne sait plus rien de lui-même. Il va parler. Il jouit de prolonger encore l'attente. Il parle enfin.

« La troisième trompette ne sonnera pas, dit-il. C'était une épreuve pour mesurer votre foi et votre fidélité. Nous ne quitterons pas la ville. »

Les Élus se regardent sans oser comprendre. Le roi désigne les tables assemblées qui occupent tout un côté de la place :

« Nous allons célébrer ensemble la sainte Cène... Soyez gais dans le Seigneur ! »

Vivats, hourras. Les cavaliers s'entraident pour décortiquer leurs cuirasses, les hommes posent les armes en faisceaux tandis que les cuisiniers et les femmes de service dressent les tables du gigantesque banquet, allument les feux, embrochent les quartiers de bœufs.

Il faudra l'après-midi pour venir à bout des trois services de viandes — saignantes d'abord, servies avec des légumes bouillis, puis fumées, avec jambons et charcuteries, rôties enfin, dorées, dégoulinantes de graisse. Le roi, la reine et les hauts dignitaires font le service. Le roi est maintenant en robe de velours plissé chargée de chaînes d'or, et Divara, éblouissante, porte elle aussi sa couronne.

Chaque homme est installé parmi ses femmes et ceux qui n'en ont qu'une, se rappellera le menuisier Gresbeck, « restent honteux ». Les viandes, la bière, le temps qui passe, le soulagement de la fausse alerte font monter sur la place une fameuse chaleur. Mais les prédicants maintenant jouent les rabat-joie. « Il y en a ici, répètent-ils, qui seront morts avant que sonne minuit. » La prophétie court dans les travées de tables. On ne voit pas qui pourrait mourir au milieu de la joie des frères et des sœurs. Knipperdollinck, brusquement, demande au roi de lui couper le cou, ajoute qu'il ressuscitera dans trois jours. Le roi refuse.

C'est maintenant l'heure de la Cène. Le roi, la reine et les dignitaires du royaume, au milieu du peuple d'Israël, brisent chacun une petite galette ronde, en mangent une moitié et boivent un peu de vin. Puis le roi passe aux tables et présente à chacun des Élus une corbeille de petites galettes :

« Prenez, dit-il, mangez, et annoncez la mort du Seigneur ! »

Derrière lui passe la reine, qui verse un peu de vin :

« Buvez-en tous et annoncez la mort du Seigneur ! »

Les prédicants exhortent l'assemblée à rester unie et fidèle à Dieu, entonnent leur psaume de ralliement : « Gloire à Dieu au plus haut des cieux et paix sur la terre aux hommes de bonne volonté. »

Dusentschur alors monte sur un banc pour se faire entendre. Ce n'est pas le peuple des Élus tout entier, révèle-t-il, qui doit quitter la ville, mais seulement vingt-sept apôtres, qui partiront le plus tôt possible, cette nuit même. Ils entreront dans quatre villes, baptiseront et soulèveront les frères, puis ils viendront surgir sur les arrières de l'évêque. Il ouvre un registre divisé en quatre parties, lit sept noms :

« Vous irez à Warendorf. Et que la ville brûle si elle refuse la paix ! »

Ainsi pour Soest, Osnabrück et Coesfeld. Ils sont vingt-sept en tout. Quand ils auront soulevé ces quatre villes, ils se retrouveront à Hamm pour coordonner leur action. Parmi ceux qui sont désignés, quatre prédicants, Schlachtschaf, Vinne, Klopris et Strahlen, les trois derniers étant à Münster depuis le début de l'aventure anabaptiste, Julius von Franeker, un moment évêque et seul rebaptiseur, le patricien Hermann Kerckerinck... C'est dire si la mission est prise au sérieux. Dusentschur lui-même est sur la liste : à la demande expresse du roi, le prophète va accomplir sa propre prophétie avec ceux de Soest.

Tandis qu'ils se préparent, le roi Jan parle à son peuple :

« Seriez-vous prêts à accomplir les ordres de Dieu ? A mourir s'Il vous le demandait ? »

Un seul et formidable cri lui répond, ivresse mêlée des corps et des esprits, avec cette certitude brûlante que leur force n'a pas de limite. Une foule n'est pas l'addition des éléments qui la composent. Elle existe en elle-même, âme grandiose et inexplicable, travaillée de violentes pulsions, capable de tout submerger de sa fureur, mais se soumettant avec ferveur à qui sait au moment juste dire ce qu'elle espère, faire ce qu'elle désire.

Ce roi de théâtre et cette foule de fin du monde sont faits l'un pour l'autre — d'ailleurs, sans lui, elle se serait défaite à la mort de Matthys; sans elle, il serait retourné, comme toujours, aux *Trois Harengs*.

A cette heure-là de la fête, vient l'heure de la mort, celle, peut-être, qu'annonçaient les prédicants. Le peuple des Élus ne sait peut-être pas ce qu'il attend confusément, le roi ne sait peut-être pas ce qu'il va faire. Et pourtant...

Jan de Leyde s'arrête, parmi les tables, devant un homme dont le visage lui est inconnu. C'est un nouveau prisonnier qu'on a amené à la Cène en espérant le convertir par le gigot et la bière.

« Ami, lui demande le roi, quelle est ta religion ? »

Le soldat est abruti de boisson. Il répond vaguement qu'il n'entend pas grand-chose à la religion, qu'on lui a surtout parlé de femmes et de coups à boire.

« Ami, si tu es venu te marier, pourquoi n'es-tu pas en habits de noce ? »

Le soldat répond qu'on ne l'a pas invité à épouser toutes ces putes et qu'il aimerait mieux être ailleurs. Le roi, soudain furieux, saisit une épée et lui tranche net le cou. La mort fait partie de la fête.

Quand ils sont prêts, les vingt-sept apôtres prennent congé de leurs femmes — cent vingt-quatre! — et sont conduits aux portes à la lueur des flambeaux[40].

« Préparez-nous la place, dit le roi. Nous vous suivrons et châtierons ceux qui vous auraient mal reçus. »

Tandis que les hommes s'éloignent dans la nuit, le roi, la reine, les officiels et les gardes sont à leur tour servis à la table principale du mont Sion.

Ceux qui vont à Warendorf sont sortis par la porte de l'est. Ils sont cinq, dont le prédicant Johannes Klopris, le plus instruit de tous, naguère expulsé de Buderich par le duc de Clèves comme adepte de Zwingli. Emprisonné à Cologne pour hérésie, il était parvenu à s'enfuir. Arrivé à Münster en février de l'année précédente, il y a fait venir une femme — « une sorcière », dit Kerssenbrock — dont il avait quatre enfants et l'a épousée. Il a été l'un des premiers rebaptisés de Münster, le 5 janvier 1534, en même temps que Bernhard Rothmann. Depuis les lois sur la polygamie, il a pris une autre femme, une certaine Margaretha.

Dans la nuit, ses quatre compagnons et lui traversent sans encombres les lignes de l'évêque, profitant de la désorganisation qui y règne à la suite de l'incendie allumé dans leur fortin par les lansquenets de Clèves. Arrivés à Warendorf, gros bourg fortifié, ils commencent, à la façon habituelle des anabaptistes, à parcourir le marché et les ruelles en criant aux braves gens de faire pénitence. Puis ils gagnent la demeure d'un conseiller qu'ils savent sympathisant, Erp Holland. Ils proclament la paix sur la maison et sur ceux qui y habitent. Ils y restent plusieurs jours et baptisent de nouveaux frères et de nouvelles sœurs, dont la liste est établie et gardée dans la chambre du conseiller.

Ils obtiennent du Conseil le droit de rester dans la ville et de prêcher en public sous sa protection. Les apôtres alors enseignent ouvertement la doctrine de Münster et prêchent l'insurrection. D'autres apôtres, disent-ils, sont ailleurs. Quand les nouveaux Élus seront assez nombreux, ils iront délivrer Münster, la Nouvelle Jérusalem.

Le prince-évêque, rapidement mis au courant, adresse l'ordre suivant à tous les officiers de ses trois diocèses : « Chers fidèles, nous avons appris de source sûre que les gens de Münster ont envoyé certains de leurs prédicants et anabaptistes dans nos villes [...] pour provoquer une insurrection générale. » Il recommande une surveillance permanente et une répression immédiate. Pour Warendorf, il adresse en vain au Conseil une « aimable » admonestation. A une deuxième lettre, lui demandant de livrer les apôtres de Münster, le Conseil répond d'une manière que l'évêque juge insolente. Le mercredi 21, une semaine tout juste après la sortie des anabaptistes, Franz von Waldeck se présente devant Warendorf avec une troupe sur le pied de guerre.

Le Conseil ne délibère pas longtemps. La ville n'est pas en état de soutenir un siège. Il est décidé d'ouvrir les portes et de laisser entrer le prince-évêque.

Les soldats aussitôt prennent possession des rues, amènent sur le marché les canons chargés, les braquent vers le ciel et mettent à feu pour les décharger. La salve produit un tel roulement de tonnerre que la ville tremble sur ses bases et que se brisent toutes les vitres des fenêtres de la place.

Les apôtres sont livrés à l'évêque et gardés à l'Hôtel de Ville. Ils quittent leurs manteaux et jettent par terre la pièce d'or frappée à Münster et dont le roi Jan les avait munis.

Ils ne sont interrogés, avec mise à la question, que le lendemain, jeudi 22 octobre. Gottfried Strahlen, le deuxième prédicant du groupe, dit qu'ils sont venus inciter le peuple à la rébellion pour aller libérer Münster. Ils devaient se rendre au domicile d'Erp Holland puis au Conseil.

Q. — Combien de personnes ont été baptisées à Warendorf ?

R. — Leurs noms figurent sur une feuille qui se trouve en la possession d'Erp Holland. Environ vingt-sept.

Q. — A-t-il agi sous la contrainte du roi ou des prophètes ?

R. — Non, il pensait que cela rendrait son âme heureuse.

Strahlen répond à diverses questions techniques sur Münster, indiquant qu'il reste bien pour un an de vivres et précisant au passage qu'il a trois épouses.

Heinrich Ummegrove et Antonius von Prim, un fabricant de sacs de l'Eifel, confirment les aveux de Strahlen. Dietrich von Alfen s'en distingue en affirmant être parti sur ordre du roi et en donnant le chiffre de cinquante rebaptisés.

Quant à Johannes Klopris, le plus important, l'évêque l'envoie en cadeau, avec la pièce d'or de Münster, à l'archevêque de Cologne. (Il sera condamné au bûcher le 1er février 1535.)

Le samedi 24, on dispose au milieu du marché un échafaud fait de neuf tonneaux vides sur lesquels sont posées des planches épaisses couvertes d'un lit de sable. Strahlen, Ummegrove, von Prim et von Alfen sont décapités l'un après l'autre. Puis vient le tour de trois citoyens de Warendorf. Le premier est Erp Holland. Le deuxième est Bernhard Boutemans, qui a cassé à coups de pierres les bras et les jambes de la statue du Christ qui se trouve au cimetière. Le troisième, Johannes Stopenberg, lui, a publiquement affirmé qu' « on ferait mieux d'enfoncer une corde de crin dans le cul de l'évêque que de le laisser faire la loi dans le diocèse ». Tous trois ont reconnu avoit été rebaptisés. D'autres citoyens suspects ont été emprisonnés à Sassenberg.

Les dépouilles des suppliciés sont exposées sur la roue, aux portes de la ville, pour l'édification des citoyens et des voyageurs. En partant, l'évêque laisse derrière lui une troupe armée — que la ville se tienne.

Les apôtres désignés pour aller soulever Soest quittent Münster par le sud. Ils sont huit, dont le prophète Dusentschur, le patricien Kerckerinck et le prédicant Schlachtschaf, celui qu'on avait trouvé couché avec quatre femmes.

Eux aussi, arrivés dans la ville qui leur a été désignée, appellent à la pénitence dans les rues et partout où se trouvent des gens. Puis ils prennent contact avec la femme Potter, qui leur ouvre sa maison, et se présentent à l'Hôtel de Ville, où les conseillers se trouvent en réunion.

Qui sont-ils ? demandent les conseillers. D'où viennent-ils ? Que veulent-ils ? De quel droit se permettent-ils d'interrompre une séance du Conseil sans avoir été appelés ? Ils sont envoyés par le roi de la Nouvelle Jérusalem, répond Dusentschur, pour répandre l'Évangile, et ils n'ont certainement pas besoin de permission pour faire le salut des âmes.

Les conseillers se concertent, puis leur ordonnent de retourner là d'où ils viennent, et en tout cas de respecter les coutumes de la ville de Soest. Le prophète Dusentschur jette deux des pièces d'or de Münster aux pieds des conseillers « pour faire connaître publiquement que ceux de Soest sont indignes de la parole et du règne de Dieu ». Ils se retirent tous les huit chez la femme Potter.

A deux reprises dans les jours suivants, le Conseil leur fait porter un ordre d'expulsion. Puis décide leur arrestation. Les apôtres sont soumis à la question — ils avouent que tout le monde au-dessus de quinze ans est rebaptisé à Münster, proclament que le Christ ne tient pas de Marie sa chair et son sang, que pour la communion chacun prend un petit morceau de pain et le mange à la mémoire de Notre Seigneur, mais que c'est du pain qui reste du pain, confirment enfin qu'ils ont mis tous leurs biens en commun. Conformément à l'édit impérial, le Conseil les condamne à mort.

Ils sont décapités le vendredi 23 octobre, dix jours après avoir quitté Münster. L'un d'eux, attendant son tour, dit tranquillement, comme avait dit Hilla Feicken, que Dieu le protège et qu'il ne craint pas l'épée du bourreau :

« On va toujours essayer, lui répond celui-ci, on verra bien. »

Il abat la lourde épée avec une telle force qu'il aurait, dit Kerssenbrock, « tranché un cou trois fois plus épais ». Les corps sont enterrés dans les remparts.

Les apôtres partant pour Coesfeld sortent par la porte de l'ouest. Ils sont huit, dont le Frison Julius von Franeker, premier évêque des rebaptisés de Münster, Hermann Regewart, ancien pasteur de Warendorf, et Johannes Beckmann, ancien vicaire du couvent Saint-Martin.

Eux aussi sont rapidement pris et soumis à la question. Johannes Beckmann jure ne s'être engagé qu'à renoncer à Satan et au monde; il dit que Jan de Leyde s'est lui-même proclamé roi devant le peuple et qu'on grogne un peu contre le faste de sa cour.

Extraits de l'interrogatoire d'Hermann Regewart :

Q. — Sait-il si Jan de Leyde est aussi le roi de tous les anabaptistes hors de Münster ?

R. — Il dit avoir douté que le roi puisse régner sur le monde entier, mais sans oser en parler à personne.

Q. — Jan de Leyde et les anabaptistes pensent-ils supprimer toute autre autorité ?

R. — Le prophète Dusentschur a dit que toute autre autorité serait éliminée.

Q. — Combien de seigle, de beurre, de sel et autres provisions ont-ils encore à Münster ?

R. — Ils ont encore suffisamment de blé, et le prophète Dusentschur a promis qu'ils ne manqueraient pas de nourriture pendant deux ans encore, mais à son avis le sel et le beurre sont sur le point de faire défaut.

Un des autres apôtres, Johannes Essens, est lui-même de Coesfeld. Il était allé avec sa mère mener des bœufs au marché de Münster alors que l'anabaptisme était encore secret. Il avait été blessé par les bêtes et avait dû rester dans la ville en attendant d'être guéri. Puis il y avait eu le siège, et il avait été à nouveau malade, de sorte qu'il n'avait pu quitter Münster. Non, il n'a pas pris d'épouse, bien qu'on lui en ait offert à plusieurs reprises. Il ne sait rien de plus que ce que les autres ont dit, sinon que beaucoup de gens ont été misérablement abusés par le prophète Dusentschur.

Pour multiplier les vertus exemplaires du châtiment, quatre apôtres sont décapités à des endroits différents de la ville, puis un à Horstmar, un à Borken, un à Bocholt et un à Vreden. Les corps sont exposés sur la roue.

Le dernier des quatre groupes, celui d'Osnabrück, comprend six rebaptisés : un commis boucher, un maître d'école, un ouvrier sabotier, un certain Kneper, venu du même village de Frise que Hilla Feicken, le manchot Schwering et le prédicant Dionysius Vinne, arrivé à Münster au tout début de l'anabaptisme.

A Osnabrück, ils se rendent chez Otto Spikers, un bourgeois dont ils ont de bonnes raisons de croire qu'il les aidera. Ils jettent deux pièces d'or de Münster pour prouver que c'est le Père qui les envoie. Otto Spikers ramasse les pièces :

« Dites à votre Père grand merci pour son cadeau, mais faites-lui savoir que je ne suis pas des vôtres. D'ailleurs, prenez garde que des cadeaux comme celui-ci ne vous portent malheur... »

Les apôtres vont prêcher la pénitence dans les rues d'Osnabrück. Un groupe de jeunes les suit jusqu'au marché, les écoute. Le Conseil fait disperser l'attroupement et enfermer les apôtres dans la tour. Les jeunes reviennent en force, surtout des tisserands, entonnent des cantiques en allemand, ce qui dans ces petites villes catholiques est presque insurrectionnel. Ils menacent de défoncer la porte de la tour. Le Conseil craint une révolte populaire, avertit que toute violence sera punie de mort et dépêche un message à l'évêque.

Franz von Waldeck envoie une troupe de cavaliers et d'archers prendre en charge les six prisonniers. L'un d'entre eux dit qu'il veut parler à l'évêque « pour le bien de tout l'évêché ».

A l'aube, avant que les gens de la ville ne puissent s'opposer à leur départ, les apôtres sont enchaînés sur deux voitures qui prennent le chemin d'Iburg.

Quand ils arrivent au pied de la forteresse, le prince-évêque est en train de se promener sur le chemin de ronde. Heinrich Graes, celui des apôtres qui était maître d'école, le reconnaît et l'appelle :

« Est-ce que le prince, crie-t-il, n'a pas le pouvoir de faire libérer un prisonnier ? »

Il s'est exprimé en latin, de façon que les autres ne comprennent pas. L'évêque donne l'ordre qu'on le lui amène, tandis que les cinq autres sont jetés au cachot et interrogés.

Q. — Quand et comment, demande-t-on au prédicant Dionysius Vinne, est-il arrivé à Münster ?

R. — Deux ans plus tôt, pour la Saint-Lambert. Personne ne lui a demandé de venir, mais il avait entendu dire qu'on y prêchait. Auparavant, il était pasteur à Olden Eick, au pays de Liège.

Q. — Comment ont-ils été incités à élire le prophète ?

R. — Ils l'ont élu pour que Dieu le Père purifie le lieu et en chasse les impies. Jan de Leyde a d'abord été apôtre, puis prophète, puis roi pour faire justice à tous.

Q. — Et Berndt Knipperdollinck ?

R. — Il n'est pas prévu par Dieu pour être prophète.

Q. — Combien sont-ils dans la ville ?

R. — Peut-être encore deux mille hommes valides et, en tout, entre cinq et six mille personnes.

Q. — Les vivres ?

R. — Ils ont encore assez de bière, de vin et de pain pour toute une année.

Q. — Ont-ils incité les paysans à se révolter ?

R. — Ils ont seulement propagé la parole de Dieu. « Mon règne n'est pas de ce monde », a dit le Christ, ce qui signifie que son règne est de justice et de vérité, alors que ce monde est un monde de méchanceté et d'injustice.

Q. — Pourquoi ont-ils élu roi Jan de Leyde ?

R. — Choisir un roi est une chose normale. Il cite Jérémie et Ezéchiel pour prouver que dans les derniers temps règnera un roi de justice. Il cite encore Matthieu : « Dans les derniers temps, Dieu enverra son messager pour faire cesser tout scandale. »

Q. — La polygamie ?

R. — Hommes et femmes doivent s'unir pour croître et multiplier dans le mariage sacré, il est depuis toujours admis que l'homme peut avoir plusieurs épouses. La polygamie n'est interdite nulle part dans l'Ancien Testament ou dans le Nouveau...

Lui aussi sera décapité, ainsi que trois de ses compagnons. Le cinquième des apôtres d'Osnabrück meurt dans son cachot. Le sixième est Heinrich Graes, celui qui a demandé en latin à voir Franz von Waldeck.

Jan de Leyde apprend vite l'échec et l'exécution de ses apôtres. Au peuple atterré, il l'explique par la précipitation et l'exaltation de Dusentschur, qui avait certainement mal interprété la révélation de Dieu — la meilleure preuve de sa négligence est qu'il est mort aussi. En vérité, le roi ne pleurera pas longtemps son prophète, qui commençait à devenir encombrant sous prétexte qu'il avait été mêlé à son couronnement. Il ne regrettera pas non plus les prédicants perdus, qui marquaient parfois quelque réserve aux improvisations royales — si on laissait faire les ministres des cultes, hommes de dogme, les choses n'avanceraient jamais.

L'échec lui prouve qu'il a eu raison d'envoyer des éclaireurs avant d'effectuer cette sortie en masse à laquelle il pense de plus en plus. La leçon qu'il tire, c'est que tout est encore possible : à Osnabrück et à Warendorf, manifestement, les idées anabaptistes ont été bien accueillies. Mais il faut encore semer la vraie parole de Dieu. Il demande à Bernhard Rothmann, qui fait fonction de théologien, d'orateur et de scribe, de rédiger un petit livre contenant toutes les vérités de l'anabaptisme. Il suffira de le diffuser. On peut jeter des apôtres en prison, mais une idée, rien ne l'arrête.

Dans ces mêmes jours, Jan de Leyde est occupé par un échange de correspondance avec Philippe de Hesse, le seul des princes qu'il pense proche des rebaptisés et à qui il voue un singulier attachement. Le landgrave demande un sauf-conduit pour un plénipotentiaire chargé, avec l'accord de l'archevêque de Cologne, du duc de Clèves, de l'évêque de

Münster, d'une mission exploratoire de négociation. Le plénipotentiaire est Theodor Fabricius, l'un des deux prédicants luthériens envoyés à Münster un an plus tôt, celui qui, lors du grand chassement de février, s'était enfui sous un déguisement. Jan de Leyde lui accorde, par une lettre revêtue de son sceau, « sauvegarde et sécurité ».

Fabricius arrive le 2 novembre. Douze hallebardiers l'accompagnent en silence jusqu'à l'Hôtel de Ville. Sur son passage, les gens se taisent : il a été interdit de lui parler. L'émissaire voit arriver en grande pompe un cortège de deux cents personnes : vingt trabans et six laquais vêtus de velours et de soie, les deux pages portant l'Épée et le Livre, le lieutenant général Knipperdollinck, l'orateur royal Rothmann, le grand chancelier Krechting, une dizaine d'autres dignitaires et les courtisans entourant le roi lui-même, pourpoint de velours noir et manteau de damas blanc, épée d'or au côté, globe-symbole en sautoir.

S'il est des leurs, dit Rothmann à Fabricius, il peut s'asseoir. Sinon, qu'il reste debout.

Le prédicant reste debout et présente son affaire : si les rebaptisés confirment qu'ils prétendent à la paix, cela peut faire l'objet d'une négociation.

Le roi se concerte avec ses conseillers, puis répond : ils n'ont jamais fait la guerre à qui que ce soit et s'étonnent de l'attitude hostile des princes. C'est que les princes, réplique Fabricius, ne sauraient soutenir une entreprise fondée sur des articles de foi qu'on peut estimer hérétiques et séditieux : « Cher messire, conclut-il, si vous ne renoncez pas [...], tout l'Empire romain vous attaquera! Et si sept fortins ne suffisent pas, il y en aura soixante-dix! Et n'espérez pas de secours divin : vous avez bien vu ce qu'il est advenu de vos apôtres... »

Il énumère les conditions d'une négociation : destitution du roi, abandon de la pratique de la polygamie, réintégration des citoyens expulsés. Au prix de quoi il garantit un tournant positif de la guerre. Mais on lui répond que c'est Dieu qui a élu le roi, que le mariage entre un frère et plusieurs sœurs est un bon mariage... Ils sont prêts à admettre les citoyens expulsés, à condition toutefois qu'ils se convertissent. Ils ne toléreront auprès d'eux personne qui ne soit de leur foi. Ce dernier point, notera Fabricius dans son rapport, « ils l'ont répété trois fois ».

Le prédicant demande que ces réponses lui soient notifiées par écrit, mais le roi refuse : il pourra bien, dit-il, s'en souvenir. Puis on lui propose de passer la nuit à Münster. Malgré une certaine inquiétude, il accepte.

Le roi lui-même lui fait visiter la ville, et notamment les défenses, à propos desquelles Fabricius note que les dégâts provoqués par les bombardements et les assauts ne sont plus visibles. Les hommes sont bien habillés, disciplinés. Au Grand-Marché, le roi explique qu'on y écoute le prêche en plein air quel que soit le temps, pluie ou grêle : « Lors d'un prêche, rien ne peut nous atteindre. » Fabricius s'étonne de voir les églises et la cathédrale à moitié démolies : « C'est, lui répond-on, pour ne plus jamais voir les mauvais usages du papisme et des curés... Mieux vaut tuer l'enfant dans le ventre de sa mère... »

Reçu au palais, Fabricius est accueilli par quatre femmes du roi, superbement vêtues et parées. Le dîner est agréable. Au matin, il demande au roi confirmation de sa position : « Nous nous en tiendrons à notre foi », répond le roi. Les conseillers ajoutent qu'une négociation avec des laïcs est envisageable, mais qu'il est impensable de rendre la ville à l'évêque. Le prédicant a le sentiment que certains d'entre eux seraient prêts à négocier, mais qu'ils craignent, s'ils en parlent, d'être conduits « au tilleul », là où se font les exécutions, place de la Cathédrale.

Fabricius repart avec une escorte et rédige un compte rendu pour l'évêque. Il y mentionne notamment que c'est un jeu d'enfant pour les Münstérois de traverser, la nuit, les campements des lansquenets. Le seul moyen d'établir un vrai siège serait de creuser un fossé tout autour de la ville, reliant les sept fortins entre eux. Mais l'évêque, toujours à chercher neuf florins pour en faire dix, et peut-être un peu las, en repousse l'idée.

Quelques jours à peine ont passé depuis que Fabricius a quitté Münster. Un matin, un homme se présente aux portes de la ville. Il est Heinrich Graes, dit-il, l'un des vingt-sept apôtres. Conduit à Knipperdollinck puis au roi, il raconte comment, alors qu'il était emprisonné et qu'il attendait son exécution pour le matin, une révélation du Père lui a fait comprendre qu'il pouvait sans crainte sauter par la haute fenêtre de son cachot et rejoindre la Nouvelle Jérusalem. Malgré le risque, il a sauté et a touché le sol sans se faire mal — c'est comme si un ange l'avait retenu dans sa chute — et a traversé le camp de l'évêque, sûr que les impies n'avaient pas le pouvoir de lui nuire.

Quel accueil! On le fête, on l'embrasse, on touche ses vêtements, on le célèbre, on cite son aventure dans les prêches pour mettre en évidence que la volonté de Dieu vient toujours soutenir ceux qui Lui font confiance. Il ne faut pas longtemps pour que, de récit en récit, l'histoire s'enjolive encore : le frère Graes, dit-on, est arrivé tout ficelé devant la ville, apporté là par l'ange qui l'a délivré de son cachot; la preuve? On peut voir ses liens!

Le roi s'attache ce personnage si important. Il en fait son nouveau prophète, à la place laissée libre par le malheureux Dusentschur. Il aime entendre ce que Graes répète volontiers : on dit au camp de l'évêque qu'il y a de grands mouvements partout dans le monde en faveur de la Nouvelle Jérusalem. Et le Père lui a révélé que les renforts qui se préparent, à Amsterdam et Deventer, sont aussi nombreux que les étoiles du ciel et le sable de la mer.

IV

LA RESTITUTION

Séduite et déchue — Luther dans sa merde — Le bébé de Marie — La sueur des pauvres — De l'usage du glaive — Des griffes de fer

IV

LA RESTITUTION

[illegible] et déclin — Luther [illegible] — [illegible] — La [illegible] des pauvres — [illegible] — Des [illegible].

Tous ceux qui quittent désormais Münster sont chargés de diffuser les brochures rédigées pour l'essentiel par Bernhard Rothmann et imprimées dans la cave de Knipperdollinck. Sûrs que leur doctrine porte en elle la brûlante vérité de Dieu, les rebaptisés pensent que diffusée, elle embrasera les âmes de ceux qui l'ignorent et l'attendent sans le savoir. Le plus important de ces textes est *La Restitution* dont des exemplaires sont jetés, la nuit, au pied des fortins des lansquenets, ou des pages affichées sur des piquets.

Le titre exact en est : *Une restitution ou un rétablissement de la foi et de la vie saine et chrétienne juste, par la grâce de Dieu, par la communauté de Münster.*

Le préambule met l'accent sur les moyens les plus sûrs pour atteindre à la béatitude de l'âme. Puis les différents points de la doctrine sont traités l'un après l'autre.

De l'horrible déchéance de toutes choses
et de la Restitution de ces choses

C'est un Christ humble, et des apôtres humbles, qui ont fondé l'Église des premiers temps. Puis les savants cherchant leur propre gloire l'ont « séduite et déchue ». Aidée par les princes de la terre, « la putain babylonienne », avec « sa sagesse empoisonnée » et « sa sainteté hypocrite » a incité les chrétiens à abandonner leur foi.

Dieu lui-même « a commencé la Restitution, en réveillant Martin Luther » — bien que celui-ci soit maintenant « vautré dans son orgueil et sa merde » — et en faisant connaître « l'horreur de l'Antéchrist ». Mais l'apostasie ne s'est pas faite en un jour, et la Restitution ne se fera pas non plus en un jour.

Selon un mouvement inverse, le retour à la sainteté de l'Église commence par les savants. Il y a d'abord eu Erasme, puis Luther, puis Zwingli, mais aussi Melchior Hoffmann, Jan Matthys et maintenant « notre frère Jan de Leyde ».

Des saintes Écritures divines
et de leur bonne compréhension

La Bible suffit pour instruire et châtier. La parole divine a été obscurcie par les commentaires des hommes. L'Ancien Testament enseigne, au moyen d'images, ce qui va advenir. Dans le Nouveau Testament, le Christ est arrivé et il faut accomplir ce qu'il enseigne.

De la venue du Christ dans la chair
et de Son incarnation

Le Christ est « l'unique et éternelle parole vivante de Dieu ». C'est une « apostasie blasphématoire » de croire que la chair du Christ est née d'une autre matière, Marie. « Nous croyons et confessons que le Christ Sauveur n'est pas devenu homme et chair par la semence de Marie ou par son sang [...] mais qu'il est le fils unique et la parole de Dieu, qu'il est venu lui-même du Ciel. » Il n'est pas « le bébé de Marie », mais « le Verbe fait chair ».

De la doctrine juste et correcte
du Christ

Il faut inciter l'homme à la pénitence et au repentir; quand il regrette vraiment, on peut lui annoncer sa rédemption. Cette absolution est un vrai baptême. Il faut suivre l'enseignement du Christ en obéissance, justice et sainteté; c'est cela le véritable Évangile du Christ.

Du baptême

« L'Antéchrist en a fait un simple lavage d'enfant. » Par chance, Dieu a révélé la vérité aux anabaptistes.

De la sainte Église
ou de la communauté du Christ

Deux conditions sont nécessaires pour entrer dans la communauté des vrais chrétiens : croire avec la foi véritable, observer tout ce que le Christ a ordonné. Il y a mille quatre cents ans que le pape fausse la vérité, mais le Christ « veut maintenant rebâtir sa communauté ».

La demi-vérité de Luther n'est pas une vérité. Les luthériens disent même des messes en allemand, « comme si l'on faisait plus mal en latin qu'en allemand! »

Du respect des commandements de Dieu
et des bonnes œuvres

« Le manteau [des papistes] est bien trop court, et laisse voir leur honte. » Inutile d'insister. Quant aux évangéliques, « ils proclament publiquement que les bonnes œuvres n'aident pas à accéder à la béatitude ».

De la communauté vivante
des saints

Comme « en témoigne le monde », la communauté fondée par les apôtres a été détruite. Sur l'inspiration de Dieu, ceux de Münster ont entrepris de la rétablir, « en mettant en commun tous nos biens entre les mains des diacres, [...] en louant Dieu d'un seul cœur et en nous assistant les uns les autres ». « Nous avons abandonné tout ce qui est contraire à l'amour de la communauté et préférons mourir plutôt que de retourner aux voies antérieures »; celles-ci, asservies à l'égoïsme et à la propriété, amènent à « acheter et vendre, à travailler pour de l'argent, à pratiquer l'usure, à manger et boire la sueur des pauvres ». Ils sont sûrs en se conduisant ainsi de « plaire au Seigneur ».

De la Cène
et de la manière de rompre le pain

Les rebaptisés se réunissent tous « pour annoncer la mort du Seigneur et partager le pain entre eux dans l'amour véritable ».

Du mariage véritable et chrétien

« C'est une union d'un homme et d'une femme afin d'obtenir la félicité de Dieu, [...] c'est-à-dire d'engendrer des enfants qui loueront son nom. » « Dieu a interdit tout mauvais usage, volupté et désir charnel. [...] [Il faut] désirer des enfants et rien d'autre. »

Du droit et de l'autorité
de l'homme dans le mariage

Si l'homme est doté par Dieu du don de pouvoir féconder plusieurs femmes, il ne doit pas en mésuser et se contenter d'une seule. Il devra donc épouser plusieurs femmes fécondes. Hors mariage, le commerce charnel n'est qu'adultère et fornication.

Du droit et de la soumission
des femmes dans le mariage

La femme doit obéir à son mari, comme l'homme doit obéir au Christ, seigneur et maître. « Jeunes comme vieilles » doivent être gouvernées par l'homme.

Du règne du Christ
et de son autorité sur la terre

Le Christ est venu puis « a été rejeté par ses valets ». Mais il va régner à nouveau. Il apparaîtra sur terre, prendra son règne et tuera ses ennemis. Les choses sont claires. C'est le Diable qui fait croire que le jour de la colère de Dieu s'accomplira au ciel ou en enfer, et non pas sur terre.

De l'autorité chrétienne
et de l'usage du glaive

L'autorité est « la servante de Dieu », principe longtemps détourné, mais restitué à Münster. Le glaive doit servir à purifier le royaume.

Il convient de louer Dieu jusqu'à ce qu'il ait « rhabillé nos squelettes de chair et de tendons ».

Autre texte, ce *Récit très réconfortant sur le châtiment des horreurs de Babylone, adressé à tous les Israélites et véritables alliés du Christ, dispersés ici et là, récit fait par la communauté du Christ à Münster (décembre 1534).*

« Comme il y a eu un temps de la déchéance et de la désolation, il y a maintenant un temps de la vengeance et de la restitution. »

En attendant le retour du Christ, Dieu a suscité un nouveau David pour « préparer le règne » — « chez nous, c'est un laveur de casseroles, comme David avait été berger ». Le moment venu, il remettra son royaume entre les mains de Dieu. Mais les saints ne doivent pas attendre pour châtier tous ceux qui, se disant chrétiens, exercent « leur tyrannie et leurs vices ». Dieu les aidera, leur donnera « des cornes de fer et des griffes de fer contre leurs ennemis » : « Vous écraserez les impies, ils seront comme de la poussière sous vos pieds. »

« Qui peut comprendre comprenne et se mette sous la bannière de la justice divine. [...] Chez nous a pris forme un modèle qui va se répandre sur le monde entier. » Ils invitent ceux qui veulent les rejoindre à ne pas tarder : « Quand la trompette sonnera, un grand nombre d'impies voudront devenir croyants et nous rejoindre. Mais cela, Dieu ne le voudra pas. »

V

LA DIÈTE DE COBLENCE

Une menace pour tous — Le quart des frais — Deux mille boulets — Le lard et le saucisson — Contaminé — De la viande pour le roi — Au fer rouge — Un plein panier — Jusqu'à l'été — Le retour d'Heinrich Graes — De la vengeance

A chaque échec, le prince-évêque est contraint d'allonger la liste de ceux à qui il demande de l'aide, perdant à chaque fois un peu plus d'indépendance politique et de liberté de manœuvre dans la conduite de ses affaires.

Il a diffusé une sorte de lettre où il résume les arguments qu'il estime propres à convaincre les princes de l'aider. Les anabaptistes, dit-il, sont une menace pour tous. Ils refusent toute autorité, rejettent les cérémonies chrétiennes, les sacrements, les dévotions, les prières, les fêtes; ils rasent les églises. Ils organisent la communauté des biens, refusent l'emprunt à intérêt et l'impôt, ont institué la polygamie — certains ont cinq, six ou sept épouses — et veulent conquérir le monde entier.

Ils constituent une secte insurrectionnelle et menacent de contaminer villes et pays d'alentour. Ils ont envoyé des messagers notamment en Hollande pour lever des renforts. Un premier rassemblement de plusieurs milliers d'anabaptistes a heureusement pu être anéanti.

L'évêque ajoute qu'il a garanti sa grâce à tous ceux qui quitteraient la ville, mais qu'on lui a répondu par le mépris. Il faut maintenant arracher Münster à « cette secte horrible et damnée ». Sept fortins ont été établis autour des remparts, et 700 000 florins-or dépensés en huit mois de siège. Pour en finir, il a besoin de l'aide de Dieu, mais aussi de celle de ses parents et alliés. Comme preuve de ses affirmations, il joint des copies des procès-verbaux d'interrogatoires.

A cette date, le 25 octobre, il vient d'avoir une réponse défavorable de la Ligue rhénane, groupant le landgrave de Hesse, les princes électeurs de Mayence, Trèves et du Palatinat, et l'évêque de Wurtzbourg qui constitue une sorte de protection de flanc contre les Habsbourg en Allemagne du Sud. Déception compensée par un renfort d'importance, celui du prince électeur Jean-Frédéric Ier de Saxe, qui avait déjà deux fois refusé son aide, le 10 août et le 20 septembre, en raison de l'exécution sommaire du syndic Johann von der Wieck. Le prince électeur est en effet protestant, et il a été sensible moins aux arguments de l'évêque qu'à ceux de Philippe de Hesse, toujours persuadé que Münster peut tomber dans leur camp. L'opération Fabricius vise d'ailleurs le même objectif, d'autant plus sournoisement que l'évêque ne pouvait pas s'y opposer.

Le prince de Saxe s'engage à assumer le quart des frais du siège, mais à condition que Franz von Waldeck accepte qu'une commission inspecte le terrain et recommande d'éventuelles décisions militaires ou tactiques; il doit de plus s'engager à ne pas mettre le diocèse entre des mains étrangères et admettre le principe d'une possible médiation des princes.

A l'issue donc d'entreprises multiples et d'engagements inextricables, Franz von Waldeck peut considérer couverts les frais d'octobre, de novembre et de décembre. Il a toutefois dans l'aventure perdu l'appui de la Bourgogne — dont, d'ailleurs, il se servait surtout pour obtenir des Rhénans ce qu'il voulait. Ne pouvant plus espérer mettre la main sur le diocèse, la Bourgogne, par l'intermédiaire de la reine Marie, élude les demandes de l'évêque des 31 octobre et 15 novembre — il faudrait, répond-elle, l'avis de l'empereur, ou la décision d'une diète, la réunion d'un haut conseil...

Le 15 novembre, les conseillers de Saxe, de Cologne, de

Clèves se réunissent à Wolbeck pour préparer l'inspection du siège prévue par les derniers accords. Ils circulent partout, mesurent, regardent, questionnent et, deux jours plus tard, à Warendorf, font leur rapport devant l'évêque. Peu de reproches, mais un certain nombre de suggestions :

— Il faudrait que les fortins soient reliés entre eux par un terrassement qui interdirait les sorties de nuit des assiégés ; en attendant, il serait bon d'accroître les effectifs de la cavalerie pour les patrouilles de nuit.

— Chaque fortin devrait être équipé de trente arquebuses doubles; dans cinq des fortins, manque encore une pièce d'artillerie; les réserves de poudre sont de deux mois; en plus des 1 600 boulets disponibles, il faudrait en fournir 2 000.

— Il faudrait construire un pont sur l'Aa près du moulin d'Enking pour faciliter les liaisons.

— A l'intérieur des fortins, les huttes des lansquenets, couvertes de paille, sont trop vulnérables au feu : sans doute faudrait-il les couvrir de mottes de terre; il ne semble pas y avoir de partisans des anabaptistes chez les lansquenets; enfin Wilken Steding, commandant des troupes à pied, souhaite la nomination d'un commandant en chef.

En attendant que la diète de Coblence, prévue pour le 13 décembre, statue sur l'ensemble des problèmes, l'évêque décide de porter son effort sur deux points : l'étanchéité de la ligne des fortins et la collecte des renseignements.

Les nombreuses sorties des assiégés, messagers, vivandiers impliquent en effet que certains se font prendre, volontairement ou non. Ainsi ces deux lansquenets, Cort van den Werde et Johann Kettel van Till, interrogés le 6 décembre.

Q. — Comment sont-ils entrés à Münster ?

R. — Ils étaient ivres. On les a amenés au roi, qui leur a demandé : « Pourquoi venez-vous ? Vous savez bien que vous n'aurez pour toute solde que la nourriture et le vêtement ? — Nous ne demandons rien de plus que les autres lansquenets qui sont là. » Il leur a demandé s'ils avaient du courage et s'ils désiraient le baptême. Ils ont répondu oui. On leur a lu « dans un livre » puis ils ont été baptisés... Le roi les a longuement interrogés sur les fortins, leurs dimensions, leurs équipements, leur solidité. Ils ont répondu.

Q. — Comment évaluent-ils les réserves de vivres à l'intérieur de la ville ?

R. — Ils ont eu une bonne nourriture, et on leur a affirmé qu'il y avait suffisamment de lard pour aller jusqu'à Pâques. Mais ils ont entendu dire que, dans certaines maisons, il ne reste plus qu'un pan de poitrine fumée, et plus rien dans d'autres. Quatre hommes ont été envoyés en Frise avec beaucoup d'argent pour acheter des vivres. Ils sont habillés comme des gens du Rhin ou déguisés en robe de bure. L'un d'eux est de grande taille et se nomme Albert, à moins que ça ne soit Beneventura, c'est lui qui est en Frise, les autres sont en Hollande. Ils sont tous partis chargés de lettres et de livres à remettre en route... Ils ont appris aussi qu'entre Münster et Clèves habite un noble qui a reçu 3 000 florins pour entasser des vivres et les apporter à une lieue de Münster, où les assiégés iront les chercher... Tous les jours, ils parlent de sortir pour rapporter des vivres. Il arrive qu'un casse-cou quitte la ville, coure au Altenberg, achète des jambons et des poulets et revienne les vendre au fortin d'Egbert, comme un paysan, pour espionner, avant de retourner à Münster... D'ailleurs, le roi leur a promis qu'ils auraient assez d'or et d'argent pour toute leur vie s'ils acceptaient en échange de sortir et de rapporter des provisions... On prétend que le roi aurait dit : « Laissez-les manger le saucisson, nous garderons le lard pour nous. »

Q. — Reste-t-il des prédicants en ville ?

R. — A leur connaissance, il en reste quatre... Ils n'ont pas vu Knipperdollinck, mais ils ont entendu dire qu'il était mort.

Q. — Savent-ils que leurs apôtres ont été pris ?

R. — Oui. Mais on a appris aussi que les rois d'Écosse et d'Angleterre avaient été rebaptisés. Le roi s'en est servi pour consoler le peuple... On dit qu'à Pâques il n'y aura plus d'ennemis devant la ville...

A d'autres questions, les deux lansquenets répondent encore qu'il n'y a plus de femmes à épouser à part celles des apôtres exécutés. Ils disent aussi que beaucoup de lansquenets déserteraient Münster s'ils étaient sûrs d'obtenir le pardon de l'évêque.

Autre interrogatoire, celui de Werner Scheiffert, qui est d'une vieille famille de la région et qui a quitté de sa propre initiative Münster le 5 décembre. Il est questionné le 11.

Q. — Sait-il s'il reste beaucoup de vivres ?

R. — Les réserves s'amenuisent chaque jour. Quatre diacres ont pour charge de visiter chaque maison pour faire l'inventaire des provisions. Là où ils estiment qu'il y en a trop, ils prennent l'excédent pour le répartir. Il y a peu, quatre autres diacres ont fait enlever des maisons les réserves de grain et les ont regroupées. Personne ne peut faire pour soi du pain ou de la bière. La farine pour le pain est un mélange d'orge, de seigle et d'avoine... Le roi demande aux gens d'avoir confiance dans le Père, qui ne les abandonnera jamais : « Avant qu'on souffre de la faim à Münster, dit-il, les pierres se transformeront en pains. » Tout le monde espère que les paysans vont se rallier à l'anabaptisme et venir avec des vivres... On dit aussi que le lard, la viande séchée et le beurre seront distribués à l'occasion d'une prochaine grande fête, peut-être pour Noël.

Q. — Comment les rebaptisés voient-ils l'avenir ?

R. — Ils espèrent que tous les princes, tous les seigneurs, toutes les villes et toutes les communes se joindront bientôt à eux... Cologne, Wesel et Aix-la-Chapelle auraient envoyé des anabaptistes à Münster « pour apprendre »... Ceux-ci auraient dit que les rois de France, d'Angleterre et d'Écosse ont été rebaptisés... Rothmann a dit en assemblée publique dans une auberge que tous les rois et princes seraient assujettis au roi de Münster et deviendraient ses officiers, de même que toutes les reines du monde deviendraient les servantes de la reine Divara et des concubines du roi... Mais on se méfie du roi... On dit qu'il a envoyé de l'argent au dehors et qu'il a l'intention de s'échapper avec les siens...

Q. — A quoi s'occupent les gens de la ville ?

R. — Comme il n'y a plus de travail aux remparts mais qu'ils veulent éviter l'oisiveté et les rassemblements, ils font démolir les maisons adossées aux remparts...

Quelques jours avant Noël est capturé un autre anabaptiste qui tente de fuir la ville. C'est le serviteur du peintre Ludger tom Ring. Le peintre lui-même avait quitté Münster lors du chassement de février, mais son serviteur avait préféré rester, « contaminé par l'anabaptisme ». Il a fini par se lasser, dit-il, et a eu envie de partir.

« Ils ont fait parvenir en Hollande un grand nombre de livres imprimés, dit-il, et attendent que les Hollandais viennent les délivrer. Ils ont aussi envoyé des hommes engager des lansquenets.

« Ils sont obligés de manger de la viande de cheval. Ils n'ont plus que trois vingtaines de chevaux et autant de vaches. Ils gardent le lait pour les jeunes enfants et les femmes enceintes. Il n'y a que le roi qui mange de la viande.

« On a ramassé tout le blé dans les maisons, on l'a mis en tas et on a nommé un surveillant. Pour faire du pain, il faut aller chercher la farine à cet endroit, où elle est mélangée à de la farine d'orge.

« Le roi est passé partout et a pris le lard et la poitrine fumée. Qui avait deux morceaux s'en est vu prendre un, qui en avait un, la moitié. Le tout a été apporté à la cour. Maintenant que tout le lard est mangé, on dit qu'il veut refaire une perquisition et prendre ce qui reste. »

Il est difficile, dans tous ces aveux toujours plus ou moins aidés au fer rouge, de faire la part du témoignage direct, du on-dit et de l'exagération volontaire de prisonniers décidés pour en finir au plus vite à aller dans le sens souhaité par leurs tourmenteurs. La concordance entre les divers interrogatoires est pourtant significative. Le serviteur du peintre, toutefois, apporte de nouvelles informations :

— Ils ont donné de nouveaux noms aux rues et aux portes (Et, précisera Gresbeck, qui désigne une rue ou une porte par son ancien nom doit en guise de punition boire un pot d'eau.) ;

— Ils ont rempli des tonneaux de poussière de charbon et les ont apportés à l'Hôtel de Ville pour faire croire au peuple qu'il s'agit de poudre ;

— Ils ont fait préparer et armer deux troupes qui attendent l'ordre du roi pour faire une sortie ;

— Il y a un homme à Gimbte, nommé Lemmerdinck, dont le fils est à Münster. Celui-ci est sorti deux fois et a emmené quatre hommes avec de l'argent et des livres à Detten. Puis il est allé voir son père, qui lui a remis un jambon et quelques chemises. Il a dormi chez une de ses sœurs à Greven. L'un de ceux qui est sorti avec lui, qui se nomme Peter Symons, est revenu, a traversé les défenses en plein jour. Le soir, deux hommes et une femme l'ont suivi avec un plein panier de poivre, d'épices, de choux et de sucre, « le tout d'une valeur de bien 400 à 500 florins ». Un autre homme, de Wesel, est venu avec des lettres et s'en est retourné ;

— Ils ont composé un psaume pour le Nouvel An qui sera « le plus joyeux depuis mille ans » ;

— Tout l'argent de la ville a été réparti en sept ou huit endroits ;

— On a fait croire aux gens que l'évêque a admis que le rebaptême est une chose juste et divine, et que si le roi le reconnaît comme seigneur, ils partageront le pouvoir et l'évêque prendra plusieurs femmes aussi ;

— On dit qu'en cas de sortie de tout le peuple, le roi et sa cour partiront de l'autre côté, déguisés en marchands, avec tout l'or et tout l'argent.

Mais le plus important de tout ce que dit si volontiers le serviteur du peintre, c'est que ceux de Münster ont l'intention de faire une sortie armée dans les saintes journées qui viennent. Ils veulent lancer un assaut contre une église, peut-être bien Roxel, et massacrer tous ceux qui s'y trouvent.

Dans le camp de l'évêque, on passe Noël en alerte. Rien. Le lendemain, 26 décembre, se terminent les travaux de la diète de Coblence, où une cinquantaine de participants représentent trente-quatre villes ou États de l'Empire — le Bas-Rhin, la Westphalie, le Haut-Rhin — dont Mayence, Trèves, Cologne, le Palatinat, Worms, Spire, Nassau, Liège, Paderborn, Hesse, Clèves... La Saxe, n'appartenant à aucun cercle, est admise sur sa demande expresse.

Les envoyés de Franz von Waldeck avaient pour mission de faire comprendre que si l'évêque n'obtenait pas très rapidement une aide importante, il abandonnerait l'affaire. Et sans doute, au moment où — les aveux des prisonniers le prouvent — Münster va manquer de nourriture, aurait-il été contraint de le faire.

En matière de diplomatie, les choses ne sont pas simples : le prince de Hesse n'a pas été invité, mais sans doute s'agit-il d'une manœuvre des princes catholiques de Cologne et Clèves; invitée, la reine Marie n'est pas venue; quant à l'électeur de Saxe, son invitation, adressée par erreur au duc Georges, lui est parvenue trop tard...

L'acte final de la diète stipule que les participants prendront en charge les frais de guerre des six mois à venir, c'est-à-dire jusqu'à l'été, ce qui devrait suffire à réduire ces enragés. L'évêque gardera à sa charge les frais de trois cents cavaliers.

Les décrets de la diète, reprenant pour l'essentiel les recommandations de la commission d'inspection, décident :

— Les sept fortins seront occupés par trois mille lansquenets aguerris et triés sur le volet; entre les fortins sera creusé un double fossé de terrassement muni de treillis; dans le dos des lansquenets, la deuxième ligne sera constituée par trois cents cavaliers qui monteront la garde, interdiront toute circulation vers l'extérieur et surveilleront les lansquenets.

— Les chefs militaires en exercice quitteront leur poste. Le nouveau commandant en chef sera Wirich von Dhaun, comte de Falkestein, seigneur d'Oberstein. Il sera assisté de huit conseillers de guerre, se relayant au camp de mois en mois et quatre par quatre.

— Si Münster est prise dans les six mois, on n'y installera pas un nouvel ordre sans l'accord formel des parties prenantes.

— Enfin, s'il arrivait que l'aide votée à Coblence se révélât insuffisante, l'évêque de Münster devrait demander à l'empereur Charles Quint de convoquer en avril à Worms une diète de tous les États de l'Empire — Jan de Leyde, ancien cabaretier et roi des Derniers Jours, aurait alors contre ses mille deux cents soldats et les cinq mille femmes de son peuple la première puissance du monde, cet empereur sur les États duquel « le soleil ne se couche jamais ».

L'évêque, on peut le supposer, retrouve des raisons d'espérer. Sans doute ne lui reste-t-il plus aucune liberté de manœuvre personnelle, mais au moins peut-il raisonnablement entrevoir le bout de ses peines.

D'autant que le 5 janvier, veille d'Épiphanie, et alors qu'il se trouve à Iburg, un homme demande à le voir : c'est Heinrich Graes, le maître d'école fait prisonnier avec les apôtres de Münster et qui avait eu la vie sauve au prix d'une mission suicidaire : il avait proposé à l'évêque de retourner à

Münster, d'y collecter le plus de renseignements possible et de revenir lui en faire part.

L'homme, maintenant, explique comment il a pu faire croire qu'il s'était évadé grâce à l'intervention d'un ange, et qu'il avait pour cela même été nommé prophète. Il a pendant des semaines assisté à tous les conseils du roi, aux conversations les plus secrètes, participé à toutes les décisions. Craignant cependant que son « conte de fée » ne finisse par être percé à jour par un déserteur ou un prisonnier, il cherchait l'occasion de quitter Münster.

Un jour que le roi, sur son trône de justice, arbitre « les querelles de son peuple », Graes feint d'être frappé d'une folie prophétique, s'agite, s'écrie que le Père lui ordonne de partir à Wesel, à Deventer, à Amsterdam pour réunir les frères éparpillés, rassembler quelques milliers d'hommes armés : « Je serai celui qui chassera les assiégeants et libérera la Nouvelle Jérusalem! » Il ajoute qu'il est confiant et qu'il ne craint pas de risquer les dangers de l'entreprise.

Il n'est pas question de discuter cet ordre divin de mission. Le roi Jan, pour l'accréditer, lui a remis une lettre frappée de son sceau : « Nous, Jan, roi juste du nouveau temple et serviteur du Dieu suprême... » La lettre précise que « le porteur est un prophète éclairé par Dieu et pourvu de notre pouvoir pour instruire nos frères dispersés... » Jan de Leyde demande qu'on fasse confiance au porteur. « Fait à Münster, ville de Dieu, et sous notre sceau dans la 26e année de notre âge. » De plus, on lui a donné 200 florins.

Tandis qu'une sortie de diversion était faite d'un côté de la ville, Graes était parti de l'autre en compagnie d'un serviteur et avait pu traverser les lignes. Toutefois, il n'était pas allé plus loin que le premier fortin et s'était rendu aux lansquenets.

Maintenant, il révèle à l'évêque les secrets du roi et de la ville : les mots de passe et signes de ralliement, les maisons et les caves où se trouvent des armes clandestines, les noms des alliés extérieurs, les projets de sorties...

Précisément, il rapporte que le roi et son conseil ont décidé d'engager de huit à dix mille lansquenets à 4 florins-or par mois et toute latitude de rapine pour chasser seigneurs et princes. Le message a été envoyé partout : dans le Nord, en Hollande, en Frise, à Wesel. Quelqu'un doit partir déposer 15 000 florins chez un noble habitant la campagne pour qu'il s'en occupe.

Par ailleurs, six hommes ont été envoyés à Strasbourg, en Frise et en Hollande, avec mission de fomenter des révoltes. Un millier de livres imprimés à Münster et intitulés *De la vengeance* ont été distribués dans les villages pour pousser le peuple à l'insurrection.

La nourriture est pratiquement épuisée, dit-il. Ne restent que 300 vaches et 44 chevaux. « Il faut au moins 20 vaches pour nourrir une seule fois le peuple. » Graes estime à environ 1 300 hommes, 6 000 femmes et enfants le nombre des rebaptisés. Il dit avoir discuté avec Bernhard Rothmann, qui lui a fait part de ses craintes : « Si Dieu ne nous sauve pas de nos ennemis, on ne sait pas ce qu'il faudra faire, car le seigle et l'orge sont devenus très rares, et dans un mois ou deux il n'y en aura plus. » Par contre, il reste encore un peu d'avoine.

Il dit qu'on permet à qui le veut de quitter la ville. Plus de deux cents rebaptisés seraient ainsi partis en quinze jours. On sort par la porte Saint-Ludger au sud, on rallie la porte Saint-Gilles en longeant les remparts et de là on suit l'Aa en direction de Kampen et Mecklenbeck.

Mais le roi Jan, rapporte encore Heinrich Graes, a juré que l'armée de la délivrance était en marche.

VI

UN AN!

Faux-prophète — Les articles du roi — Avant l'année 37 — Chers citadins — Des raisons particulières — Notre sang — Pour 4 florins-or — Turban Bill le Danois — Else Dreïer — Mon maître — Une cheville et un trou — La fille du roi — L'armée de van Geel — Bientôt Pâques

Ce Graes! L'infâme! Qui eût pu s'imaginer tant d'ignominie? Un ange, disait-il, l'avait délivré! Un ange! Traître ne suffisait pas, blasphémateur de surcroît! Quand revient en courant le messager avec qui il est parti, quand il dit, hors d'haleine, que le prophète de Dieu s'est rendu aux lansquenets, que Graes a trahi, c'est comme si la terre s'effondrait sur elle-même. On peut tout comprendre, sauf la trahison. Consternation. La nouvelle jette les gens dans les rues. Attroupements, affliction — n'est-ce pas le signe que Dieu nous abandonne?

La cloche convoque le peuple au Grand-Marché.

Rothmann s'est repris le premier. Rothmann a toujours pour tout une explication imparable. Au fond, raisonne-t-il, non seulement il ne faut pas s'étonner de la trahison de ce Graes, mais il faut louer Dieu de suivre son plan divin : « Il se lèvera de faux prophètes qui feront des signes et des prodiges pour égarer les Élus... » Qui peut regretter que s'accomplisse la parole de Dieu? Ce qu'on peut regretter, ajoute-t-il dans son élan, c'est que Graes ait connu nos plans, et qu'il soit sans doute en train de les révéler à l'évêque.

Les plans? Quels plans? On en entend qui s'inquiètent, d'autres qui s'indignent : « Tout est friponnerie! » C'est un jour difficile. On n'oublie pas que les apôtres ont été pris, ni que la nourriture se fait rare. L'humeur est sombre. Alors, quels sont ces « plans » qu'ils ont dressés entre eux ? grogne-t-on. Est-il vrai que le traître est parti avec 3 000 florins ? Encore, si ce n'était que 3 000 ! Avec 6 000, dit-on ! Rothmann corrige : « Nous lui avons remis exactement 200 florins pour qu'il rejoigne nos frères de Hollande et de Frise. »

Le roi alors intervient. La maladresse de Rothmann l'agace. Il ne parle, lui, ni de plan ni de florins, mais de la seule volonté de Dieu. Il jure que les faux prophètes tout droit sortis de la bouche du dragon seront jetés vivants dans l'étang ardent de soufre et de feu... Qu'ils seront tourmentés sans fin... Jour et nuit... Dans les siècles... Il enchaîne les mots aux mots, les versets aux versets — mais il ne les dit pas comme les disent les prédicants, pour prouver, pour convaincre. Il les dit comme un père gronde, comme une femme soigne, comme une mère chante à son enfant, comme un bouvier parle à ses bœufs, il les dit sans qu'on ait à comprendre, ni même à entendre avec ses oreilles de chair, il les dit pour le cœur, pour la peur, pour la faim qui menace, il les dit comme peut-être on les a écrits, ces mots mystérieux qui parlent de Dieu et consolent les âmes.

Et puis, sans doute les vingt-sept apôtres ont-ils été pris, sans doute Graes a-t-il trahi, mais vous savez bien que d'autres messagers sont en chemin — n'en avons-nous pas accompagné quatre, porte Saint-Servais, dans la nuit de la Saint-Sylvestre ? Ils se dirigent vers Hamm, nous aurons bientôt de leurs nouvelles... D'autres encore, déjà loin, réussissent, à ce qu'on sait, au-delà de toute espérance — ceux, justement que cet infâme, ce faux-prophète de Graes prétendait vouloir rejoindre.

Le roi Jan — quand il parle, on ne repart jamais chez soi les mains vides — annonce aussi qu'il a rédigé une charte résumant la façon dont les véritables chrétiens doivent vivre ensemble. C'est à la fois un catéchisme et un règlement de police établissant de façon plus absolue encore son autorité sur la ville alors que s'annoncent des jours sombres.

En résumé, « les articles du roi » stipulent :

1. Il ne restera aucun autre roi ni aucune autre autorité parmi les alliés du Christ que celui et celle ordonnés par Dieu et qui respectent sa parole.
2. Le roi, ses juges et tous les dignitaires doivent rendre la justice selon la parole de Dieu.
3. Que personne ne désire la charge du roi, ou tente de la plier à sa propre volonté.
4. Personne ne pervertira impunément l'Écriture.
5. Si un prophète prophétise faussement la parole de Dieu, il sera isolé et mis à mort.
6. Personne ne doit s'enivrer, être méchant, intempestif, luxurieux ou égoïste, car il en résulte querelles et disputes. Luxure, adultère, fornication seront punis.
7. Mourra qui aurait l'audace d'inciter à la révolte.
8. Quiconque cause une querelle et vient à tuer son adversaire mourra. Si l'attaqué tue l'agresseur et peut prouver la légitime défense, il pourra être innocenté.
9. Personne ne doit accuser sans preuve, sinon l'accusation sera retournée contre son auteur.
10. Personne ne doit quitter la ville sans l'autorisation de son capitaine ou de l'autorité.
11. Si un homme s'absente trois jours et trois nuits sans que sa femme soit avertie et sans congé de son autorité, sa femme pourra épouser un autre homme.
12. Personne n'ira rejoindre les gardes, de jour ou de nuit, sauf si une mission ou une attaque des ennemis le justifie. Tout contrevenant sera arrêté.
13. Est passible de mort celui qui blesserait un innocent ou un invalide par la fornication babylonienne, sauf s'il s'agit d'un adversaire armé.
14. Personne ne détournera ou ne recèlera du butin. Tout

doit être remis aux autorités. On se contentera de ce que les autorités partagent en toute équité.

15. Si un chrétien se rend à l'ennemi puis demande à revenir, il ne sera pas admis, mais châtié.

16. Il est interdit à un chrétien de commercer pour de l'argent avec son frère sous peine de châtiments corporels.

17. Aucun frère ne doit être admis d'une commune dans une autre sans préalablement prouver qu'il est innocent dans toutes les autres communes. S'il en est incapable, il sera puni sans pitié.

18. Si un étranger veut servir chez les chrétiens, il peut être admis, même si, avant d'atteindre à la raison, il n'accepte pas encore les croyances des chrétiens.

19. Si quelqu'un est prêt à livrer des provisions à un prix convenable, un sauf-conduit lui sera délivré.

20. Il ne faut pas résister à une autorité païenne qui n'aurait pas encore entendu la parole de Dieu tant qu'elle ne contraint pas à agir d'une façon non chrétienne ou à renier la foi.

21. S'il arrivait qu'un païen cherche asile parmi les chrétiens pour échapper au châtiment d'un crime, on ne le protégerait pas, mais au contraire on le châtierait.

22. Qui veut se porter caution pour un autre, il faut au moins trois garants qui parlent pour lui.

23. On ne tolérera pas de justice expéditive. Tout coupable doit être présenté au roi et à ses juges pour être jugé en toute équité.

24. Personne ne peut contraindre quiconque au mariage; le mariage est un lien d'amour naturel.

25. Ne pourra se marier quiconque souffre d'épilepsie, de lèpre, de mal gaulois ou de toute autre maladie similaire.

26. Celle qui se prétendrait vierge sans l'être serait sévèrement punie.

27. Toute femme non mariée choisira un protecteur dans la communauté du Christ.

« Fait par Dieu et Jean le Juste roi du nouveau temple, serviteur du Dieu suprême et saint, âgé de vingt-six ans, dans la première année de son règne, l'autre jour du premier mois après l'incarnation de Jésus-Christ le fils de Dieu, 1535. »

En ce début d'année, il doit reprendre à son compte le rôle de prophète à qui Dieu donne directement ses ordres et transmet ses volontés. Il dit ainsi un jour qu'il ne gouvernera pas longtemps lui-même, mais que celui dans les mains duquel il remettra le royaume gouvernera le monde entier, que nul ne pourra lui résister, que les montagnes seront transformées en vallées, et que cela se passera avant qu'on écrive l'année 37. Une autre fois, alors que le peuple semble au désespoir, il promet que même s'il ne restait que cinq d'entre eux dans la ville, cela suffirait à la maintenir... Et même, le Père lui a dit que si aucune aide n'arrivait, alors ils devraient prendre leurs lances et leurs mousquets, armer les canons et sortir de la ville... Ils traverseraient les lignes de l'évêque comme les Hébreux traversèrent la mer Rouge et gagneraient la Hollande... Si les Hébreux n'avaient pas cru Moïse, les armées de Pharaon les auraient massacrés; mais ils ont suivi leur chef, ils se sont engagés dans les flots, et les flots se sont ouverts devant eux...

Parfois, ceux de la guette appellent :

« Voici des frères! »

On se précipite, on voit, zigzaguant dans la mitraille des lansquenets, des hommes accourir. On crie presque malgré soi :

« Par ici, frères! Vite! Attention! »

On n'a pas le temps de descendre le pont-levis, on jette un madrier en travers du fossé.

Dès qu'ils sont à la porte, on les salue, on les embrasse, mais on n'a pas encore trop le droit de leur parler. Il faut d'abord les interroger, savoir d'où ils viennent, qui ils sont — on ne se méfie jamais trop des espions de l'évêque. Cort Cruse les mène à la « maison des païens », rue du Sel, où l'on conduit tous les nouveaux arrivants. Là, Knipperdollinck les voit, les instruit, puis ils sont baptisés. Ce sont de nouveaux frères.

Le roi en profite généralement pour redire sa confiance. Sans doute, d'autres seront pris en route ou noyés avec leurs bateaux, dénoncés par d'autres traîtres, mais ils sont tant et tant, les véritables amis de Dieu, qu'une vague ou l'autre finira par submerger et emporter les défenses de l'évêque. Tous les gens du plat pays savent que la vague est plus forte que la digue.

Un jour, les ennemis envoient par-dessus les murs de la ville, comme ils ont pris l'habitude de le faire, des exemplaires imprimés d'une lettre du faux-prophète Heinrich Graes :

Chers citadins,

Il est advenu que Dieu m'a ouvert les yeux afin que je puisse voir combien est faux et empoisonné ce qui s'accomplit aujourd'hui à Münster. Dieu m'a sorti de la ville et m'a donné un miroir pour que chacun se reflète en moi et voie que tout cela n'est que tromperie... Ouvrez les yeux, il est grand temps...

[...]

Les prophètes qui m'ont précédé étaient autant prophètes que moi... C'était pour que vous, pauvres imbéciles, ne puissiez vous rendre compte que tout n'est que duperie et séduction.

Si vous vouliez vous confesser et abandonner ce

commerce d'enfer, vous pourriez tous avoir la vie sauve.
Que Dieu vous garde!
Afin que vous puissiez reconnaître et croire cette lettre, j'ai ci-dessous signé de mon nom qui vous est connu.

L'interdiction sous peine de mort de lire les lettres des impies est toujours valable, et peu sans doute prennent connaissance du message de l'ancien maître d'école.

Le 10 janvier, ils voient des remparts une forte délégation inspecter les fortins. Ils apprendront vite qu'il s'agit du nouveau commandant en chef des armées de l'évêque, le comte Wirich von Dhaun, qui leur fait d'ailleurs adresser, pour les exhorter à se rendre, un résumé des décisions prises à la diète de Coblence.

Ce même jour, les assiégés commencent à rédiger une lettre au landgrave Philippe de Hesse :

« Bien que nous sachions à quoi nous en tenir sur votre compte, vu que vous aidez l'évêque papiste, notre ennemi juré, et du fait que votre émissaire Fabricius nous a fait connaître vos positions, des raisons particulières nous incitent à vous écrire... »

Ils disent s'étonner que le landgrave, protestant, ait pu oublier l'Écriture au point de les combattre, eux, dont les écrits sont interdits parce que rien n'est plus fort que la vérité. Il est lamentable, regrettent-ils, que ceux qui se réclament de l'Évangile poursuivent ainsi le véritable Évangile.

Ils demandent au landgrave de reconsidérer sa position en examinant attentivement ce qu'on peut leur reprocher : « Si quelqu'un peut nous prouver que nous avons tort, nous sommes prêts à le payer de notre vie. »

« Notre libération ne tardera pas, assurent-ils, et le feu allumé par Dieu, toutes les eaux du monde ne sauraient l'éteindre. Que le monde pleure ou rie, cette petite pierre que nous sommes va devenir une telle montagne qu'elle recouvrira la terre entière... »

Ils réfutent la critique qui leur est souvent faite d'avoir un roi : Philippe de Hesse doit bien savoir qu'aucun des articles des prophéties de l'Écriture ne doit rester lettre morte et elles l'ont formellement prévu. Enfin, ils concluent en se disant prêts à parler avec le landgrave, mais à condition que ses intermédiaires soient « des frères qui savent », et non ce Fabricius « qui arrive avec des mensonges et repart avec ».

Dans un addendum, ils décrivent une bataille qui se déroule tandis qu'ils rédigent la lettre — le comte von Dhaun qui teste les défenses de Münster. Ils insistent une dernière fois : « Nous voulons que vous jugiez notre affaire équitablement. Nous savons bien que nous sommes petits et qu'on nous considère peu, mais prenez en compte notre sang aussi chèrement que si nous étions tous des princes et des seigneurs. »

A leur missive, qui ne partira que le 14, ils joignent une copie d'un écrit de Rothmann, *Du caractère caché de l'écriture du règne du Christ,* en recommandant à Philippe de Hesse de le lire avec attention.

Le même messager quitte Münster avec une série de lettres destinées aux princes de Rhénanie du Nord et de Wesphalie, ceux-là même qui se sont réunis à Coblence et qui, par l'intermédiaire du comte von Dhaun, les exhortent à se rendre. A leur habitude, ils cherchent à isoler l'évêque de ses alliés en manifestant avec ceux-ci une attitude plus ouverte : ils se plaignent d'être mal jugés, demandent qu'on entende leurs arguments plutôt que les racontars de leurs ennemis; et si on leur prouve qu'ils ont tort, ils le reconnaîtront.

Cinq jours plus tard, c'est aux lansquenets qu'ils s'adressent. « Chers lansquenets qui vous trouvez autour de notre ville [...] et qui servez pour de l'argent les évêques romains et les curés [...] contre nous et la vérité du Christ...

« Si vous saviez la vérité, vous préféreriez nous servir fidèlement. » D'autant qu'ils n'y perdraient pas : « Pour quatre florins-or bien lourds avec, en plus, liberté de butin sur les moines et les curés nos ennemis : nous sommes décidés à donner ce salaire à chacun pour son adresse et son courage... »

Enfin, une protestation et une menace :

« Vous savez sans doute avec quelle pitié et quelle miséricorde nous avons traité ceux d'entre vous que nous avons capturés. » Leurs prisonniers, expliquent-ils, ont été épargnés, enseignés, habillés de bons vêtements. En revanche, les rebaptisés pris par les lansquenets ont été décapités et « mis à l'étal du boucher ».

« Il y a maintenant assez longtemps que vos chefs versent ainsi le sang. Nous ferons désormais de même avec ceux qui sont déjà ou qui seront nos prisonniers, sauf si vous nous répondez maintenant que vous avez décidé de vous conduire mieux et si vous le prouvez. »

Les offres des assiégés aux lansquenets vont se préciser. Il est en effet décidé de placarder sur les fortins et de diffuser largement à l'extérieur les propositions suivantes : 4 florins-or pour tout soldat qui rejoindrait Münster, 5 pour les tireurs de mousquet, 6 pour les lansquenets armés et cuirassés.

L'évêque, le jour même où il l'apprend, le 3 février, avertit le landgrave de Hesse : « Il nous semble urgent de prévenir ces projets de débauchage. » Il lui demande d'alerter villes, duchés et principautés, de transmettre l'information à ses voisins, de faire surveiller les troupes pour empêcher les désertions.

Ces « procédés pervers », l'évêque les a appris par un lansquenet « honnête et pieux », Turban Bill, un Danois fait prisonnier par les anabaptistes et qui vient de s'évader. Resté assez longtemps dans Münster pour inspirer confiance et circuler librement, il a même fait partie de la garde du roi, traban en pourpoint noir portant la bague d'or; ceux qui connaissaient son intention l'ont chargé de messages et de missions.

Margaretha Tenekens lui a ainsi remis une lettre pour un certain Johann, de Coesfeld; Anna Hoenes lui a donné 5 florins pour qu'il l'aide à s'enfuir. Elles seront jugées et mourront décapitées, accusées non seulement d'avoir voulu fuir, mais d'avoir dérobé et caché de l'argent qui appartenait au peuple de Dieu — Anna Hoenes avait ainsi gardé 17 florins trouvés près du petit pont menant à Uberwasser. Décapité aussi Hans von Beckum, convaincu d'avoir aidé Turban Bill à s'enfuir pour que celui-ci lui procure un sauf-conduit. Décapités encore Hieronymus Profaess et Heinrich Holsten, qui connaissaient le projet du Danois et ne l'ont pas dénoncé. Décapité enfin Matthias Arch, convaincu d'avoir vendu pour 2 florins des armes à Turban Bill, transgressant notamment la loi sur l'argent et le commerce.

Une autre femme, Else Dreïer, s'était intéressée de près au projet de Turban Bill. Maîtresse de Knipperdollinck avant les lois sur le nouveau mariage, elle s'était en quelque sorte vue répudiée quand, en plus de son épouse à l'ancienne mode, le négociant l'avait dédaignée pour prendre une jeune seconde épouse. Elle ne lui avait pas pardonné, lui menant une telle vie que le lieutenant général du royaume en avait appelé à la justice du roi, qui l'avait solennellement invitée à s'amender. Mais Else Dreïer a décidément mauvais caractère, elle décide de quitter Münster, entend parler d'un Danois qui... Dénoncée, elle est jetée en prison à Rosental puis condamnée à mort et menée au Grand-Marché. Voyant le bourreau hésiter, Knipperdollinck lui arrache des mains la lourde épée et, au nom de Dieu et du roi, fait voler d'un grand coup la tête de son ancienne maîtresse. « Il n'hésite pas, commente Kerssenbrock, à verser le sang qui l'a si souvent échauffé et ne rougit pas de se montrer cruel avec celle dans les bras de qui il a si souvent joui de l'amour[41]. »

A propos d'amour, le roi adoucit le sort des femmes dans

sa nouvelle législation. Celles qui sont en mesure de prouver qu'elles ont été épousées de force peuvent se faire inscrire à l'Hôtel de Ville et obtenir le divorce. Les excès des premières lois sur le mariage sont mis sur le compte des prédicants sortis avec les apôtres et exécutés. Une centaine de femmes, semble-t-il, se font incrire, dont un certain nombre de fillettes forcées qu'a soignées la Knupper, sage-femme et guérisseuse. Le consentement désormais devra être mutuel. Reste que les femmes devront continuer à considérer leur époux comme leur maître. Alors on en voit, par esprit de fronde, arrêter les gens dans la rue pour demander : « Vous n'auriez pas vu mon maître ? », sachant très bien que ledit maître se trouve alors avec une seconde, une troisième, voire une quatrième épouse. Cela devient vite une sorte de mot de passe, une défi farceur des femmes, leur façon de résister — « Vous n'auriez pas vu mon maître ? »

D'autres, souffrant de devoir se partager à cinq ou six les hommages du même époux, expriment leur insatisfaction : « Abondance de cochons fait la bouillie maigre... » Au point que pour faire taire ces sarcasmes, il est bientôt interdit de plaisanter du mariage sur la voie publique, et de dire « maître » à son mari pour se moquer de lui.

Les femmes des messagers devront attendre leur retour pendant six semaines, après quoi elles auront le droit de se remarier. Quand, selon les articles du roi, une femme non mariée se choisit un protecteur, celui-ci ne peut se dérober et doit s'occuper d'elle, notamment en ce qui concerne la nourriture que les maisons communes distribuent de plus en plus parcimonieusement. En contrepartie, elle devra obéissance au protecteur qu'elle s'est choisi.

Les hommes ont, vis-à-vis de leurs épouses, une autre obligation : exiger d'elles la foi dans le nouveau règne; il leur en sera demandé justification. C'est « la voix de Dieu » qui en a averti le roi Jan.

Mais il va de soi qu'un règlement ne suffit pas à apaiser

les multiples et interminables querelles s'élevant dans les foyers à plusieurs femmes, la première épouse n'acceptant en général que de mauvaise grâce de devoir partager avec des « étrangères » et des « défroquées » le mari qu'elle croyait à elle seule. On a un jour trouvé le corps d'une femme flottant dans l'Aa; comme elle n'était pas ligotée et qu'elle ne portait pas de traces de coups, il s'est dit qu'il s'agissait du suicide d'une épouse délaissée.

La plupart des séances de jugement sont occupées par ces affaires de ménage. On se rappelle le cas de Barbara Buttendieck, condamnée à mort pour rébellion contre son mari et qui, enceinte, avait vu l'exécution de la sentence repoussée après la naissance de l'enfant. Maintenant qu'elle a accouché, elle est ramenée devant le tribunal. Les juges, considérant : primo, qu'elle a accru d'une unité le peuple des Élus; secundo, qu'elle a eu peur assez longtemps et qu'en conséquence elle a déjà expié; tertio, que son mari le plaignant faisait partie du groupe anéanti des vingt-sept apôtres, la déclare en conséquence grâciée. (Le roi grâcie aussi, dans ces mêmes jours, le charpentier Eberhard Kribbe, pourtant coupable de crime de lèse-majesté, en raison de son habileté exceptionnelle dans l'exercice de son art.)

Quant à la première épouse de Knipperdollinck — « une femme honnête », apprécie Kerssenbrock — qui ne cesse depuis des mois de protester contre la polygamie, le roi la fait traîner au Grand-Marché où elle doit, devant tous et pour sa honte, porter une épée nue jusqu'à ce qu'elle exprime sa contrition. Alors seulement elle est pardonnée.

Le roi a maintenant une douzaine de femmes [42], mais seule Divara est reine. L'une des dernières épousées est Elizabeth Wantscherer, qui s'est présentée un jour en plaignante à son tribunal. Son premier époux étant mort, a-t-elle expliqué, son père lui en a choisi un autre; comme elle n'en voulait pas, son père l'a battue jusqu'à ce qu'elle accepte. Maintenant qu'elle y a goûté, elle confirme qu'elle ne peut le supporter et demande donc que ce mariage soit dissous. Convoqué, le père confirme ce qu'a dit sa fille. Le tribunal prononce le divorce, mais fait un sermon à la jeune femme : elle doit obéissance à son mari et maître.

« Il n'y a pas dans cette ville, dit-elle, un homme qui puisse me dompter. »

On la jette en prison. Son défi est rapporté au roi. Sans doute émoustillé par le tempérament de cette Elizabeth, il la fait venir, la jauge et décide :

« Si tu es décidée à m'obéir, je t'épouse. »

Elizabeth Wantscherer n'hésite pas un instant :

« Roi très illustre, si cela doit me valoir ta grâce, je serai ta servante très dévouée. »

Elle ajoute même qu'elle est prête s'il le faut à laver les pieds de toutes ses femmes. Le roi l'épouse sur-le-champ.

La plupart des nouvelles mariées du roi sont très jeunes, souvent filles ou nièces de dignitaires du royaume : Anna et Clara Knipperdollinck — en réalité filles d'un premier lit de dame Hangesbeck, épouse Knipperdollinck — Anna Kibbenbrock, Engele Kerckerinck, Christina Rodde, façon royale de faire de la politique.

Autour de Divara s'est organisée la vie des femmes du roi. Elles habitent ensemble dans la maison contiguë au palais royal, sont superbement vêtues et parées, seulement préoccupées de plaire à leur époux commun. Il prend ses repas avec elles, et c'est à ce moment qu'il choisit celle qu'il honorera de ses prochaines faveurs.

Il a fait faire un tableau de bois semblable à ceux dont on se sert dans les abbayes pour marquer le tour de prière au prochain office : un trou sous un nom, une cheville de bois tenue par un cordonnet. Tandis que sous la direction du grand-maître Heinrich Rodde s'affairent les officiers et serviteurs, Jan de Leyde, sans un mot, sans un geste, regarde ses femmes tour à tour, suppute, imagine, désire, et quand enfin il a choisi, il plante la cheville dans le trou du tableau correspondant à l'élue du jour — de la nuit.

Sa désignation ne doit provoquer ni jalousie ni amertume. La toute-puissance royale s'exerce généreusement et les tours reviennent vite. Si l'élue n'est pas, comme dit Kerssenbrock, « apte à l'amour », elle choisit sa remplaçante. Sinon, elle est conduite au bain — il ne faudrait pas qu'elle « indispose le roi » —, lavée, parfumée, habillée de lin et de pourpre, parée de bijoux. De vieilles femmes « qui s'y connaissent » préparent « tout ce qui peut exciter le désir », tressent ses cheveux de fils d'or, habillent ses seins d'un voile transparent...

Le roi surveille en vain les ventres royaux. Lui qui espère cette descendance innombrable promise aux rois de l'Écriture doit se contenter que seule Margaretha Moderson ait, après Divara, donné naissance à un enfant — une autre fille, déception supplémentaire. Selon la règle qu'il a instituée, la fille de Divara, née un dimanche, est appelée d'un nom qui commence par A, Averall, qui signifie « Au Dessus de Tout »; celle de Margaretha, née un lundi, donc le jour du B, est nommée Blyda, ce qui signifie « Joie ».

Gresbeck raconte que le roi, à la naissance d'Averall, a fait un prêche public pour affirmer qu' « il n'y a pas eu d'enfant pareil depuis la naissance de Dieu ». Notre menuisier clôt là le chapitre femmes et enfants royaux, ajoutant seulement que « le roi avait les plus belles femmes de la ville, nobles ou roturières ». Kerssenbrock, lui, se contente de se réjouir que de nombreuses Münsteroises soient restées inféconde : « De tels parents, écrit-il, n'aurait pu sortir qu'une génération immonde... »

Hiver. Les premières privations sérieuses, les premiers doutes graves commencent à entamer la presque unanimité du peuple des Élus. En bas, les paysans terrassiers, obstinés comme des animaux fouisseurs, se battent à coups de pelle avec la terre gelée ou qui tourne en boue. N'empêche, leur fossé, entre les fortins, commence à devenir gênant. On ne circule plus aussi librement, et il est devenu presque impossible d'aller se procurer de la nourriture à l'extérieur. Parfois, pourtant, un messager passe encore.

On suit ainsi de loin en loin les quatre hommes sortis la nuit de la Saint-Sylvestre avec des brochures à distribuer et de l'argent pour enrôler des mercenaires. On sait qu'ils ont touché Hamm, puis Kammen, Dortmund, Essen, Kettwig, puis qu'ils se sont séparés devant Neuss, « à la fontaine de Pickart ». L'un des quatre, Zilli Leitgen, en profite pour passer chez son père, à Niedeck, régler une affaire de famille : sa mère avait commis une « putasserie », et il voulait en informer son père, qu'il puisse chasser sa femme et en épouser une autre. Mission accomplie, il se sauve de nuit par une fenêtre. Il est pris le 14 février en pays de Juliers. Questionné, il parle volontiers mais n'apprend rien de bien intéressant aux hommes de l'évêque, sinon les noms des amis qu'ils ont vus en route. Il y a déjà un mois et demi qu'il a quitté Münster.

Autres nouvelles, de Hollande celles-ci, et mauvaises : des groupes d'anabaptistes se préparant à venir délivrer Münster ont été anéantis. A Leyde, où passent les inquisiteurs, la patronne de l'auberge des *Trois Harengs*, la femme légitime du roi de Münster, est accusée de complicité — un comble, la pauvre, pour une épouse abandonnée — et d'anabaptisme. Elle est exécutée avec ses deux enfants.

Le roi ne s'en émeut pas — c'était une autre vie, une autre pièce, dirait-on. Du message qui lui apprend les événements de Hollande, il retient surtout que Johann van Geel, sorti depuis plusieurs mois déjà, réussit à Amsterdam au-delà de toute espérance. Prétendant lutter secrètement contre la vermine anabaptiste, il a obtenu l'aide de la reine

Marie, s'engageant notamment à livrer Münster à Charles Quint. En réalité, il organise dans l'ombre une armée qui se mobilisera à son ordre pour surprendre Amsterdam, où beaucoup de gens leur sont favorables, et partira délivrer la Nouvelle Jérusalem.

Un an. Le grand chassement, c'était à la fin de février 1534, et voici la fin de février 1535. C'était l'époque où Matthys le boulanger annonçait chaque jour la fin du monde pour le lendemain matin. Dieu n'a pas encore versé les sept coupes de sa colère sur Babylone la grande prostituée. Mais elle tombera, Babylone, elle deviendra une habitation de démons, le repaire de tout esprit impur, le repaire de tout oiseau impur et odieux, parce que toutes les nations ont bu du vin de la fureur de son impudicité...

... C'est alors que descendra du ciel, d'auprès de Dieu, la Ville sainte, la Nouvelle Jérusalem, préparée comme une épouse qui s'est parée pour son époux. Et une voix forte dira : Voici le tabernacle de Dieu avec les hommes! Il habitera parmi eux, et ils seront son peuple, et Dieu lui-même sera avec eux. Il essuiera toute larme de leurs yeux, et la mort ne sera plus, et il n'y aura plus ni deuil, ni cri, ni douleur, car les premières choses auront disparu.

Jan Matthys, peut-être, n'avait pas compris qu'il fallait d'abord préparer la venue de Dieu, préparer Münster, la Nouvelle Jérusalem, comme une épouse pour son époux.

Dans cette époque d'attente, les bonnes nouvelles de Johann van Geel arrivent en même temps que les premières et encore sourdes promesses du printemps. Sous la terre et dans les hommes, les choses sont en travail. Un jour, le roi révèle à son peuple que la parole de Dieu l'a visité pendant la nuit, et que voici, maintenant il peut le dire, Münster sera délivrée pour Pâques — qui cette année tombe le 28 mars. Et s'il arrivait que cela ne se produise pas, alors qu'on le brûle au milieu du Grand-Marché.

VII

COMME DANS UN ÉTAU

Graes continue — Punis comme il convient — Dix-huit mille hommes — Les comptes de von Dhaun — Pas de médiation — Le grand fossé

Un traître en a-t-il jamais fini avec sa trahison? Heinrich Graes, l'apôtre sauvé par un ange et qui a abusé les assiégés, n'a pas fini de servir à l'évêque. Franz von Waldeck va l'envoyer, toujours muni du sauf-conduit de Jan de Leyde — « Nous, Jan de Leyde, par la grâce de Dieu roi de Münster... » — dans les villes où les anabaptistes sont nombreux, se mêler à eux, gagner leur confiance. On lui adjoint deux hommes qui se feront eux aussi passer pour des anabaptistes : l'un est Johann Swerthen, qui a quitté Münster l'année précédente, y laissant sa femme — une redoutable, celle-ci, qui s'illustre à pied et à cheval, chaque fois qu'il est question d'en découdre avec les lansquenets; l'autre est le secrétaire d'un conseiller. Tous deux feignent de traiter Graes avec beaucoup de vénération et l'appellent « prophète ». Leur rôle, à tous trois, est tellement au point que l'évêque croit devoir demander par lettre aux princes, s'il leur arrivait de s'emparer d'eux, de ne pas les exécuter pour anabaptisme sans l'avoir prévenu.

Graes et ses deux acolytes ont gagné Wesel, au sud-ouest de Münster. Grâce à la lettre de Jan de Leyde, l'ancien maître d'école se fait rapidement reconnaître des sympathisants de la cause anabaptiste, insiste sur l'urgence d'aller délivrer Münster, obtient qu'ils se rassemblent, tout armés, prêts au départ, tel jour, tel endroit — et les dénonce.

L'affaire fait grand bruit dans la ville, suscite des troubles sérieux que les autorités tentent de maîtriser.

Les interrogatoires des prisonniers permettent à l'évêque de mesurer l'importance du travail souterrain accompli en quelques semaines par les émissaires anabaptistes quittant Münster munis d'argent et des brochures incendiaires de Bernhard Rothmann. Quatre troupes devaient être constituées pour briser l'étreinte mortelle des épiscopaux : une à Eschenbruch sur la Mars, une en Hollande, la troisième à Maëstricht et Aix-la-Chapelle, la quatrième en Frise, à Groningue.

Ce qui s'est passé à Groningue, l'évêque l'a appris par une lettre de Georg Schenck von Tautenberg, représentant de Charles Quint en Frise. Le 24 janvier, il a donc informé l'évêque que les anabaptistes se sont réunis « dans l'intention de semer la révolte ». Le duc de Gueldre, qui se trouvait justement en chemin vers la Frise, a envoyé des troupes pour les disperser. Le prophète principal, Hermann Schomacher, et d'autres meneurs ont été faits prisonniers : « On leur applique la question et ils seront punis comme il convient. » Un certain Jakob, venant de Münster, a par ailleurs été capturé; il a révélé que le but des anabaptistes était de se rassembler en Hollande et dans le Nord de l'Allemagne et d'aller vers la Nouvelle Jérusalem. Le roi de Münster sortira à leur rencontre pour prendre leur tête. Son intention est d'exterminer tous ceux qui ne se mettraient pas en son pouvoir. Ce Schomacher devait être lieutenant de Jan de Leyde. « Cette réunion, conclut le gouverneur, est maintenant dispersée, les chefs sont en prison, mais il faut craindre que ceux qui ont pu s'enfuir ne sèment la révolte ailleurs. »

Ces religions de salut, comme les épidémies, il suffit d'un homme pour les porter ailleurs.

A peine une semaine plus tard, le 2 février, Franz von Waldeck recevait un autre message, celui-ci du comte Arnold von Bentheim-Steinfurt : « Les conseillers de la ville de

Zwolle, écrit-il, me font savoir qu'on peut déduire d'un certain nombre d'écrits et d'informations assez crédibles, qu'aujourd'hui ou demain, environ dix-huit mille hommes de la secte anabaptiste se rassembleront en pays d'Utrecht, dans un champ nommé le Mont-de-Cemel, sur le chemin d'Ommen. »

Le comte précisait que les représentants de Deventer, de Zwolle et Kampen, réunis d'urgence, ont obtenu que la garnison et la cavalerie d'Utrecht soient alertées et que les paysans de la région soient levés à raison d'un homme sur quatre pour « réprimer ce rassemblement s'il devait se poursuivre ».

Effectivement, dans les jours suivants, les troupes d'Utrecht parvenaient à disperser le rassemblement anabaptiste. Mais où aurait lieu le prochain ? L'évêque ne se faisait pas d'illusion : tant que Münster tiendrait tête à la coalition des princes, l'Évangile selon Jan de Leyde garderait la même séduction, la même puissance de mobilisation.

Comment en finir avec Münster ? Wirich von Dhaun a pris son commandement le 10 janvier. Le 22, il a passé les troupes en revue. Ambiance détestable : les lansquenets n'avaient pas été payés depuis six semaines, et l'argent promis par la diète de Coblence n'arrivait pas. Von Dhaun, d'ailleurs, s'apercevait qu'on avait compté trop juste : 15 000 florins-or par mois ne suffiraient jamais. En effet, la base de calcul était celle du 15 novembre : 2 621 mercenaires touchant 3 800 soldes (certains en touchent deux et un capitaine cinq) de 4 florins-Emden — soit 15 200 florins. A quoi il fallait ajouter une section d'élite basée à Warendorf depuis que les apôtres y avaient jeté le trouble. Revenue à Münster, elle aggravait le coût mensuel de 810 soldes pour 345 combattants, c'est-à-dire de 3 240 florins-Emden.

Refaisant ses comptes, von Dhaun a commencé par supprimer 300 doubles soldes injustifiées. Il estimait alors avoir besoin de 1 000 lansquenets supplémentaires et il lui en restait 2 966. Effectif insuffisant, a-t-il jugé, étant donné les conditions du moment, pour suivre les propositions de Heinrich Graes et d'un autre transfuge, Jorgen Visher, de guider une attaque par la porte de la Croix.

Le commandant en chef a repoussé sa deuxième revue des troupes, qui devait avoir lieu le 12 février. L'argent de Cologne n'était pas arrivé, et les mercenaires grondaient, exigeant la totalité du deuxième mois et la moitié du troisième. La mutinerie a été évitée de justesse quand sont arrivés dans les caisses du trésorier de guerre 8 700 florins-or de Coblence et 6 000 florins-Emden de Clèves — mais il manquait encore 5 000 florins-or pour couvrir la totalité du troisième mois et, le 12 mars, à l'échéance prochaine, il en faudrait 16 000.

Les messagers de l'évêque sillonnent le pays. Le landgrave de Hesse avance ce qu'il peut, met à contribution ses amis le duc de Saxe et l'archevêque électeur de Mayence, obtient même que le roi Ferdinand, le frère de l'empereur, adresse depuis Vienne un sérieux rappel à l'ordre à tous les princes en retard de paiement.

L'évêque a vidé ses caisses, avançant à von Dhaun les 17 000 florins-or qui s'y trouvaient. C'est que la révolte paraissait cette fois sur le point d'éclater, et qui a jamais assisté à une mutinerie de lansquenets non payés sait la façon dont les mercenaires déchaînés se remboursent — et au-delà — sur leur employeur et sur le pays. Sans compter que ce serait le triomphe des rebaptisés...

Le diocèse de Münster doit en outre supporter seul les frais de l'entretien de la cavalerie, soit environ 16 000 florins-or pour six mois. Et faut-il que ce pays soit riche pour supporter tous ces impôts depuis un an sans être encore saigné à blanc!

En février, les villes de la Hanse, dont Münster est sœur, ont transmis à l'évêque une offre de médiation. Il n'y a rien d'étonnant qu'il ait refusé net et sans trop de courtoisie : une solution négociée, pour lui, c'est la ruine. Sa seule chance de rentrer un jour dans les frais énormes consentis depuis un an, de reprendre tous les titres et gages donnés à ses créanciers, c'est la victoire totale, l'écrasement des anabaptistes, la saisie de leur trésor de guerre, de tous leurs biens. Il est condamné maintenant à aller jusqu'au bout — d'autant que les tendances démocratiques qui agitent Lübeck, l'une des villes candidates à la médiation, lui paraissent suspectes, comme si les villes de la Hanse n'avaient comme but que d'installer le protestantisme à Münster. Toute attitude de négociation, a-t-il répondu le 27 février aux émissaires de Lübeck, Hambourg et Brême, n'aurait comme résultat que de voir les anabaptistes « contaminer toute l'Allemagne avec leur peste, puis toute la chrétienté, inciter à l'insurrection générale et jeter le monde dans le crime le plus abominable ».

Depuis le 12 février, le commandant en chef Wirich von Dhaun s'est transformé en Grand Terrassier. Ce fossé double protégé d'un remblai et de palissades, qui creuse la terre d'une tranchée de plus de six kilomètres, est une œuvre aussi gigantesque que le remblai roulant de l'été précédent. Terminé, il enserrera la ville comme dans un étau. Plus un anabaptiste ne passera, dans un sens ou dans l'autre, entre les fortins. Déjà presque à court de vivres, Münster devra se rendre à brève échéance.

Les travaux toutefois n'ont pas avancé aussi vite que le comte von Dhaun l'avait espéré. Intempéries, mauvaise volonté des seigneurs à lâcher leurs paysans, mauvaise volonté des paysans à venir s'exposer aux harcèlements des rebaptisés. Quand on apprend que les Münstérois préparent une sortie pour Pâques, von Dhaun menace l'évêque de prévenir les États que ces retards ne peuvent lui être imputés. L'évêque prévient la démarche en écrivant lui-même une lettre secrète : on lui a retiré le commandement du siège moyennant une aide financière qui n'arrive pas, et voilà qu'on l'accuse maintenant de retarder les travaux! Pour manifester sa mauvaise humeur, il refuse de délier les lansquenets de leurs obligations à son égard, les empêchant ainsi de prêter serment à von Dhaun.

Il y a maintenant un an que l'évêque est enterré là. Mais le terme est proche : Jan de Leyde lui-même l'a fixé pour Pâques, le 28 mars.

VIII

PAQUES 1535

Une forteresse roulante — La bonne chanson — La semaine peineuse — Tous les péchés d'Israël — Assauts — Droit dans le cœur

Rien ne vaut un projet pour meubler l'attente, pour remplir le temps. Celui-ci a plus d'une vertu, et c'est Graes qui en a eu l'idée, quand il s'appliquait avec zèle à son rôle de prophète. Dieu, avait-il dit, lui avait présenté l'image d'une forteresse roulante, permettant aux enfants d'Israël de traverser impunément les lignes de l'évêque pour aller au-devant de l'armée des anabaptistes arrivant de Hollande et de Frise

L'idée avait aussitôt séduit le roi Jan, qui, avec ce mélange d'ingéniosité et de réalisme dont il sait faire preuve, l'a adaptée à leurs besoins et à leurs moyens. Il s'agit de construire un certain nombre de solides chariots, de les fortifier et de les armer, d'y concentrer toute la puissance de feu de la ville. Les chariots, tirés par des chevaux, iront sur deux rangs et l'armée de Dieu marchera au milieu.

Mais un avantage non négligeable du système, c'est cette animation qu'il met durant des semaines au cœur de la ville encerclée, cette rumeur et ces odeurs de forge et de charpenterie, ce grouillement, ces appels, cet élan formidable, cette hâte de faire, ce désir de bien faire — celui qui construit ne peut s'empêcher d'espérer. Et le printemps là-dessus, qui parle de la vie!

On a récupéré dans les démolitions tous les bois disponibles, et les vieilles poutres de chêne deviennent jantes et rayons; des charrons, avec leurs grosses tarières à creuser les moyeux, en sortent de grandes boucles blondes que ramassent les enfants. On chauffe sur des feux les épais cerclages de fer que les plus forts enfoncent à coups de masse sur les roues de bois. On bride les brancards et les timons avec des fers plats — carillon des enclumes, va-et-vient grinçant des scies à refendre, chuintement des flammes noyées, respiration des gros soufflets. Bonne chanson des jours ordinaires, en somme.

Les artilleurs préparent les pièces — ils ont même coulé un gros canon de fonte et construit des « orgues » en fixant les uns aux autres les fûts de six ou huit arquebuses qui tireront ensemble. Les maréchaux ferrent les chevaux, les bourreliers piquent des harnais, cousent des peaux de protection contre le feu, les hommes sans spécialité affûtent les armes blanches, les femmes préparent des linges et des onguents pour les blessures possibles.

En plus des chariots eux-mêmes sont préparés des enclos de protection, sortes de paravents armés de piques de fer pour arrêter les cavaliers et les chevaux; ils sont transportables, constitués d'éléments faciles à assembler et manœuvrables à volonté de l'intérieur.

Une fois par semaine, les hommes sont divisés en deux groupes et s'entraînent à toutes sortes d'affrontements. Ils sont maintenant devenus, après un an d'exercice, des combattants habiles et disciplinés, redoutables en vérité. D'autant, dit Gresbeck, que tuer leur est indifférent et qu'ils ne pleurent pas leurs morts.

Pas un instant on ne perd de l'esprit ce dimanche à venir, le 28 du mois, où tout s'accomplira.

Ceux qui veulent être de la sortie sont invités à se rassembler, ceux qui préfèrent rester assureront la garde. Distribution d'armes et de cuirasses — essayages, ajustages, échanges. Définition des rôles. Le roi nomme les commandants et les capitaines, désigne cinq porte-drapeaux.

Trois cents femmes sont parmi les volontaires. Le roi les passe en revue, en choisit cinquante, les armes de piques et de hallebardes. Une autre fois, celles qui resteront en ville sont rassemblées, puis divisées en groupes de garde, équipées en armes et affectées à la défense des portes. Les capitaines enseignent à chacune sa place et sa tâche. Durant les exercices, elles se rendent à leur poste en rangs et en chantant un psaume de David :

Bêni soit l'Éternel, mon rocher,
Qui exerce mes mains au combat
Mes doigts à la bataille,
Mon bienfaiteur et ma forteresse
Ma haute retraite et mon libêrateur
Mon bouclier, celui qui est mon refuge...

Une volée de cloche signale les exercices d'alerte : chacun rejoint son poste en courant.

Le bruit circule qu'on attend cent mille Hollandais et Frisons, frères et sœurs de l'armée de Dieu. On ira au-devant d'eux, on délivrera Münster, puis on prendra Osnabrück, puis Cologne, puis Trèves.

Vient le dimanche des Rameaux. Pâques est au bout de la semaine peineuse.

Et toute cette semaine-là, le roi reste enfermé, invisible, sans donner signe de vie. Il prie, dit-on, il est avec Dieu.

Place de la Cathédrale, tout est prêt. Seize chariots ont été construits — il n'y avait plus de bois pour en faire d'autres — et ce sont de redoutables machines de guerre, équipés comme ils le sont, derrière leurs protections, de canons, de couleuvrines, de falconnettes et de ces orgues effrayantes. On ne voit guère comment les lansquenets ou les cavaliers pourront s'opposer à leur progression. D'autant que leur mobilité interdira aux artilleurs de les ajuster. Gresbeck lui-même est très impressionné, convaincu que si Dieu n'est pas contre eux, personne ne pourra s'opposer à leur sortie.

C'est peut-être à ce moment, unis dans ce projet commun, ce travail partagé, obsédés par ce rendez-vous avec les choses de Dieu, que les assiégés de Münster sont le plus sûrs de leur destin. Il n'y a presque plus à manger ? Qui parle de manger, à cinq jours de Pâques, et alors que Dieu s'entretient avec le roi, à quatre jours maintenant, à trois jours... Au moins ne pourra-t-on leur reprocher de n'avoir pas jeûné !

L'année dernière, le dimanche de Pâques s'était passé dans l'attente vaine de renforts. Le prophète Matthys avait été présomptueux, et il l'avait payé de sa vie. Cette année, les rebaptisés, leurs armes prêtes, s'associent de toutes leurs forces à la prière du roi Jan.

Vendredi saint, samedi saint.

Pâques enfin, fête de la Résurrection, jour où Dieu a choisi de célébrer la victoire de la vie, a délivré l'homme de la fatalité de sa mort.

Le peuple est convoqué au Grand-Marché. Et quand apparaît le roi, on n'en revient pas. Livide, amaigri, douloureux, vêtu d'une simple robe, il semble lui-même avoir traversé toutes les épreuves de la Passion du Christ. Il étend les bras :

« Mes chers frères, mes chères sœurs... »

Il révèle sa souffrance. Dieu, dit-il, a chargé ses épaules de tous les péchés d'Israël, et ce fardeau l'a accablé durant tous ces jours, mais il l'a supporté avec joie et reconnaissance pour le bien de tous... Ils sont purs maintenant... Délivrés de tout mal, de toute souillure... Là est la vraie délivrance, là le seul et vrai salut... S'ils devaient recommencer à pécher, nul doute que les renforts de Hollande et de Frise tarderaient encore... Mais si au contraire ils font confiance au Père, ils ne tarderont pas... Le Père n'abandonne jamais les siens, même s'il met leur confiance à l'épreuve... Il ne faudrait surtout pas perdre l'espoir — mais dites, vous n'allez pas fixer une date à Dieu ?

Bernhard Rothmann et les prédicants entonnent un chant d'action de grâces :

Et moi, je crie à Dieu
Et l'Éternel me sauvera.
Le soir, le matin, et à midi, je soupire et je [gémis,
Et il entendra ma voix
Il me délivrera de leur approche
Et me rendra la paix
Car ils sont nombreux contre moi
Dieu entendra et les humiliera!

Les difficultés — intempéries, dénonciations — ont retardé la mobilisation de l'armée de la délivrance. Elle ne sera pas à Münster pour Pâques, puisque c'est seulement pour Pâques que se déploie soudain en Frise de l'Ouest, sur l'un des quatre lieux de rassemblement prévus, le drapeau anabaptiste. Aussitôt, les frères arrivent, se groupent, s'emparent du couvent d'Olden, entre Sneek et Bolswarden. C'est une position forte; le couvent et le village sont entourés d'un fossé et d'un rempart de briques.

Dès qu'il apprend l'occupation d'Olden, Georg Schenck von Tautenberg, grand chasseur d'anabaptistes, s'y précipite avec deux cents lansquenets et autant de miliciens ramassés à la hâte. Comprenant son impuissance, il fait venir des pièces d'artillerie lourde, qui arrivent le 1er avril et commencent aussitôt à pilonner le couvent. Pour tester les défenses, il tente « un assaut à perte ». Il fait lever un homme sur trois dans le pays. Le deuxième assaut reste aussi vain. La défense des anabaptistes est déterminée et efficace. Les lansquenets sont décimés, mais le gouverneur Schenck ordonne un troisième puis un quatrième assaut. Ses hommes parviennent à prendre pied dans des maisons proches du rempart. Nouveaux bombardements. Les lansquenets franchissent le fossé sur un pont de barques. Le 7 avril, enfin, les mercenaires, rendus enragés par une semaine d'assauts meurtriers, réduisent les dernières positions. Le lendemain, on comptera dans les décombres les corps de huit à neuf cents anabaptistes.

Sur la rivière Issel, le duc de Gueldre coule trois bateaux de renforts — ils sombrent avec hommes, armes et biens. Côtes et fleuves sont surveillés jour et nuit.

A Wesel, où durent encore les troubles causés par la dénonciation du maître d'école Graes, le duc de Juliers fait son entrée le 5 avril, à la tête de quelques sections de cavalerie pour mater la révolte sourde. Le 18, ayant rétabli l'ordre, il fera décapiter Otto Vincke, Wilhelm Schlebusch et quatre autres citoyens tenus pour chefs de la rébellion. Leurs corps seront enterrés hors les murs. D'autres, convaincus de sympathie pour les assiégés de Münster, obtiendront leur pardon le 18 avril, sous la condition qu'ils fassent une marche de pénitence publique autour du cimetière, vêtus d'une robe de lin blanc; puis ils devront assister debout à une messe.

A Münster, on a appris que le salut ne viendra pas du nord.

Des frères et des sœurs découragés font au risque de leur vie sortir des lettres priant des parents ou amis d'intervenir auprès de l'évêque pour obtenir leur grâce et si possible un sauf-conduit leur permettant de traverser les lignes. Gresbeck écrit ainsi à son ancien patron et à sa belle famille, les supplie d'obtenir un sauf-conduit, sinon « ma femme et moi mourrons de faim ». Une jeune Hollandaise, Cornelia Claes, arrivée à Münster parce que son oncle la battait quand elle écoutait les sermons anabaptistes, découvre qu'elle a été « séduite lamentablement », écrit qu'elle aimerait bien « sortir de cette ville si elle connaissait un moyen ». L'oncle, Jakob Simons, est un personnage important d'Haarlem. Il fait demander le pardon de l'empereur par l'intermédiaire de la reine Marie, qui charge le gouverneur de Frise Georg Schenck de prendre l'affaire en main. Schenck envoie un prêtre à l'évêque de Münster, lui demandant « de le doter d'un écrit aux commandants des fortins pour qu'il puisse passer dans la ville, prendre contact avec Cornelia et trouver un moyen de la faire sortir ». Tant qu'il y sera, il pourra faire sortir deux autres femmes, Diewer Harrix et Aef Peters... Autre démarche, celle de Johann Swerthen, un messager de l'évêque, qui a laissé sa femme Kunne à Münster pour garder leurs biens et s'efforce maintenant d'obtenir pour elle le pardon de Sa Grâce [43].

Bernhard Rothmann tente dans un grand prêche de reprendre la communauté en main :

« Il ne faut pas compter, dit-il, sur les frères étrangers, c'est de Dieu seul que doit venir la délivrance, mais s'ils viennent, nous accepterons leur aide avec joie... Nous accepterions aussi bien l'aide du Diable en enfer, si cela nous permettait d'accomplir la volonté de Dieu ! »

Pourquoi en est-il ainsi ? demande-t-on ici ou là. Et pourquoi le roi ne se fait-il pas brûler au milieu du Grand-Marché, comme il s'y était engagé ?

La réponse des prédicants et des dignitaires est unanime dans son humilité : « Nous avons courroucé Dieu avec notre manie de compter sur notre intelligence, sur notre faible raison humaine... La vérité, c'est qu'il faut attendre que Dieu juge le moment venu de nous délivrer... » Le roi confirme : ce n'est pas la volonté de Dieu, lui a-t-il été révélé, « que les Münstérois battent leurs ennemis par leurs propres forces ».

Alors ?

« Alors, quand Dieu le jugera bon, il touchera nos ennemis droit dans le cœur et ils s'enfuiront. »

Et qui oserait douter de Dieu ? Vous ?

L'abandon de la forteresse roulante a au moins un avantage : on peut manger les chevaux. Il en reste une cinquantaine. Pour une distribution de viande à tous, pour en manger une seule fois, il faut en tuer dix-neuf.

IX

NOURRITURES CÉLESTES

Trois équipes — Comme le roi David — La quintaine — On a fait les fous — Le dieu du ventre — Sacrilège — Le mot de passe — Lazare et le mauvais riche — Avec les anges — Douze ducs

Depuis Pâques, la famine s'est aggravée brutalement. Les provisions durables sont pratiquement épuisées et le blocus de la ville est maintenant total. Les maisons communes ne servent plus de repas, c'est à chacun des hommes de pourvoir à la survie de ses femmes et de ses enfants. Les femmes commencent à accoucher d'enfants morts. Des gens meurent de faim. On jette les corps sur des charrettes et on les ensevelit sans chagrin — les sentiments ordinaires n'ont plus cours à Münster, et de toute façon, les prédicants jurent que ceux-là auront le ciel pour eux.

On a en partie démantibulé les forteresses roulantes pour remettre les pièces d'artillerie en batterie aux créneaux, notamment pour protéger la cinquantaine de vaches qui restent, quand on les mène paître hors les murs. Les hommes ont été répartis en trois équipes de garde, qui se relaient aux portes.

Visité par une nouvelle inspiration divine, le roi ordonne trois journées de fêtes au mont Sion, l'endroit sacré des rituels münstérois. Chacune de ces journées est réservée à l'une des équipes de garde — quatre cents hommes environ et mille cinq cents femmes.

Le peuple est rassemblé devant la cathédrale. Apparaît le roi, parmi ses femmes, ses conseillers et ses serviteurs. Il porte une précieuse tenue de soie et sa grosse chaîne d'or en sautoir. Il entre dans une des belles demeures à colombage qui bordent la place et réapparaît à une fenêtre, tenant le livre de l'Écriture. Il lit comment le roi David, avec l'aide de Dieu, vainquit les ennemis d'Israël, comment, malgré les jours d'épreuves, les famines et les pestes, David et les vaillantes tribus d'Israël accomplirent la volonté de Dieu.

Les prédicants et les maîtres d'école se tiennent sous la fenêtre d'où parle le roi. Entourés d'enfants, ils chantent en alternance avec le peuple les psaumes de David :

Je louerai l'Éternel de tout mon cœur
Je raconterai toutes ses merveilles
Je ferai de toi le sujet de ma joie et de mon
[allégresse
Je chanterai ton nom, Dieu Très Haut!

Mes ennemis reculent
Ils chancellent, ils périssent devant ta face
Car tu soutiens mon droit et ma cause
Tu sièges sur ton trône en juste juge

Tu châties les nations, tu détruis le Méchant
Tu effaces leur nom pour toujours
Plus d'ennemis! Des ruines éternelles!
Des villes que tu as renversées
Le souvenir est anéanti!

Et ainsi le peuple des Élus de Münster chante que l'Éternel n'abandonne pas ceux qui le cherchent, qu'il venge le sang et se souvient des malheureux. Il crie pitié, aie pitié de moi, Éternel, vois la misère où me réduisent mes ennemis, enlève-moi des portes de la mort!

... car l'Éternel est mon soutien
Je ne crains pas les myriades de peuples
Qui m'assiègent de toutes parts

Lève-toi, Éternel! Sauve-moi mon Dieu!
Car tu frappes à la joue tous mes ennemis
Tu brises les dents des méchants.
Le salut est auprès de l'Éternel
Que ta bénédiction soit sur ton peuple!

Quand enfin l'âme est prise dans une sorte de griserie où se mêlent la faim, la peur, les mots de Dieu et l'extrême réconfort d'être ensemble, là, tous ensemble, à la frontière du royaume des hommes et du royaume ineffable, quand enfin l'esprit consent à s'abandonner au bercement qui les prend tous, comme une lente houle, alors Jan de Leyde, le nouveau David, peut redire que le même Dieu vit toujours, ce même Dieu de David qui écrasa les Philistins et sauva son peuple, et que ce qu'il a fait une fois, il le refera ici.

Puis le roi descend et s'assied à une longue table parmi ses reines; chaque homme l'imite, parmi ses femmes. Les diacres posent devant eux un peu de pain et de bière : « Il faudra s'en contenter jusqu'au jour de la délivrance », disent les prédicants. Mais du pain et de la bière, aussi peu qu'il y en ait, c'est bien assez pour attendre le jour de Dieu. Gresbeck lui-même, toujours prêt pourtant à dénigrer, l'aigre Gresbeck se rappellera la gaieté tranquille de ces jours-là.

Quand ils ont pris leur repas, ils dressent deux perches et y suspendent des couronnes de romarin, tandis qu'on amène quelques-uns des derniers chevaux et qu'on prépare les longues lances qui vibrent dans les poings. Ils vont jouer à la quintaine, ainsi que des chevaliers. On part au galop de l'autre bout de la place, lance pointée comme pour un ennemi; il s'agit, au plus fort de l'élan, de décrocher une couronne. Le roi donne l'exemple. Il monte son beau palefroi gris tout habillé de vert et harnaché d'or, coiffe son casque de guerre, s'empare de la lance ronde d'un de ses gardes. Roulez tambours, sonnez busines. Le roi s'élance, et dans un immense vivat, embroche sans faillir la cible qu'il a choisie.

Les autres, derrière lui, s'essaient à leur tour. Ailleurs, on joue à la balle, on rit, on oublie. Quand la journée touche à sa fin, Krechting, le chancelier du roi, prend la parole pour dire que c'est « ainsi que Dieu veut qu'aillent les choses ». On chante tous ensemble que Dieu seul est digne d'honneur, et on se quitte.

Le lendemain, après le repas, le roi prend la reine par la main et ouvre la danse. On va chercher, salle du Conseil, les fifres et les violes, et bientôt tout le monde musique et danse — « Si on danse, disent les jeunes, c'est que tout va bien ! » Ils sont, dit Gresbeck, « comme des prisonniers recouvrant la liberté ». Ils sont aussi comme ceux dont parle l'Écriture : « David et tout Israël dansaient devant Dieu de toute leur force, en chantant, et en jouant des harpes, des luths, des tambourins, des cymbales et des trompettes. » Et sans doute, dans ces heures, quittent-ils en effet la prison du doute et de la faim. Aujourd'hui, c'est au tour de Rothmann de justifier qu'on danse quand l'ennemi est aux portes :

« Chers frères et sœurs, dit-il, certains d'entre vous s'étonnent qu'on rie dans ces heures graves, mais ces réjouissances sont la volonté de Dieu... Nous, chrétiens, sommes affranchis de toutes les contingences de la vie... Nous faisons de toute joie un usage honnête et louons Dieu par ces fêtes alors que les impies, dans leurs festivités, ne célèbrent que le Diable !... Que ceux qui veulent danser le fassent, qu'ils dansent autant qu'ils en auront envie ! »

On danse jusqu'au soir et on s'en va se coucher, fourbus et éblouis.

Pour le troisième jour, c'est une course qui est organisée place de la Cathédrale. Le roi affronte ses conseillers et serviteurs. Il gagne chaque fois « tant il court vite »[44].

Pendant trois jours, « on a fait les fous », puis reviennent les heures de la faim. Les diacres fouillent les recoins de toutes les maisons, ramassent ici et là de pauvres trésors, des couennes dans la paille des lits, des quignons sous les fagots, des fonds de sacs de grain, quelques œufs qu'on gardait pour plus tard.

En vérité, il ne reste pratiquement rien à manger dans la ville, qu'un peu de mauvais pain. Le roi fait de temps en temps abattre quelques chevaux — quinze encore le 3 avril —, distribuer un peu de suif ou de sel, un gobelet de farine pour plusieurs jours et plusieurs personnes. Quatre responsables ont été désignés pour répartir entre les familles des jardins et des lopins, chacune recevant proportionnellement au nombre de ses membres. On a arraché les enclos des fermes pour répartir les terres entre tous. On dépave des places pour y planter des choux, on laboure des ruelles, on ratisse, on ensemence : raves, haricots, petits pois, salades... On avale des soupes d'orties, on trempe des bougies en place de lard dans des brouets trop clairs. Les prédicants répètent qu' « il ne faut pas penser qu'à manger et boire » : « Ne sacrifiez pas au dieu du ventre! » disent-ils.

Le roi a l'idée d'un autre divertissement. Cela se passera à la cathédrale, et le peuple viendra en deux fois, une moitié le matin, une moitié l'après-midi.

Le matin, le roi attend que l'assistance ait pris place pour faire son entrée solennelle avec ses pages, ses femmes, les dignitaires du royaume et un ancien serviteur des chanoines, un certain Karl, qui a revêtu des vêtements sacerdotaux. Tout commence comme une grand-messe. Karl gravit lentement les degrés de l'autel et là, soudain, se met à faire le bouffon. Il singe le prêtre à son office, hurle, grimace, se perd dans les mots de faux latin, travestit les gestes rituels, « fait les sacrements » pour rire. A chaque facétie nouvelle, le peuple s'esclaffe, hurle de joie.

« Chers frères et sœurs, conclut Rothmann après l'*Ite missa est,* toutes les messes qu'on pratique chaque jour dans le monde, je les tiens pour aussi sacrées que celle que ce bouffon vient de dire devant vous. »

Autre messe l'après-midi. Trois prêtres cette fois la

concélèbrent. On chante tous ensemble le *Gaudeamus,* puis le *Gloria* :

« *Gloria in excelsis Deo,* lancent comme un appel les officiants.

— *Et in terra pax hominibus bonae voluntatis* », répond le peuple...

On lit alors très sérieusement l'épitre et l'évangile. C'est Everdt Remmensnyder l'aubergiste qui prêche. Et voici qu'il se mit à cracher des mots obscènes, des ordures, des plaisanteries de lansquenets, mêlant les morts et les vivants dans les mêmes effroyables prières. Puis c'est le roi et les reines qui font l'offertoire, et tout le monde derrière eux, apportant au bedeau — l'ancien bourgmestre aujourd'hui intendant général du royaume Hermann Tilbeck — tout ce qu'on peut trouver d'ignoble dans la ville, têtes de chats, rats crevés, chauves-souris, vieilles savates, sabots de cheval et « autres choses impures »... A chaque nouvelle trouvaille de l'un ou de l'autre, à chaque nouvelle abomination, on s'écroule de rire. Toutes ces offrandes s'accumulent sur l'autel jusqu'à ce qu'on ait l'idée de se les lancer à la tête en une monstrueuse bataille générale, sacrilège vertigineux...

Quand enfin la messe reprend et qu'on arrive à l'Élévation, le faux prêtre Remmensnyder, le dos à l'assistance, élève l'hostie au-dessus de sa tête. Alors les deux autres, un de chaque côté, soulèvent son aube si haut « qu'on peut lui voir le cul ». Ah! la rigolade!

Et quand, après l'*Agnus Dei,* l'aubergiste faux curé s'avance vers l'assesseur Johann van Schwerten pour le baiser de paix, c'est celui-ci qui lui présente ses fesses. La cathédrale chavire sous les rires comme un bateau fou dans la tempête. Quelle revanche sur des siècles de règne catholique, quelle victoire sur l'évêque! La dérision est l'arme absolue; le travestissement détruit, supprime, renverse l'ordre des choses — la victoire est à celui qui rit.

Après la bénédiction farceuse, le roi fait donner fifres et tambours et, au milieu de la nef, affronte son maître d'armes successivement à l'épée, à la lance, au bâton, au crochet, à la hallebarde.

Puis chacun rentre chez soi — quelle journée!

La faim attend à la maison.

On mange maintenant tout et n'importe quoi. Des têtes de chevaux, les derniers chats et chiens, des grenouilles, des escargots, de l'herbe et de la mousse en salade. « Ne mangez pas tant de mousse », recommandent les prédicants. Mais quoi, alors ?

Certains décident de fuir la ville, mais, des remparts, les hommes de garde les tirent comme des lapins. Et s'ils franchissent cette première mort, ils tombent sous le feu des lansquenets de l'évêque.

Parmi ceux qui s'enfuient, Hans Nagel, faux-frère aussi, celui-là. Il était arrivé en se battant avec les lansquenets, on l'avait vu des remparts donner et recevoir des coups, puis rompre soudain et courir vers la ville. Il avait montré les entailles faites à sa cuirasse et on l'avait accueilli avec joie. Il avait demandé à épouser la doctrine et était lui aussi devenu traban du roi, en pourpoint noir. Au printemps, il a accompagné les sorties des jardiniers allant déterrer les pissenlits et en a profité pour s'enfuir rejoindre son maître l'évêque. Dieu a failli le châtier. Il s'est embourbé dans la vase et il a fallu que les lansquenets viennent le sauver.

Mais comme l'évêque envoyait ses espions parmi les nouveaux arrivants, Jan de Leyde mêle les siens aux fuyards. Il choisit ainsi un Frison, Sybbeken Frese, pour aller presser un peu l'armée de la délivrance. Il devra en outre consigner les noms de tous les frères qui ont été jugés et exécutés par les Babyloniens. Il ne porte ni argent ni lettre. Il apprend seulement le mot de passe entre anabaptistes :

« Que la paix du Seigneur soit avec vous, dit l'un.

— Que le Seigneur soit avec vous jusqu'à la fin des temps », doit répondre l'autre.

On calcule qu'il sera revenu dans un mois.

Rendez-vous à la cathédrale. Le roi aujourd'hui a fait installer dans le chœur une estrade tendue de grands rideaux sur trois côtés. Il y monte lui-même, en compagnie d'un serviteur de la reine Divara. Tous deux jouent la parabole du mauvais riche et du pauvre Lazare, avec intermèdes musicaux. Le roi est en simple robe, et fait Lazare.

Il y avait un homme riche, qui était vêtu de pourpre et de lin fin, et qui chaque jour menait joyeuse et brillante vie.

Un pauvre, nommé Lazare, était couché à sa porte, couvert d'ulcères, et désireux de se rassasier des miettes qui tombaient de la table du riche; et même les chiens venaient encore lécher ses ulcères.

Le pauvre mourut, et il fut porté par les anges dans le sein d'Abraham.

Le riche mourut aussi, et il fut enseveli.

Dans le séjour des morts, il leva les yeux, et tandis qu'il était en proie aux tourments, il vit de loin Abraham, et Lazare dans son sein.

Il s'écria :

« Père Abraham, aie pitié de moi, et envoie Lazare, qu'il trempe le bout de son doigt dans l'eau et me rafraîchisse la langue, car je souffre cruellement dans cette flamme. »

Abraham répondit :

« Mon enfant, souviens-toi que tu as reçu tes biens pendant ta vie, et que Lazare a eu les maux pendant la sienne; maintenant, il est ici consolé, et toi tu souffres. »

Le riche a beau supplier, jurer qu'il est prêt à se

convertir, à la fin, on voit des démons venir et l'emporter derrière les rideaux, hurlant et gémissant, aux applaudissements de tous.

Quelle étrange aventure : celui qui, sur l'estrade des *Trois Harengs,* jouait si volontiers les rois, le voici, maintenant qu'il est roi, qui monte sur les tréteaux pour jouer les pauvres...

La représentation est réussie, et, ainsi tirée de l'Écriture, on accepte l'exhortation à supporter les maux de la vie. Mais, singulier prolongement, le serviteur de Divara, celui qui jouait le mauvais riche, n'est pas convaincu. Apprenant qu'il pense à quitter Münster, le roi le fait arrêter et pendre pour l'exemple au tilleul du mont Sion, jusqu'au bout dans le mauvais rôle.

L'épisode, pourtant, le fait réfléchir, ainsi que le nombre, toujours croissant, de ceux qui songent à fuir et qu'il faudrait décapiter. Espérant sans doute se débarrasser de ces bouches inutiles, de ces frères de peu de foi, il décide de donner l'autorisation à ceux qui le désirent de quitter Münster. S'il le faut, dit-il, il restera, lui, à garder la ville, seul avec les anges.

Ceux qui veulent partir doivent venir se faire inscrire à l'Hôtel de Ville. Puis ils se dépouillent de leurs vêtements et revêtent les hardes qu'on leur jette. Un serviteur du gouverneur les accompagne jusqu'aux portes, et là il les maudit « de corps et d'âme » puisqu'ils trahissent leur foi.

Ce sont surtout des femmes et des enfants qui s'en vont. Le mariage multiple éclate. Incapable de nourrir plusieurs épouses, l'homme les laisse partir, et souvent seule la première femme reste au logis; c'est un retour à l'ordre ancien : un homme - une femme - leurs enfants. « Une partie des anabaptistes, dit Gresbeck, aurait volontiers échangé une épouse contre un morceau de pain. » Sans compter, ajoute-t-il, qu'il n'est pas facile d'honorer tant de femmes quand on a le ventre creux.

Le 1er mai, les assiégeants expédient des feuilles imprimées dans la ville. « Il est étonnant, écrivent-ils, que vous vous soyez si facilement laissé duper, que vous ayez laissé mettre tous vos biens en commun, brûler vos sceaux et vos lettres... Ces faux prophètes sont devenus vos maîtres, et vous êtes leurs serfs ! »

Le texte insiste sur le fait qu'ils meurent de faim, de soif et de misère, qu'ils ne seraient pas plus cruellement opprimés « chez les païens et les Turcs », et que le roi a fait sortir de grosses quantités de leur argent hors de la ville... Il est grand temps d'ouvrir les yeux, de ne plus voir dans ce faux roi que « l'aubergiste tenancier de bordel » qu'il est en réalité... S'ils veulent obtenir leur pardon, qu'ils le capturent et qu'ils le livrent à l'empereur et aux princes, seules autorités « instituées par Dieu ». Sinon ils sont condamnés.

On ne sait qui lit l'appel des assiégeants, ni même s'il est lu — la mort pour qui est pris à le faire. D'autant que Jan de Leyde, la période des fêtes semblant passée, reprend en main la communauté. Un mois maintenant s'est écoulé depuis Pâques, et si on sait van Geel toujours à Amsterdam, organisant l'armée de la délivrance, on ne peut plus vivre sur cette seule attente. Une nouvelle organisation doit correspondre à une nouvelle phase de la lutte contre le Mal.

Le 3 mai, Jan de Leyde promulgue une loi qui institue douze ducs et leur attribue à chacun un fief. A l'épicier Dencker revient ainsi le duché de Saxe, et Mayence au chaudronnier Xantus[45]... Les douze nouveaux ducs, qui administreront leurs territoires dès que ceux-ci auront été libérés, sont tous originaires de Münster ou de la région, la plupart d'entre eux de familles fortunées. Chacun porte un collier fait de treize grands pfennigs d'or. Toujours fidèle au landgrave Philippe, le roi n'a pas attribué la Hesse.

En attendant d'entrer en possession de leurs duchés, chacun des nouveaux princes, assisté de vingt-quatre trabans bien armés, doit prendre en charge un secteur de Münster, dans lequel, sous le regard du roi, il sera maître de la défense et de la discipline. Chacun, pour commencer, fait le recensement des habitants de toutes les maisons — comme David ordonna en son temps qu'on fît le dénombrement du peuple d'Israël.

On dit que Schenck, le gouverneur de Frise, la créature de l'Antéchrist, l'exterminateur d'anabaptistes, aurait trouvé la mort avec sept mille de ses hommes dans un combat contre un rassemblement de frères.

On dit, on dit. « Cela tient lieu de bœuf bouilli », comme écrit Gresbeck.

Des enfants maigres au ventre gonflé jouent lentement, sur le mont Sion, dans les carcasses vides des forteresses roulantes.

On n'oublie jamais la faim. Mais sans doute faut-il s'attendre encore à pire. C'est seulement quand elle ne sera plus supportable, a promis le roi, que Dieu changera les pierres en pain. Eh bien, certains ont essayé de mordre des pierres. Mais le temps n'est pas encore venu.

X

COMMENT FONT-ILS?

La grande tranchée — Horreur babylonienne— Ils broutent comme des bêtes — Évêque cherche bourreau — Le blanc des murs — Jusqu'à la mort — Joli mai — L'attaque d'Amsterdam— De la boue et de la merde — Tout ce sang

Le 6 avril, le commandant en chef Wirich von Dhaun a passé l'inspection de la grande tranchée qui maintenant encercle Münster, système presque infranchissable de fossés, de remblais et de palissades reliant entre eux les fortins. Il s'est déclaré satisfait et, pour renforcer encore l'isolement de la ville, a interdit que les lansquenets, sous quelque prétexte que ce soit, traversent eux-mêmes le fossé pour entrer en relation avec les assiégés, comme cela est fréquent au cours d'un siège.

Il n'y a plus qu'à attendre. D'ailleurs, le commandant en chef n'a guère le choix de la tactique : la plupart des princes et des villes qui avaient prêté leurs pièces d'artillerie les ont récupérées au bout d'un an, et on ne saurait lancer un assaut de front sans un pilonnage préalable des défenses.

Le comte von Dhaun a transféré son poste de commandement de Wolbeck au camp d'Enking, près du moulin. Là, il est aux premières loges. La ville lui tombera dans la main, question de patience.

Au début d'avril, se sont réunis à Worms les États de l'Empire, sur invitation de l'évêque et vives incitations du roi Ferdinand. Seuls les cercles de Saxe et de Bourgogne se sont abstenus d'envoyer leurs représentants.

Ferdinand a joué de tout son poids pour faire obtenir à l'évêque l'assistance financière qu'il réclame et appuyer la protestation de von Dhaun, se plaignant que des engagements des diètes antérieures n'aient toujours pas été tenus. Pour impressionner les délégués, on leur lit les aveux des prisonniers en insistant sur le caractère insurrectionnel de l'anabaptisme et l'accueil favorable qu'il reçoit chez les bourgeois aussi bien que chez les gens simples.

Le 17 avril, la diète de Worms a voté l'aide énorme de 105 000 florins-or — chacun des participants devant y consacrer un mois d'imposition et le quart d'une « campagne de Rome » — mais sous quelques conditions :

— L'évêque devra mettre immédiatement les lansquenets sous l'autorité du commandant en chef Wirich von Dhaun, ce qu'il a jusqu'à maintenant refusé de faire.

— Le commandant en chef est habilité à recevoir la reddition de la ville, jugée préférable à un nouveau et coûteux massacre; il pourra juger tous les prisonniers, à l'exception des chefs et des meneurs, qui seront remis à l'évêque.

— Est renforcée la clause interdisant de mettre en place « un nouvel ordre » dans la ville conquise sans consultation et accord des partenaires.

Une nouvelle diète sera convoquée en juillet; y participeront les Habsbourg-Bourgogne et l'Autriche (à Worms, le roi Ferdinand n'agit qu'à titre de représentant personnel de l'empereur). La prise de Münster est devenue une affaire d'État.

Enfin, les villes de Haute-Allemagne obtiennent l'autorisation de tenter une médiation. Celle-ci est proposée aux Münstérois dans les premiers jours de mai. Leur réponse, datée du 10, reprend les thèmes habituels : qu'on les convainque de leurs erreurs et ils s'offriront à la pénitence; si on les persécute parce qu'ils ont quitté la soi-disant communauté du pape, alors oui, ils confessent avec joie qu'ils le referaient si c'était à refaire. « La main de la putain babylonienne tend le calice de l'horreur babylonienne aux princes et aux seigneurs de la terre. »

Le siège continue donc. Le comte von Dhaun décide d'empêcher les Münstérois de sortir leurs vaches, comme ils le font chaque jour, pour les mener paître dans le grand pré qui borde l'Aa, sous la protection de leur artillerie. Plus de vaches, plus de lait. Le comte imagine de construire, entre le fossé des lansquenets et les remparts de Münster, deux redoutes qui tiendront le pré sous leurs feux croisés. Mais l'évêque renâcle à lever à nouveau quelques centaines de paysans terrassiers. Le comte s'énerve, regrette qu'on ne lui donne pas les moyens de faire la guerre, prétend qu'on n'arrivera à rien avec cet évêque qui lui met des bâtons dans les roues, craint qu'il ne faille passer encore l'été ici... Franz von Waldeck finit par céder. Chaque jour, des corvées passent la ligne des fortins. On n'en finira jamais de creuser. Par chance, les assiégés économisent la poudre et ne tirent plus qu'à coup sûr et sur des cibles importantes.

Entre les remparts et la grande tranchée errent maintenant quelques centaines de personnes ; elles ont quitté la ville et les lansquenets ne les laissent pas franchir le fossé. Elles ne sont plus ici, elles ne sont pas encore là. Von Dhaun craint que Jan de Leyde ne chasse ainsi vieillards, enfants, invalides, n'évacue tous ses poids morts pour ne garder autour de lui que les hommes et les femmes capables de porter les armes. Il ne sait que faire de ces réfugiés, dont la situation devient vite dramatique. Ils ne se nourrissent que d'herbes et de feuillages, broutent comme des bêtes, vomissent. Des bébés vagissent à longueur de faim. Les mères supplient les soldats de se rappeler qu'ils sont des êtres humains, qu'ils ont peut-être aussi des enfants, demandent à partager ce qu'ils jettent aux chiens...

Le commandant en chef ne sait que décider. On en débat longuement chez l'évêque. Il paraît difficile, sous le regard de l'Occident, de les tuer tous ou de les laisser mourir de faim. Les nourrir reviendrait, au mieux, à débarrasser Münster de ses éléments les plus faibles ; au pire, à nourrir la rébellion elle-même. Les laisser partir ? C'est prendre le risque de les voir répandre partout leur hérésie.

Les conseillers veulent qu'on écrive au roi, qu'on le menace de lui renvoyer tous ceux qu'il chasse hors la ville, mais l'évêque, qui n'en est pas à sa première lettre pour rien, estime que la mesure serait vaine. Il propose plutôt d'exécuter quelques-uns des fuyards et d'exposer leurs corps devant les portes en manière de dissuasion. Sitôt dit, sitôt fait. Quatre prisonniers sont décapités ; leurs corps sont empalés sur des pieux ou exposés sur la roue, accompagnés d'une affiche annonçant que tel sera le sort de tous ceux qui quitteront désormais la ville — mais que, en cas de reddition, les innocents seront épargnés.

La situation dans Münster est telle que les assiégés sortent quand même. Le 4 mai, ainsi, deux hommes s'enfuient, un citoyen de la ville et un lansquenet qui avait rallié les anabaptistes vers Noël ; ils disent que les Münstérois sont en proie à une grande misère. Le 5, une femme, avec un jeune enfant, vient se présenter aux lansquenets, qui la renvoient vers les remparts ; mais elle revient, dit qu'elle préfère qu'on la tue avec son enfant plutôt que d'attendre de mourir de faim. Les femmes des lansquenets prennent l'enfant, et la mère reste, près du fortin, derrière une haie, avec deux autres femmes qui sont là depuis huit jours et à qui les soldats jettent parfois un quignon ou des épluchures. Ce même jour, un jeune homme parvient à quitter Münster à cheval ; il dit qu'il y a dans la ville, d'après le dénombrement récent, mille et sept enfants de moins de deux ans, et qu'on manque de lait. Le lendemain, c'est un lansquenet qui s'échappe ; il était à Münster depuis un an — celui-ci, les soldats des fortins l'accusent de traîtrise et le mettent à mort.

Wirich von Dhaun demande conseil à Philippe de Hesse et à l'électeur de Trèves : « On ne peut pas tuer tous ces expulsés », leur écrit-il. Les deux princes répondent sans répondre. Trèves suggère de les capturer par petits groupes; quant au landgrave, il lui recommande d'agir « selon sa conscience », en évitant toutefois d'exécuter ceux qui apporteraient des renseignements importants pour l'évêque.

Le commandant en chef demande que soit convoquée une diète des États du Land. En attendant, les hommes qui quittent Münster sont interrogés et exécutés. Les deux bourreaux de l'évêque ne suffisent plus à la tâche; il demande en vain le renfort de celui de Bielefeld qui, dit-il, préférerait abandonner sa charge, preuve que les assiégeants n'ont pas partout bonne presse. Les femmes, les vieillards et les enfants restent à errer sous les murs de la ville, sans rien d'autre à manger que de l'herbe et de la terre. Ils sont maintenant plusieurs centaines, peuple de fantômes s'agglutinant derrière les haies face aux fortins. « Ils ont un teint blafard, écrit à son père le conseiller de guerre Justinian de Holtzhausen, comme du lin lavé; leurs corps sont enflés, ils ont de gros ventres et des jambes gonflées. [...] Il en sort toutes les heures, de sorte qu'on s'attend qu'ils seront bientôt contraints de se rendre. »

« Hier, raconte-t-il, en ma présence ont été capturés deux frères, dont un meunier, fils d'un armurier de Münster. Ils avouent que les gens simples de la ville n'ont plus rien d'autre à manger que des racines, de l'oseille et ce genre de chose, mais que même de ça ils n'en ont plus assez. » Le meunier dit en avoir été réduit à « gratter le blanc des murs et l'avoir mélangé à de l'eau pour donner à manger à ses enfants ». Devant Wirich von Dhaun, il se déclare « bien certain que dans la ville de Münster il ne reste pas plus de deux cent cinquante hommes valides », et que les autres sont très affaiblis.

Le conseiller Justinian insiste sur l'incroyable misère des assiégés et souhaite que non seulement l'homme, mais Dieu et tout le firmament les prennent en pitié. En attendant, on continue d'abattre les réfugiés mâles — « près de cinquante mardi dernier ».

La diète des États du Land se tient à Dulmen le 19 mai. L'évêque, malade, est absent. Il est décidé que les hommes qui se rendent seront remis au commandant en chef, et les femmes conduites par le bailli de Wolbeck à la maison de Diekburg. Alors on avisera. Mais il convient de toute façon de garder ces femmes sous surveillance jusqu'à la fin de la guerre. Les conseillers voudraient qu'on laisse la décision à l'évêque ; ils craignent qu'on veuille « les faire passer pour les bourreaux de ces femmes ».

Le landgrave, à nouveau consulté, dit ne pas vouloir avancer de conseil « car, quelle que soit l'évolution de cette affaire, on nous en donnera la responsabilité ». Le 1er juin, il suggère néanmoins très prudemment qu'on pourrait faire prêter serment aux femmes et les libérer ; pour les hommes, si c'était à lui de décider, attendu qu'il convient de faire des distinctions, il les arrêterait et les garderait jusqu'à la prise de la ville ; alors il s'efforcerait de déterminer la culpabilité ou l'innocence de chacun.

Rétabli, l'évêque fait amener, conformément aux décisions de la diète, près de trois cents femmes à Diekburg. Elles doivent abjurer l'anabaptisme, accepter la pénitence infligée par l'évêque, ne pas s'éloigner de l'endroit qu'on leur assigne à résidence. Quatorze refusent de renier leur foi et sont exécutées ; deux cents seront tenues pour quittes si de proches parents peuvent, par le versement de certaines sommes d'argent, se porter garants d'elles ; soixante-dix enfin, sans famille dehors, doivent trouver des amis acceptant de les cautionner.

Le 1er juin, Wirich von Dhaun et les conseillers de guerre écrivent une fois de plus aux Münstérois pour les exhorter à abandonner leur entreprise « non chrétienne et non fondée » : « Si vous ne vous rendez pas à la raison, nous vous avertissons et commandons de garder tous vos hommes, femmes et enfants dans la ville, et que plus personne n'en sorte. Ceux qui sortiraient, et quels qu'ils soient, nous les poursuivrons comme des ennemis. [...] Tenez-vous le pour dit. »

La réponse parvient dès le lendemain au commandant en chef : « Vous écrivez que nous ne devrions plus vous envoyer ni hommes, ni femmes, ni enfants. Sachez que nous ne vous avons envoyé personne et n'enverrons personne. Faites donc d'eux ce que bon vous semble. Ici, restent et partent ceux qui veulent... » Par ailleurs, puisqu'on ne leur a toujours pas « prouvé leur faute », ils ne voient pas pourquoi ils se rendraient. Ils s'en tiendront à la vérité « jusqu'à la mort ».

La « vérité », le conseiller Justinian, effaré, la découvre de jour en jour, interrogeant avec fascination ceux qui quittent la ville : « Ils disent que nous falsifions l'Écriture, que nous sommes des Turcs ou des païens! » Il obtient des autres conseillers toute latitude d'essayer de provoquer des négociations, mais il ne sait comment s'adresser aux assiégés : « Pas la moindre information, lettre ou bout de papier qu'on leur fait parvenir n'est présenté à la communauté », tant règne la terreur. « Il n'y a plus de police ou de gouvernement honnête dans la ville, mais seulement une vie sodomite comme en témoignent tous les prisonniers que j'ai interrogés. »

Justinian rapporte à son père, le 29 mai, que les Münstérois n'ont pas eu de pain depuis sept semaines; qu'ils n'ont plus que douze chevaux mais gardent précieusement leurs dernières vaches. Le peuple ne mange plus que du feuillage et de l'herbe bouillie, de la soupe au cuir de chaussure ou aux os de cheval : « De la craie mélangée à de l'eau est le mets quotidien des enfants et des vieux. Ceux qui meurent sont enterrés à six ou huit dans la même tombe... »

Mai, le joli mai.

Comment font-ils pour tenir encore?

Au milieu du mois, on a compris ce qu'ils attendaient : Amsterdam a failli basculer dans leur camp! Cela s'est passé dans la nuit du 10 au 11. Van Geel et une petite troupe ont investi l'Hôtel de Ville. Leur plan était de tirer la cloche pour alerter les quelques centaines d'anabaptistes qui attendaient le signal. Maîtres de la ville sans coup férir, ils devaient recevoir au matin des renforts arrivant par mer, constituer un gouvernement anabaptiste comme à Münster et partir délivrer Jan de Leyde et sa communauté. Mais un de leurs sympathisants, mal informé des détails du complot et craignant que les gardes ne sonnent le tocsin pour prévenir les bourgeois, a remonté la corde! Van Geel et les siens l'ont cherchée en vain. Croyant la date repoussée, les anabaptistes sont restés dans leurs lits tandis que les bourgmestres, finalement alertés, arrivaient au trot.

Ceux de l'Hôtel de Ville passent la nuit à chanter des psaumes de David tandis que les bourgeois, comprenant enfin ce qui se passe, entraînent des mercenaires, amènent des pièces d'artillerie. Le bourgmestre Colin est tué dans l'attaque, mais les portes de l'édifice municipal sont fracassées. Johann van Geel monte au plus haut de la tour et tire la trappe derrière lui. Il est abattu d'un coup de mousquet tiré du dehors.

Des renforts anabaptistes, arrivant par mer, se présentent comme convenu, croyant la ville prise. Ils sont réduits. Le 14, « quelques-uns des Rebelles furent étendus sur des Bancs de Bouchers : on leur arracha le Cœur, et ils furent ensuite écarteléz. Jean van Kampen, prétendu évêque d'Amsterdam, qui s'étoit caché, fut enfin découvert sous un tas de Tourbes. On le mit à la Torture; mais il nia toujours qu'il eût eu part à la Rébellion. On l'exposa à la vue du Peuple avec une Mitre sur la tête; après quoi on lui coupa la Langue, le Poing et la Tête, et l'on brûla son Corps. »

« Il est certain, commente le conseiller Justinian, que la plupart de ces villes sont favorables à cette méchante secte. Que Dieu, dans Sa grâce, veuille les exterminer! »

Les enragés de Münster savent maintenant qu'elle ne

viendra plus, cette armée de délivrance qu'ils guettent depuis l'autre Pâques; alors, pourquoi ne se rendent-ils pas ?

Combien de temps tiendront-ils donc ?

Qu'attendent-ils ?

Le 24 mai, les assiégeants ont entendu dans Münster sonner les trompettes et les cloches. Puis ils ont vu, sidérés, s'abaisser un pont-levis et sortir une troupe toute armée, deux cents hommes environ, bannières et têtes hautes, cuirasses étincelantes, et le roi lui-même, superbe sur son cheval gris, les passer en revue comme avant une attaque. Le comte von Dhaun a fait sonner l'alerte générale. Mais le temps que s'ébranle la lourde machine de guerre, l'armée des morts de faim était déjà rentrée, toujours en bon ordre, dans sa forteresse.

Qu'espèrent-ils encore ?

On dit que dans la ville les conversations sont interdites, que même les douze ducs ne peuvent se rencontrer sans autorisation, de crainte qu'ils ne fomentent un complot contre le roi.

On dit que le roi vient de prendre une seizième femme, que Knipperdollinck est très malade, que les artilleurs ne peuvent faire feu, même une seule fois, sans l'autorisation expresse du roi — il ne resterait plus qu'une tonne et demie de poudre.

On dit que le roi a déclaré qu'il mangerait « de la boue et de la merde plutôt que de rendre la ville ».

Des réfugiés racontent la mort de Claus Snider, l'une des anciennes grosses fortunes de Münster, qui a fait sortir sa femme de la ville avec une lettre à l'intention de l'évêque, demandant un sauf-conduit. Sans réponse, il en a rédigé une autre, l'a confiée à un ami résolu à s'enfuir, mais l'ami l'a portée directement au roi, qui l'a lue publiquement : Claus Snider y offrait ses services à l'évêque et demandait le pardon. Verdict : la mort.

L'homme alors s'est mis en colère contre le roi :

« Qui t'a fait roi ? Le Diable lui-même ? Tu n'es qu'un sanguinaire, un sans-espoir... Nous devions être délivrés à Pâques, avais-tu dit... Il y a deux mois maintenant... Mon sang et tout ce sang que tu as versé, tu devras t'en justifier devant le juge suprême au Jour Dernier!

— Si tu peux attendre jusque-là, a blagué le roi, je veux bien être ton juge! »

Et il lui a coupé la tête. Le corps de Claus Snider a été divisé en douze morceaux — treize avec la tête. On dit qu'un prédicant hollandais, maître Klos, a pris le cœur et le foie, les a emportés chez lui, les a fait bouillir et les a mangés.

On rapporte les récits, et pas toujours de première bouche, de bien d'autres exécutions.

Celle du lieutenant Johann, de Juliers, par exemple. Dénoncé comme désireux d'abandonner la cause, jeté en prison avec un autre opposant au roi, ils parviennent à s'enfuir. Le lieutenant est repris et exécuté.

Celle de Heinrich Radan, qui avait obtenu, lui, à deux reprises, l'autorisation de quitter la ville; mais avant de partir, il a acheté une épée et une cuirasse à Andréas de Cologne contre la promesse d'un sauf-conduit. Dénoncés et exécutés.

Celle de la femme du traître Heinrich Graes et de la dame Gertrude, épouse du médecin Konrad, qui ont eu l'impudence, pour s'enfuir, de se parer de bijoux, qu'elles avaient dissimulés et soustraits au trésor de la communauté. Décapitées toutes deux sur le mont Sion.

Celle du Frison Albert, qui avait projeté d'ouvrir une porte de la ville et de livrer le bétail à l'évêque. Ne pouvant le faire seul, il a cherché des alliés. Dénoncé et exécuté.

Celle d'Anna Rodehose, encore une insolente et une insoumise, qui a menacé de fracasser une chaise sur le crâne de son mari s'il ne la débarrassait pas de sa deuxième épouse.

Celle d'Alexandre von Bussche, serviteur de la reine,

qui, ayant décidé de s'enfuir, a caché dans la semelle d'un de ses souliers la bague d'or, symbole de sa fonction. Pendu au grand tilleul.

« Il n'est pas pensable qu'ils puissent tenir plus de quinze jours », a écrit quinze jours plus tôt Justinian à son père. Mais ils tiennent toujours. Les lansquenets s'impatientent. Ils ont une paie de retard et les caisses sont vides :« Nous n'avons pas un florin pour les payer, s'alarment dans un rapport les conseillers de Clèves. Et ils réclament beaucoup plus fort qu'ils ne l'ont jamais fait jusqu'ici. Les risques de mutinerie deviennent très sérieux. »

L'évêque se débat à nouveau pour trouver des florins, mais il a bien d'autres tracas. Il vient de recevoir un renseignement selon lequel le duc de Gueldre est en train de s'armer, soi-disant pour aller servir la France, mais en réalité pour venir cueillir Münster sans risque, comme il a fait naguère pour Groningue.

L'évêque met sa cavalerie en état d'alerte et sollicite l'aide de Philippe de Hesse. Les espions s'agitent, se croisent, s'intoxiquent les uns les autres, se montent la tête. Charles Quint, affirme-t-on, doit commencer le 8 juin sa campagne contre Tunis; François Ier, qui entend profiter de l'absence de l'empereur, a sollicité l'appui du duc de Gueldre et de ses sept cents cavaliers... Mais en réalité rien de tout cela ne menaçait Münster, et toute l'agitation retombe au bout de quelques jours.

Puisque la force est vaine et qu'on ne maîtrise pas le temps, on essaie maintenant de susciter des trahisons, ce qui, l'histoire le prouve abondamment, reste le moyen le plus sûr et le moins coûteux de prendre ces forteresses imprenables qui défient les assauts et ruinent les assiégeants — il est rare qu'on ne trouve pas de volontaires pour jouer le rôle du traître. Pourtant, cette fois...

« Nous avons proposé un sauf-conduit aux assiégés s'ils nous livraient morts ou vifs le roi et ses conseillers les plus proches », écrit Justinian. Avant d'exécuter ceux qui s'échappent, ils promettent la vie sauve aux hommes qui retourneraient dans la ville lancer une mutinerie, mais aucun n'accepte. « Ils préfèrent mourir ici! » s'étonne l'honorable conseiller, pour qui ces choses sont décidément incompréhensibles. « S'ils ne sortent pas dans quelques jours, comme je m'y attends, sans aucun doute ils devront se manger entre eux ou mourir de faim. Que Dieu les prenne en pitié! »

XI

ELIZABETH WANTSCHERER

Un jour de mai — Un éclair — Gloire a Dieu

Elizabeth Wantscherer est cette femme qui avait défié les hommes de Münster : « Il n'y en a pas un ici qui puisse me dompter! » avait-elle promis devant le tribunal. Il s'en était pourtant trouvé un : le roi. Il l'avait épousée.

Depuis plusieurs mois, elle vit la vie des femmes de Jan de Leyde, attendant qu'il ait envie d'elle, paraissant avec la reine Divara aux assemblées du Grand-Marché ou du mont Sion.

Et puis, par un de ces beaux jours de mai au goût de liberté, elle vient déposer devant le roi les joyaux qu'il lui a donnés, elle ploie le genou et demande tranquillement permission de quitter la ville. Trop de gens, dit-elle, meurent de faim.

Jan de Leyde est pris de rage — on ne l'a jamais vu ainsi. Il fait convoquer le peuple et traîne Elizabeth au Grand-Marché.

Elle se tient devant lui, dépouillée des fards et des parures qu'on a l'habitude de lui voir, pâle, amaigrie, mais debout — peut-être n'a-t-elle jamais été vraiment domptée ?

Le lourd glaive de justice lance un éclair. Vole la tête d'Elizabeth Wantscherer [46]. Le roi s'acharne à coups de pied sur le corps pantelant d'où jaillit le sang.

Puis il se calme soudain, lâche le glaive :

« Le Père, dit-il, le voulait... C'était une rebelle... »

Rothmann est là, qui entonne : « *Gloire à Dieu au plus haut des cieux.* » Et la foule subjuguée reprend : « *Et paix sur la terre aux hommes de bonne volonté !...* »

Le roi fait signe aux musiciens. Et voici que ce peuple d'affamés, ces frères et ces sœurs de détresse se prennent les mains et font la ronde autour du corps d'Elizabeth, improvisent la folle danse de la mort.

Le roi Jan est leur seule volonté, leur cœur commun, quand ainsi, d'un coup d'épée, il possède leurs esprits, abolit leurs défenses. Une irrésistible contagion alors les emporte loin des rivages, extatiques, le regard perdu, en proie à cette fièvre de danser, danser, danser [47]...

XII

LA NUIT DE LA SAINT-JEAN

Évasion — Mes chers lansquenets — Ils — Le plan de Gresbeck — Porte de la Croix — L'évêque et ses florins (suite) — De la chair humaine — Dans un an — Reconnaissance — En notre absence — Terre

Gresbeck, notre menuisier, s'enfuit au soir du 24 mai. Il a un plan. Ils sont quatre avec lui, quatre lansquenets ralliés l'année précédente, dont Hans Ek, dit Petit Hans de la Rue-Longue. La nuit est tombée. Ils s'approchent en rampant de la ligne des fortins.

« Attention, chuchote Hans, ils nous ont repérés. »

Ils se replient pour se concerter. Se rendre ? Tenter de franchir le fossé entre deux fortins ? Il faut descendre dans l'eau, remonter de l'autre côté, escalader le remblai, franchir les palissades de pieux ou les buissons d'épineux.

Gresbeck décide de se présenter au fortin de Gueldre, tandis que Petit Hans et les deux derniers lansquenets tentent l'aventure du fossé. Ceux-ci ont de la chance. Quand, à minuit, le tambour annonce la relève, la garde descendante, au mépris du règlement, s'en va avant l'arrivée de la garde montante. Les trois hommes en profitent pour traverser.

Gresbeck et son compagnon, pendant ce temps, rampant toujours dans la nuit noire, se sont égarés et même séparés. Impossible de s'appeler. Les lansquenets tirent sur tous les bruits suspects. Gresbeck se prend à penser que son compagnon a décidé de retourner dans la ville, auquel cas il est maintenant en danger. Il se précipite dans la direction opposée, tombe dans une tranchée au pied d'un fortin, entend parler, s'éloigne en rampant et décide d'attendre le jour pour savoir où il se trouve. Longues heures. Comment ne pas être tué avant d'avoir eu le temps de parler ? « Il faut que Dieu m'aide et me soit miséricordieux », espère-t-il.

A l'aube, il sort de la tranchée et marche à découvert vers le fortin de Gueldre, qui se trouve devant la porte du Champ-aux-Juifs, près de l'abreuvoir. On peut le voir maintenant à la fois depuis le fortin et depuis les remparts.

Il appelle les lansquenets de Gueldre, dit qu'il a une proposition à faire. Ceux-ci lui crient de s'approcher tandis que, d'en haut, le rappellent les anabaptistes qui l'ont reconnu :

« Reviens chez nous! Reviens! »

Il est presque arrivé au fortin quand les lansquenets le mettent en joue « et semblent vouloir le fusiller ». Puis il les entend se dire entre eux qu'on pourrait écouter ce qu'il a à dire. « Il est tout jeune, ajoute une voix, laissons-lui sa chance. »

« Tellement ému qu'il en est à demi-mort », Gresbeck s'approche du fossé qui les sépare encore :

« Mes chers lansquenets, dit-il, moi aussi j'ai été lansquenet et je vous supplie de me faire prisonnier... Je voudrais parler au commandant en chef... »

Ils lui demandent où en est la ville. Il dit que la détresse y règne et que beaucoup partiraient s'ils ne craignaient que le roi l'apprenne et les fasse exécuter. Il ajoute :

« J'ai risqué ma vie pour venir... »

Ils lui disent alors de sauter dans le fossé et lui tendent des piques pour l'aider à grimper le remblai garni d'aubépine. A ce moment, il est à nouveau certain qu'ils vont le tuer.

« Allez, ordonnent-ils, debout! »

Ils le fouillent, « lui prennent tout jusqu'à sa chemise » et le conduisent, en braies, au commandant du fortin.

« Remercie Dieu d'être en vie, dit le commandant. Tous

ceux qui sont sortis avant toi par ici, ils les ont tués. »

Il lui fait apporter un peu de nourriture et les hommes viennent le regarder avaler ce qu'on lui sert. Quand il a fini, il pense au compagnon resté derrière lui :

« Je vous en prie, mes chers lansquenets, je voulais vous demander... J'ai un ami derrière moi, il a servi dans ce fortin comme lansquenet avant d'être fait prisonnier... »

Une patrouille part à sa recherche, le trouve bientôt, le ramène, le dépouille et lui donne à manger. On en profite pour chercher Hans de la Rue-Longue, mais on ne le trouve pas, et pour cause.

Arrivent deux cavaliers du poste de commandement de von Dhaun. Ils interrogent Gresbeck, l'écoutent leur dire « la vérité vraie » sur la situation dans Münster et leur proposer son plan. Ils sont suffisamment intéressés pour demander aux lansquenets d'emmener Gresbeck et son compagnon au commandant en chef.

On selle un vieux cheval et on conduit les deux prisonniers au poste de commandement, où se trouvent von Dhaun et l'évêque.

Ce que propose Gresbeck, c'est simplement de faire entrer les troupes dans Münster.

On ne sait pas grand-chose du menuisier, et quand il raconte son évasion dans ses mémoires, il parle de lui à la troisième personne — « le citoyen est sorti, le citoyen avait peur, le citoyen a dit... » On l'a vu arriver à Münster, se faire engager à la défense de la ville, épouser la fille d'un patricien. Sans doute a-t-il un moment partagé sincèrement la vie et les espoirs des anabaptistes. Mais trop réaliste et critique pour être dupe longtemps, il établit ainsi le catalogue des péchés des rebaptisés :

1. Ils ne respectent pas les commandements.
2. Ils chassent les gens de leurs maisons et saisissent tout ce qu'ils possèdent.

3. Tous les biens doivent être communs dans la ville.
4. Ils veulent être libres
5. Et sans autorité.
6. Ils veulent chasser les seigneurs et les princes.
7. Ils désignent des prophètes et des prédicants et les déclarent envoyés par Dieu.
8. Ils détruisent les sacrements
9. Ainsi que les églises et les couvents.
10. Ils ne respectent pas les dimanches et fêtes
11. Ni les quatre saisons et ne font pas de différence entre les jours; ils mangent de la viande le vendredi.
12. Ils désirent la femme des autres.
13. Ils prennent autant de femmes qu'ils veulent.
14. Ils veulent tuer tout le monde.
15. Ils trahissent tout un chacun.
16. Ils ont fait décapiter une partie des premières épouses.
17. Ils ont forcé les gens à apporter leur argent et leurs métaux précieux.
18. Ils font une fausse présentation des Écritures et les interprètent à leur goût.
19. Ils ont institué un roi et prétendu que c'est Dieu qui l'a fait.
20. Ils disent que le Christ doit descendre du Ciel et rester sur terre avec eux pendant mille ans.
21. Ils ne veulent pas respecter le mariage et contestent ainsi mille cinq cents ans d'usage.
22. Ils disent que Marie a eu, après la naissance du Christ, plusieurs enfants, de sorte que le Christ aurait eu des frères et des sœurs.
23. Il n'y a pas d'équité dans la répartition des biens.

Sa conclusion : « Le Diable a été leur père. »

Alors que tous les autres prisonniers sont conduits à Wolbeck, on garde Gresbeck au cachot sur place. Il a en effet proposé de modeler une maquette de terre représentant les défenses de la ville, et surtout la partie de la porte de la Croix, où il était de garde avec Petit Hans, et dont il connaît chaque pierre *.

La porte de la Croix est une porte secondaire, mais indispensable à la défense étant donné la grande distance qui sépare la porte du Pont-Neuf sur l'Aa, au nord-est, de la porte du Champ-aux-Juifs à l'angle nord-ouest de la ville : plus de 800 mètres de remparts et deux infléchissements. Placée sur un « ventre » des défenses, l'artillerie de la porte de la Croix peut donc, en cas d'assaut, protéger par un tir de flanc les abords des deux portes voisines et prendre sous son feu le pied des remparts. Cependant, elle est elle-même assez mal défendue; son bastion avancé n'est guère qu'une importante masse de terre plongeant dans un fossé de 15 à 20 mètres de large, franchissable par un pont-levis; une tranchée rectiligne la traverse, menant au pont fixe sur le deuxième fossé et au passage en voûte sous la maison de la porte au niveau du rempart intérieur.

Qui s'empare de la redoute tient la porte. Mais pour éviter le feu meurtrier des bouches qui s'ouvrent sur ses flancs, il faut pouvoir y prendre pied par surprise. Gresbeck assure que c'est possible. A plusieurs reprises et devant tout l'état-major du siège, il explique les défauts de la surveillance et de la défense.

Le commandant hésite à tenter l'opération. Il s'attend chaque jour à apprendre que le roi se rend, ou que ses hommes l'ont capturé, ou qu'il est mort de faim — comment peuvent-ils résister encore ?

Dans le camp, les lansquenets deviennent difficiles à tenir. Le comte Dhaun n'a pu passer la revue mensuelle du 6 juin : il n'avait à sa disposition que 2 000 florins-or, alors qu'il lui en fallait 35 000 pour la solde de mai — en retard —

*. Voir restitution pp. 304-305.

et celle de juin. La revue a été repoussée au 14. Revue difficile. Dangereuse même. Les soldats le menacent « en paroles et en gestes », et son entourage craint pour sa vie.

Ce n'est qu'après la revue que le maître des finances de la guerre apporte près de 16 000 florins. En faisant florin de tout, on en trouve 26 522. Il en manque encore 10 530. Quant aux conseillers de guerre, ils sont en retard de la totalité de leur solde !

L'évêque, par message, promet aux lansquenets que les comptes seront à jour d'ici deux semaines, avant le paiement de la solde de juillet. Jugeant la situation particulièrement critique, il envoie le 16 juin, toutes affaires cessantes, les conseillers de guerre réclamer à Cologne, Clèves, Trèves, aux chefs de cercle et au landgrave de Hesse les sommes promises et jamais versées. S'il n'obtient pas de l'argent immédiatement, menace-t-il, « le siège s'écroulera ».

En vérité, si les mercenaires ne pensaient pas si proche la fin du siège, et l'heure du butin, ils se seraient sans doute déjà mutinés.

Or, cette fois, les assiégés, pour ce qu'on en sait, en sont vraiment à la dernière extrémité. Ils ont même commencé à abattre les vaches, que pourtant ils avaient juré d'épargner parce qu'elles pouvaient leur donner, moyennant un peu d'herbe, des veaux et du lait. Qu'espèrent-ils donc ? Entre le 22 avril et le 15 juin, au moins quinze cents hommes, femmes et enfants ont quitté la ville, dont environ six à sept cents ont été immédiatement exécutés, directement par les lansquenets ou, après jugement, par les bourreaux de l'évêque. Sous les murs, pourrissent les corps sans sépulture dans l'enfer des mouches d'été.

Il reste peut-être six mille personnes dans la ville en proie à la faim, surtout des femmes et des enfants. Ne comprennent-ils pas que tout est fini ? Qu'ils ont tort de croire que Dieu va venir les délivrer ou que les lansquenets vont se révolter contre l'évêque ? Ceux qui sortent disent que tout le monde a peur du roi. Mais ce n'est pas possible, il n'y a pas que la peur, six mille personnes ne peuvent avoir peur d'une seule, eût-il sur le crâne une couronne d'or!

Parfois, disent-ils encore, le peuple s'assemble et danse autour du roi! Qui peut comprendre cela? Que leur a-t-il promis?

Danser! Alors qu'on sait très bien qu'ils n'ont plus rien à manger, qu'ils ont abattu le dernier cheval — celui de la reine — et qu'ils en sont à manger des reliures de livres échappés à l'autodafé de Jan Matthys, de la sciure de bois, de la bouse de vache — ils ont même, le croirez-vous, fouillé les cabinets du bord de l'Aa pour en étaler les excréments au soleil — « L'intérieur, disent-ils, ressemble à du pain! ». N'empêche, ils l'ont recraché.

Ce qu'ils mangent, par contre, c'est de la chair humaine. Parfaitement! « Ils découpent, se confie-t-on avec horreur, les muscles et la chair des cadavres frais. » Un enfant vient-il à mourir, aussitôt les parents se le partagent. Et même, la femme du conseiller Hans Menken — on donne son nom, vous voyez bien que c'est vrai — eh bien! « elle a accouché de triplés, les a coupés en petits morceaux et conservés au saloir dans la saumure! »

La faim. Leur chair devient noire, décrit Kerssenbrock, qui n'est pas là, le nez pointu, le ventre flasque et ridé, le teint plombé, les yeux fiévreux au fond des orbites, les doigts se raidissent de maigreur — « Ils ressemblent plus à des fantômes et à des ombres qu'à des hommes ». Il ajoute encore : « Certains pourrissent et meurent en marchant. »

Qu'attendent-ils?

Le 2 juin, le jeune Christophe von Waldeck et sa femme Engele ont pu s'enfuir. « Il n'y a plus de pain depuis trois semaines dans la maison du roi, révèle l'ancien page. Seulement du vin et du sel. »

Le 8 juin, une délégation est allée remettre au roi, de la part du landgrave Philippe de Hesse, une brochure d'Urbanus Regius, *Réfutation des nouveaux valentiniens et donatistes* (Wittemberg 1535), réplique à leur *Confession de la foi*. Accompagné de Knipperdollinck, de Rothmann et d'une douzaine de personnes, le roi est venu lui-même à la porte du Champ-aux-Juifs et a pris le livre de la main de l'émissaire. Celui-ci a profité de l'occasion pour lui demander s'il n'envisageait pas de rendre la ville et de demander sa grâce.

« Posez-moi la question dans un an! » a répondu le roi en riant.

Finalement, von Dhaun et les conseillers de l'Empire demandent à voir : pour prouver que son idée est réalisable, Gresbeck doit aller de nuit jusqu'à la porte de la Croix, accompagné d'un conseiller de Trèves et de deux capitaines, Junker Wilken et Lenzen von der Horst.

Un soir, donc, ils passent tous quatre la ligne des fortins, arrivent en rampant jusqu'au bord du fossé, sous le bastion. Gresbeck se met à l'eau, traverse à la nage, remonte sur la rive opposée, franchit la palissade, escalade le remblai. Il ne distingue personne au poste de garde ni sur le rempart. Il redescend, traverse à nouveau le fossé et retrouve les autres :

« Si nous étions équipés, dit-il, si nous avions des lansquenets avec nous, nous aurions déjà pris la ville! »

Ils reviennent au fortin. Cette fois, il a convaincu les officiers que son plan est réalisable. On l'envoie chez l'évêque, qui se trouve alors à Bevergen, où il retrouve à sa grande surprise Petit Hans, le lansquenet qui était avec lui de garde à la porte de la Croix, et qu'il avait vu disparaître dans la nuit. Tandis que Gresbeck exposait son plan à von Dhaun. Petit Hans était allé proposer le même à l'évêque!

Tous deux maintenant préparent dans le plus grand secret l'attaque du bastion avancé qui leur ouvrira la ville. Sous le commandement de Wilken Steding, l'homme de confiance de l'évêque, commandant des troupes à pied et premier engagé du siège, sont mis au point tous les détails de l'opération et rassemblés les divers équipements et matériels nécessaires — pont mobile, échelles, grapins, cordes...

« *Rapport du conseiller Justinian von Holtzhausen au Conseil de Francfort, le 1er juillet 1535* (extraits) :

« Nous avons eu à notre disposition pendant quatre à cinq semaines un menuisier sorti de la ville. Il nous a rapporté, dépeint et formé dans la terre comment la ville est fortifiée à l'extérieur et surtout à l'endroit où il a lui-même monté la garde.

« Nous avons fait confiance à ses indications, à son récit et à lui-même, et nous avons décidé d'escalader les remparts à l'endroit indiqué par lui.

« L'évêque a eu connaissance des lieux par un autre prisonnier et a établi les plans, commandé les ponts et résolu, *en notre absence,* d'attaquer. »

Cela se passe le soir de la Saint-Jean. Il a plu toute la journée, et c'est peut-être même ce qui a décidé l'évêque. Pluie en tempête, coups de vent à tordre les canons, éclairs, nuages terribles, trombes.

Gresbeck, Petit Hans et le commandant Steding mènent dans la tornade une troupe de cinq cents hommes choisis. Des paysans requis portent les échelles et le pont mobile. Le champ, devant le bastion, n'est plus qu'un marécage.

RESTITUTION DE LA PORTE DE LA CROIX

et trajet probable suivi par le menuisier Gresbeck et les lansquenets du capitaine Steding dans la nuit du 24 au 25 juin 1535.
1. — Gresbeck se met à l'eau et traverse le premier fossé à la nage. 2. — Il tire le pont et l'amarre au pied de la palissade. 3. — Les lansquenets égorgent les sentinelles de garde sur le bastion. 4. — Ils traversent le deuxième fossé sur le pont de pierre et surprennent l'homme de garde au portillon, le pelletier Berndt Schulte qui leur livre le mot de passe. 5. — La porte franchie, ils se répandent dans les ruelles en direction d'Uberwasser.

6. — Les deux fossés de Münster comportaient de nombreux barrages comme celui-ci, indispensables pour retenir l'eau malgré les différences de niveau — 8 mètres entre les points les plus hauts et le cours de l'Aa à la sortie de la ville. La petite tour a pour objet d'empêcher un homme de traverser sur le muret aigu.

Cette restitution est établie à partir de celle de Max Geisberg, qui figurait la même porte en 1570. Le bastion et la face extérieure du remblai sont alors consolidés par un appareil de pierre entièrement maçonné. Il est possible qu'en 1535 le chemin n'ait pas franchi le bastion par un tunnel mais par une simple tranchée.

Gresbeck, à l'endroit exact où il a passé l'autre soir, se noue à la taille la corde qui lui permettra de tirer le pont. Il s'engage dans l'eau du fossé, traverse, amène le pont à lui, le fixe à la palissade par des crochets de fer. Petit Hans traverse et place les échelles d'assaut contre le remblai.

A la suite de Gresbeck et de Petit Hans, seize hommes désignés d'avance, des doubles soldes, montent aux échelles et pénètrent en pleine tempête dans la cour supérieure de la redoute, là où se tiennent les sentinelles, égorgées avant d'avoir compris ce qui se passe.

Les assaillants traversent alors le deuxième fossé sur le pont de pierre et se dirigent vers la porte, où ils trouvent un autre garde. C'est un pelletier, Berndt Schulte. Peut-être le menace-t-on. Peut-être simplement reconnaît-il, dans cette nuit d'éclairs, Gresbeck et Petit Hans. En tout cas, on n'a pas besoin de lui demander deux fois le mot de passe. « Terre! » dit-il.

XIII

ALLELUIA! ALLELUIA!

Harmaguedon — Comme des Scythes — La mission de Johann von Twickel — Waldeck! Waldeck! — Cessez-le-feu — Massacre — Katharina et son mari — En petits morceaux — Tu es roi? — Les maîtres du butin — Dix-huit florins

Le portillon que gardait le fourreur Schulte commande le tunnel pratiqué dans l'épaisseur de la maçonnerie qui permet de passer du bastion à la ville. Ils s'y engouffrent. Quelques marches à descendre et ils débouchent dans Münster sous les rafales de pluie.

En bas, derrière eux, le pont mis en place par Gresbeck s'effondre dans l'eau noire. Il faut abouter des échelles et les jeter en travers du fossé. Un moment interrompue, la progression des lansquenets peut reprendre — hommes de nuit aux cuirasses trempées. Ils se séparent en trois colonnes et progressent vers la cathédrale. Les sentinelles engourdies voient s'approcher des silhouettes indistinctes, entendent le mot de passe — « Terre ! » — et meurent égorgées avant d'avoir pu comprendre que l'ennemi est dans la ville.

L'alerte pourtant est donnée. Des gardes surgissent, se battent comme des fous sous les trombes d'eau, attendant que s'arment ceux qui dormaient. L'Écriture annonçait bien « des éclairs, des voix, des tonnerres » pour la lutte finale, le grand combat d'Harmaguedon entre les forces du Bien et celles du Mal. Tout est dans l'ordre, et Dieu tient parole.

Le flot des soldats de Steding est à nouveau coupé : le portillon de la poterne, là-haut, a été refermé, on ne saura jamais par qui. Par les défenseurs, diront ceux qui sont déjà dans la ville ; mais peut-être aussi par les mercenaires eux-mêmes, avec ou sans l'ordre de l'évêque, persuadés que quatre sections de lansquenets ne feraient qu'une bouchée de la défense épuisée; la ville serait à eux, à eux seuls, avec la gloire et le trésor, avant même que l'aide de camp du comte van Dhaun ait eu le temps de passer sa cuirasse au commandant en chef.

Mais les lansquenets, qui croyaient submerger deux cents moribonds, se trouvent agressés par des grappes de soldats fanatisés qui se battent comme des bêtes féroces et que servent encore l'obscurité et la tempête. Il y a quinze mois qu'ils se préparent à ce combat des derniers jours. Ils sont maintenant tous à leurs postes, on se bat partout. Corps-à-corps sauvages, détonations des mousquetades à bout portant, grands coups d'épée à fendre son homme, carnage effroyable à la lueur des éclairs ou à la seule clarté du ciel quand la bourrasque écarte les nuages.

Les femmes ont pris position aux remparts tandis que les hommes se défendent pied à pied en se rapprochant de la place de la Cathédrale et du Grand-Marché. Le roi a mis ses hommes sous les ordres de Heinrich Krechting, le frère du grand chancelier.

Depuis le temps que ces soldats n'ont pas mangé à leur faim, ils ne pourront tenir longtemps. Ils n'économisent pourtant pas leurs dernières forces. Au contraire. Tant dépend de leur victoire : leur sort personnel, bien sûr, mais aussi le sens de leur combat, leur place au royaume de mille ans aux côtés du Christ. Les lansquenets, eux, se battent parce que c'est leur métier, parce qu'ils ont à venger les trois mille morts du 31 août et parce que ce butin, il y a trop longtemps qu'ils le convoitent. La détermination de ceux-ci vaut la sainte furie de ceux-là. « Leurs armes dégoulinantes de sang, raconte Kerssenbrock, ils se jettent les uns contre les autres comme les loups à la gorge des agneaux, comme des païens, comme des Turcs, comme des Scythes, comme des Gètes, comme des barbares sans religion ni pitié. » Les pertes sont lourdes des deux côtés, les corps s'amoncellent aux carrefours.

Les lansquenets tentent de gagner le Grand-Marché, sont pris sous une avalanche d'objets divers, pierres, poutres, meubles, se replient en ordre dans une ruelle qui se termine en cul-de-sac. Mais Steding est un bon soldat, qui a connu d'autres situations dangereuses. Alors que les assiégés pensent avoir déjà gagné, il sort du piège en faisant défoncer le mur d'une maison. Le combat reprend, tout est à refaire.

Au premier point du jour, Steding comprend qu'il ne sera pas aussi facile qu'il le croyait de réduire la ville. Ce n'est pas deux cents hommes qu'il a en face de lui, mais au moins huit cents, sans compter des centaines de femmes qui les valent bien. Il a peut-être quatre cents hommes avec lui, une centaine étant restée derrière le portillon barricadé. Il envoie un homme de confiance, son porte-drapeau Johann von Twickel, avec mission d'essayer de sortir de la ville et d'amener des renforts. Les trois mille lansquenets de Wirich von Dhaun sont maintenant sur le pied de guerre et attendent sous les remparts qu'on leur ouvre les portes. Von Twickel s'éloigne dans le faux jour.

Le roi Jan, qui pense avoir la victoire en main et veut ménager ses troupes, fait demander à Steding s'il accepte un cessez-le-feu. Le capitaine y consent d'autant plus volontiers qu'il est en mauvaise posture et qu'il veut donner le temps à Johann von Twickel d'alerter les renforts et de leur ouvrir un passage.

Tandis que les discussions s'engagent par intermédiaires interposés, on cherche les morts, on les identifie, on soigne les blessés. Beaucoup de victimes des deux côtés, dont une centaine de mercenaires, l'affrontement a été meurtrier. Le roi estime détenir en son pouvoir, avec les trois cents lansquenets qui restent, trois cents otages; s'ils veulent avoir la vie sauve, propose-t-il, qu'ils déposent leurs armes. Steding a beau jeu de répondre que les lansquenets ne peuvent rien décider sans l'avis de qui les paie, que leur serment les engage, ainsi que leur tradition...

Pendant ce temps, du haut des remparts, les femmes narguent les mercenaires qui, la tête en l'air, de la boue jusqu'aux chevilles, s'impatientent en se demandant ce qui peut bien se passer dans la ville :

« Vous voulez savoir où est votre grand homme, crient-elles, votre Petit Hans ? »

Elles leur font croire qu'il a trahi une troisième fois et que toute l'opération n'avait pour but que d'entraîner une partie de l'armée dans un piège.

Il ne fait pas encore bien jour quand les compagnons du porte-drapeau de Steding, armés du seul mot de passe des assiégés, trouvent le moyen de sortir par la porte du Champ-aux-Juifs, manquent se faire tuer par les lansquenets qui les prennent pour des rebaptisés. Sur le rempart, von Twickel hurle :

« Waldeck! Waldeck! La ville est à nous! »

Les troupes de Wirich von Dhaun s'engouffrent dans Münster. Les rebaptisés se regroupent place de la Cathédrale. Ils sont trois cents peut-être, à l'abri de ce qui reste des forteresses roulantes, et prêts à faire donner l'artillerie. On recommence bientôt à parlementer. Cette fois, c'est un conseiller de l'évêque qui propose la vie sauve aux assiégés à condition qu'ils déposent les armes. Cessez-le-feu, discussions, palabres.

Le roi a disparu. Avec quelques proches, dont Christian Kerckerinck, il se dirige vers la porte Saint-Gilles. Mais ce sont les troupes de l'évêque qui tiennent les issues. Il disparaît dans une maison. Kerckerinck revient vers le centre de la ville.

Sans ordres désormais, désemparés, harassés, la plupart des rebaptisés abandonnent leurs armes. Chacun s'en retourne chez soi. Un capitaine des troupes de l'évêque, Johann von Raesfeld, reconnaît « cette vieille connaissance de

Heinrich Kerckerinck ». Il le fait sortir, avec vingt-quatre autres, de la forteresse de chariots, lui donne 10 florins pour la route et le fait conduire à une porte... Ceux qui partent, de ce groupe-là, sont les derniers à pouvoir le faire [48]. Car la parole de laisser la vie sauve à qui se rendrait n'est pas tenue.

Dans le serment des lansquenets, aucun article ne prévoit la grâce pour les vaincus. Ils s'engagent seulement à épargner les femmes enceintes, celles qui viennent d'accoucher et les prêtres. Pour le reste ils sont libres. « La journée durant, écrit un chroniqueur d'Osnabrück, Dietrich Lillie, ils ont égorgé tout ce qui leur tombait sous la main... On ne saurait décrire le massacre qu'ils ont fait... » Le comte Wirich von Dhaun racontera que le massacre a duré jusqu'au soir du 26, soit un jour, une nuit, un jour.

Acharnés à la mort et au butin, les lansquenets fouillent toutes les maisons, sortent les anabaptistes qu'ils y trouvent et les tuent dans la rue. Ainsi Bernhard Swerthen, Magnus Rohus, abattus à coups d'épée devant chez eux. Ceux qui cherchent leur salut dans la fuite sont vite rattrapés. Tel le chaudronnier Xantus, l'un des douze Anciens fait par Jan de Leyde duc de Mayence; il tombe près de l'Hôtel de Ville, d'un grand coup d'épée dans les côtes. Tel le petit Kibbenbrock, l'ancien bourgmestre, transpercé sur son seuil, au 29 place du Grand-Marché [49]. Un autre ancien bourgmestre, Hermann Tilbeck, est tué près de la porte Saint-Gilles; son corps est tiré dans un fossé boueux et recouvert de sable, « de sorte, dit Kerssenbrock, qu'il a un enterrement à peine digne d'un âne ». Près du pilori, le boucher Johann Boentrup tend en vain les mains pour implorer sa grâce; il est abattu. Dietrich Schloschen se déguise en paysan, mais un lansquenet du nom de Kortemolle le reconnaît, le dénonce; il est mis en pièces à coups de hallebarde. Johann Eschemann, un homme de belle prestance aux tempes grises, un des douze Anciens d'Israël, est pris dans la curie des chanoines. Comme on va le tuer, il s'indigne, dit qu'il est chanoine, qu'il était malade lors du grand chassement et qu'il n'a pu quitter la ville. Son assurance est telle qu'il paraît réussir, mais des transfuges le dénoncent; il est aussitôt mis à mort.

Nilan, le géant borgne, le champion de tir, se bat comme un enragé. Coiffé d'un casque, protégé par d'épaisses peaux de renne, il est assailli par plusieurs lansquenets armés de piques, d'épées et de hallebardes. Transpercé, tailladé, il rend coup pour coup, tombe à genoux, se relève, tombe encore, se relève à nouveau en s'adossant au mur. Quand il s'effondre finalement, près du Petit-Pont, on le jette dans l'Aa; « il meurt dans l'eau, toute rougie de son sang ». Les quatre anabaptistes de garde sur la tour Saint-Lambert, la seule qui n'ait pas été arasée, se battent longtemps pour empêcher les lansquenets de monter. Trois d'entre eux sont finalement transpercés et le quatrième, jeté du haut du clocher, s'écrase au sol si violemment « que tous ses membres sont déchirés et que les intestins et le sang giclent ». D'autres encore sont jetés depuis les fenêtres de l'Hôtel de Ville sur la place du Grand-Marché, où ils s'embrochent sur les piques des lansquenets qui les attendent...

Comme tous les assiégés sont blêmes de faim, il ne fait pas bon avoir le teint clair : d'être seulement un peu pâle « est fatal à nombre d'étrangers ou d'inconnus ». A la rage proprement religieuse de détruire l'ennemi s'ajoute la fureur de ne trouver que maigre butin.

Les hommes du roi sont pris un à un et exécutés. Kerckerinck, blessé, est fait prisonnier. Le roi lui-même, toujours caché dans la maison de la porte Saint-Gilles, est dénoncé par un enfant. On fouille la maison, on trouve Jan de Leyde, on le livre à Wirich von Dhaun, puis Wilken Steding et ses lansquenets le récupèrent avant de le confier aux conseillers militaires de Münster en attendant l'arrivée de l'évêque. Le roi ne se défend pas, ne dit rien.

Bernhard Krechting, le grand chancelier du royaume,

s'était caché au couvent Saint-Gilles. Il est capturé et mis au cachot « bien qu'il eût préféré mourir tout de suite »; il comprend qu'on ne le garde que « pour un châtiment plus dur ». On cherche partout Rothmann et Knipperdollinck, ceux que l'évêque considère comme les véritables responsables de toute cette affaire. On identifie un à un les centaines de cadavres d'hommes, mais beaucoup sont défigurés ou décapités.

Le 27 juin, deux jours après la bataille, les femmes sont rassemblées place de la Cathédrale. En attendant que le cas de chacune soit examiné, Wirich von Dhaun fait annoncer qu'il laissera sa vie, ses biens et ses droits à celle qui pourra lui dire où se cache Knipperdollinck.

Alors s'avance Katharina Hobbel. Elle se fait confirmer la promesse du commandant en chef, puis révèle que Knipperdollinck est venu se cacher chez elle le vendredi 25, qu'il a passé dans le grenier toute la nuit puis la journée du lendemain; qu'elle lui a porté de l'eau parce qu'il se plaignait de la soif; puis, craignant qu'il ne fût découvert, l'a envoyé dans une maison voisine qu'elle savait vide.

Les lansquenets se précipitent à l'adresse de Katharina, rue du Pont-Neuf, et trouvent effectivement l'ancien lieutenant du royaume, le ligotent aussitôt. La femme Hobbel, qui est enceinte, aura bien la vie sauve, conservera sa maison et ses biens — sans doute y tenait-elle plus qu'à son mari qui, découvert le même jour, est décapité au cimetière Saint-Lambert sans qu'elle dise un mot pour le sauver.

La chasse aux rebaptisés continuera plusieurs jours encore. « Tous ceux qui étaient cachés furent recherchés, tirés de leurs caches, transpercés sans être écoutés, hachés en petits morceaux... » Le dernier à échapper aux fouilles est Everdt Remmensnyder, l'aubergiste qui avait fait décapiter le capitaine de lansquenets Smöker pour une histoire de bière et qui avait joué le rôle du prêtre dans la parodie de messe du roi Jan. Caché dans le grenier d'une maison occupée par les lansquenets, il descend la nuit boire et manger leurs provisions avec si peu de mesure que les soldats finissent par se demander où passe leur nourriture, fouillent la maison et le découvrent dans les combles. Il sera exécuté en compagnie de Katharina Bochardi et de son fils Caspar.

On cherche en vain Pain-Blanc Rothmann. Pour certains, ne l'imaginant pas fuyant le combat — à chacun des assauts précédents on le voyait aux avant-postes, et il avait même reçu une balle dans la cuisse —, il a été tué et enterré avant de pouvoir être identifié; pour d'autres, il est parti répandre ailleurs la fureur anabaptiste. Mais Gresbeck ne pense pas que plus de sept ou huit hommes aient pu s'enfuir.

Les lansquenets sont fous de frustration. Tant d'attente pour si peu de butin! On fouille partout, on sonde les sols et les murs, on défonce les âtres, on pioche les jardins. En vain. On n'y trouve que les misères qui avaient échappé aux contrôles des diacres. Le trésor de guerre est tout aussi introuvable. Il y a bien à l'Hôtel de Ville, au bureau du secrétariat, un coffre de pièces d'or et d'argent, mais on ne peut croire que c'est là toute la richesse de la « perle de Westphalie ». Le 27, une cinquantaine de mercenaires décident de se servir, entrent en force à l'Hôtel de Ville, se remplissent les poches. Pris sur le fait, traînés place de la Cathédrale, sept d'entre eux sont immédiatement exécutés. Les autres, dévêtus jusqu'à la ceinture, encordés les uns aux autres, sont conduits en long convoi jusqu'à la porte de la Croix, où on leur jette leurs vêtements, puis ils sont bannis de la ville.

On dit que si l'évêque tarde à se montrer, c'est qu'il n'ose pas affronter la colère des lansquenets, avec qui il doit partager, moitié moitié, ce butin fantôme.

Pourtant, il fait le mardi 29 son entrée dans Münster, à tout hasard escorté de trois sections de mercenaires qu'il sait fidèles. Les paysans, ces bons à tout, n'ont pas encore fini d'enterrer les cadavres qui jonchent les rues. Mais cela n'empêche pas les fanfares, les vivats, les alléluias triomphants de la procession des chanoines. Les vainqueurs ne craignent pas l'odeur de la mort.

Place de la Cathédrale, on lui amène, enchaîné, Jan de Leyde, premier roi de Münster. Sa couronne, son épée, ses éperons d'or, son sceau [50] sont remis au prince-évêque. Le menuisier Gresbeck est là. Il voit l'évêque, lourd, plein de mépris, toiser du haut de son cheval ce minable qui lui a tenu tête quinze mois et l'a ruiné, puis lui jeter :

« Toi, tu es roi ? »

Jan de Leyde sait tous les rôles :

« Tu es bien évêque ! » renvoie-t-il comme une gifle.

(« Je n'en sais pas plus, regrette Gresbeck, j'ignore ce qui s'est passé après. »)

Jan de Leyde, Knipperdollinck, Bernhard Krechting et Christian Kerckerinck, les mains liées, les jambes entravées et les pieds nus pour plus d'humiliation, séparés les uns des autres afin de ne pouvoir communiquer, sont conduits au château de Dulmen.

Le sort des femmes est réglé dans les jours qui suivent. Elles ont en principe été épargnées durant la prise de la ville, à l'exception de celles qu'on soupçonne d'avoir participé à la défense et qui ont été traitées comme les hommes. Réunies à nouveau place de la Cathédrale, elles sont invitées une par une à renier l'anabaptisme. Parmi celles qui ont la vie sauve, Gese Overcamp, qui habite avec son mari Hermann au 33 de la rue Saint-Maurice — il a quatre-vingt-dix ans, et elle plus de cent... Les immigrées de Hollande, de Groningue et de Frise ont trois jours pour quitter Münster [51]. Le 7 juillet, c'est au tour de la reine Divara, de la femme et de la belle-mère de Knipperdollinck de comparaître devant le tribunal public. Mises en demeure de renoncer à leur foi, elles refusent tranquillement et sont aussitôt décapitées.

Toutes ces exécutions n'apaisent pas les lansquenets, qui

attendent leur solde de juin et le partage du butin. Trois maîtres du butin ont été nommés pour établir un inventaire de tout ce qui est ramassé et à vendre. Les chanoines et les expulsés du grand chassement ont un droit de priorité sur leurs propres biens. Le produit de toutes les ventes de meubles et d'objets divers est versé à la caisse commune du butin, mais il apparaît vite que les sommes produites sont très inférieures à ce qui s'était dit, à ce qu'on avait promis.

Le prince-évêque reçoit comme convenu les pièces d'artillerie saisies, mais le commandant en chef et les conseillers de guerre se voient contester toute part au butin sous prétexte que la ville a été prise « par ruse secrète » et non d'assaut.

Le 2 juillet prend officiellement fin l'aide décidée par la diète de Worms, alors qu'une bonne partie des sommes promises n'a toujours pas été versée. La mutinerie couve chez les lansquenets, au point que Franz von Waldeck renonce à participer, le 9 juillet, à la réunion des princes qui se tient à Essen, et que le 12, il engage pour trois mois à son service personnel le capitaine Wilken Steding avec deux sections de lansquenets. Mais il n'a pas les moyens de libérer les autres, qui déclenchent en ville de graves troubles, saisissent et jettent aux fers les trois maîtres du butin soupçonnés de dissimulation, les torturent en vain, menacent de prendre à nouveau la ville, cette fois pour leur propre compte. Les conseillers de l'évêque et même Wilken Steding s'estiment en danger de mort et quittent discrètement Münster.

L'évêque, dès son retour de Neuss, donne 26 000 florins-or sur sa part de butin en gage d'apaisement. Le 25, la diète de Dulmen exige qu'il paie ses dettes.

Le comte Wirich von Dhaun, commandant en chef, réclame la part du dixième qui lui était promise. En vain. Non seulement il n'aura rien, mais Franz von Waldeck ne le tient même plus au courant de ce qu'il fait. Le comte part en signe de protestation. Fin juillet, les mercenaires, sur la base de ce qui a été trouvé et vendu, reçoivent chacun 18 florins-or, une misère de butin, pour solde de tout compte. Ils quittent Münster, ville dévastée, à demi déserte, où règnent à nouveau les chanoines.

XIV

LE ROI NU

Cher Jan— Paraboles — Une cage de fer — Crime de lèse-majesté — Comme l'agneau qu'on immole — A la cheville du roi — Res politica — Un repentir extraordinaire — Le samedi 22 janvier — Impossible à nier — Une heure — Pour servir d'avertissement

Cachots, tortures, questions. Kerckerinck, condamné à mort par un tribunal réuni à Horstmar, a été exécuté sans témoin le 27 juillet, au hasard d'une halte, sur la route de Horstmar à Dulmen. Jan de Leyde, Knipperdollinck et Krechting sont inlassablement interrogés.

Rapport des prédicants hessois Corvinus et Kymens (extraits).

« Nous avons représenté notre entretien avec le roi à peu près mot pour mot, sans passer un seul de ses arguments; nous les avions seulement mis en notre langage et posés plus convenablement qu'il ne faisait.

« Quand le roi entra dans notre chambre avec l'escorte qui l'avait tiré de sa prison, nous le saluâmes d'une manière amicale et l'invitâmes à s'asseoir près du feu. Nous lui demandâmes comment il se portait et s'il souffrait dans sa prison. Il répondit qu'il souffrait du froid et se sentait mal au cœur, mais qu'il devait tout endurer avec patience, puisque Dieu avait disposé de lui. Peu à peu, toujours en lui parlant amicalement, car on ne pouvait rien obtenir de lui d'une autre manière, nous arrivâmes à nous entretenir de son royaume et de sa doctrine de la manière qui suit :

« *Premier point de l'interrogatoire :*

« LES MINISTRES. — Cher Jan, nous entendons dire de

votre gouvernement des choses extraordinaires et horribles. Si elles sont telles qu'on le dit, et malheureusement cela n'est que trop vrai, nous ne pouvons concevoir comment il vous est possible de justifier une semblable entreprise par la Sainte Écriture.

« LE ROI. — Ce que nous avons fait et enseigné, nous l'avons fait et enseigné à bon droit, et nous pouvons justifier toute notre entreprise, nos actions et notre doctrine devant Dieu et à qui il appartient.

« LES MINISTRES lui objectent que dans l'Écriture il n'était question que d'un règne spirituel de Jésus-Christ : " Mon royaume n'est pas de ce monde ", a-t-il dit lui-même.

« LE ROI. — J'entends très bien ce que vous dites du royaume spirituel de Jésus-Christ et je n'attaque nullement les passages que vous citez. Mais vous devez savoir distinguer le royaume spirituel de Jésus-Christ, lequel se rapporte au temps de la souffrance et duquel après tout ni vous ni Luther vous n'avez une juste idée, et l'autre royaume, celui qui, après la résurrection, sera établi dans le monde pendant mille ans. Tous les versets qui traitent du royaume spirituel de Jésus-Christ ont rapport au temps de la souffrance, mais ceux qui se trouvent dans les prophètes et dans l'Apocalypse et qui traitent du royaume temporel doivent être rapportés au temps de la gloire et de la puissance que Jésus-Christ aura dans le monde avec les siens.

« Notre royaume de Münster a été une image de ce royaume temporel du Christ ; vous savez que Dieu annonce et désigne beaucoup de choses par des paraboles. Nous avions cru que notre royaume durerait jusqu'à la venue du Seigneur, mais je vois à présent qu'en ce point mon entendement a failli et que nos prophètes ne l'ont pas bien compris eux-mêmes. Dieu m'en a, en prison, ouvert et révélé la véritable intelligence...

« Je n'ignore pas que vous rapportez communément au

royaume spirituel du Christ ces passages et d'autres semblables, qui pourtant doivent, sans aucun doute, être entendus du royaume temporel. Mais qu'est-ce que ces interprétations spirituelles, et à quoi servent-elles, si rien ne doit se réaliser un jour ?... Dieu a créé le monde pour principalement se complaire dans les hommes, auxquels il a donné un reflet de sa force et de sa puissance. »

Cet interrogatoire a lieu en janvier 1536. Pendant six mois, Jan de Leyde a dû répondre, sous la torture ou non, à des questions sur sa vie, raconter son enfance, ses voyages, son mariage à Leyde, son arrivée à Münster, la mort de Matthys, la communauté des biens... Non, il n'a pas décapité de sa main plus de sept ou huit personnes... Il ignore tout du fait qu'on ait pu dans la ville affamée tuer et manger des enfants... Pour rien au monde il n'aurait livré Münster avant que le dernier homme fût mort de faim... Pourquoi cette aventure ? Parce que Dieu voulait punir le monde et qu'ils étaient, eux, les anabaptistes, l'instrument de Dieu...

Ces appareils à broyer les corps, à écraser les doigts, à arracher les ongles et les aveux... Effroyable rituel de l'hérésie et de la sédition... Jan de Leyde, de souffrance en mépris, accepte son sort sans révolte apparente, tient son rôle avec la belle fermeté d'âme d'un martyr, s'amusant même parfois d'une réplique de parade foraine, quand le bonimenteur cloue le bec aux bonnes gens avant de passer le chapeau pour la quête.

« Eh bien! malfaisant, lui a un jour demandé le prince-évêque, comment as-tu pu nous faire tant de tort, à moi et aux miens ?

— Tu vois bien que je ne t'ai pas fait tort, curé, puisque je t'ai livré une ville fortifiée!... Mais si je t'ai fait tort, je peux te faire riche... Tu n'as qu'à commander une cage de fer pour

Knipperdollinck et moi et nous promener dans le pays... Ceux qui voudront me voir devront payer un pfennig blanc... Tu gagneras plus d'argent que tu n'en as perdu, et même que vaut tout le diocèse... »

L'évêque lui a encore demandé :

« De quel droit t'es-tu octroyé un tel pouvoir sur la ville ?

— Et toi ?

— Une élection libre des chanoines du chapitre confirmée par le pape et l'empereur !

— Moi, c'est le Père et les prophètes qui m'ont choisi ! »

Fatigué, l'évêque a envoyé le roi déchu à ses amis ou à ceux qui l'ont soutenu pendant le siège, à la fois pour qu'ils s'en amusent un peu et pour étaler sa propre victoire. La corde au cou, Jan de Leyde est tiré par un cavalier et montré comme un ours sur les places entre deux rangées de soldats — « il lui faut entendre des paroles amères et insolentes », note le chroniqueur d'Osnabrück Lillie.

Il subissait l'épreuve avec une singulière bonne humeur, comme s'il était dans le plan de Dieu qu'il en fût ainsi.

« Ce n'est pas bien convenable, dit-il un jour au cavalier qui l'encordait, de traiter un roi de cette façon ! »

A Dulmen, où il était exposé aux moqueries et aux insultes de la foule, un curieux l'interpella :

« C'est toi le roi qui a pris toutes ces femmes ?

— Je n'ai pas pris de femmes, répondit-il gaiement au bonhomme. J'ai pris des vierges et j'en ai fait des femmes ! »

A-t-il fini, Jan de Leyde, par faire coïncider la vie et le théâtre ? Au mois d'août, il a reçu la visite de Schenck von Tautenberg, ce gouverneur de Frise qui, à deux reprises au moins, a interdit aux renforts anabaptistes d'aller délivrer Münster. Le voyant pieds nus dans son cachot de Bevergen, il lui a fait donner des souliers. A peine le comte avait-il tourné le dos que les soldats ont repris les souliers. Un roi nu est un roi nu.

« LES MINISTRES. — Comment vous justifierez-vous quand Dieu vous dira, au Jugement dernier : Qui t'a fait roi ? Qui t'a ordonné de répandre dans le monde de si effroyables erreurs au détriment de ma parole ?

« LE ROI. — Je répondrai : Les prophètes de Münster me l'ont ordonné comme étant la volonté divine, en preuve de quoi ils m'ont donné en gage leur corps et leur âme.

« LES MINISTRES lui demandent ce qu'il en est des révélations divines qu'il aurait eues, dit-on, au sujet de son élévation à la royauté.

« LE ROI. — Je n'ai pas eu de révélation à ce sujet. Seulement il m'est venu des pensées, comme s'il devait y avoir un roi à Münster, et que moi je dusse être ce roi. Ces pensées m'ébranlèrent et m'affligèrent profondément. Je priais Dieu de vouloir bien prendre en considération mon inhabileté et de ne point me charger d'un tel fardeau. Au cas où il ne voudrait pas m'épargner cette peine, je le priais de me faire désigner par des prophètes dignes de foi et en possession de sa parole. Je m'en tins là et n'en dis rien à personne. Mais quinze jours après, un prophète se leva au milieu de la commune et s'écria que Dieu lui avait signifié que Jan de Leyde devait être roi. Il annonça la même chose au Conseil, qui aussitôt se conforma à ce qu'il disait, se démit de son pouvoir et me proclama roi avec toute la commune. Il me remit aussi le glaive de la justice. C'est ainsi que je suis devenu roi.

« Deuxième article :

« LE ROI. — Nous ne nous sommes opposés à l'autorité que parce qu'elle voulait nous interdire notre baptême et la parole de Dieu. Nous avons résisté à la violence. Vous prétendez que nous avons agi injustement en cela, mais saint Pierre ne dit-il pas qu'on doit obéir à Dieu plutôt qu'aux hommes ?... Vous ne réprouveriez pas tout ce que nous avons fait si vous saviez comment les choses se sont passées...

« LES MINISTRES. — Parlez et justifiez vos actes comme vous voudrez, vous n'en serez pas moins éternellement des rebelles, coupables du crime de lèse-majesté. Le chrétien doit souffrir et ne point résister au méchant. Quand même tout le Conseil se fût rangé de votre parti, vous auriez dû supporter la violence plutôt que de commencer un schisme, une sédition, une tyrannie de cette sorte, contrairement à la parole de Dieu, à la majesté de l'empereur, à la dignité royale, à celle de l'Electorat et des princes et des États de l'Empire.

« LE ROI. — Nous savons ce que nous avons fait. Que Dieu soit notre juge.

« LES MINISTRES. — Nous aussi, nous savons sur quoi est fondé ce que nous disons. Que Dieu soit notre juge aussi.

« Troisième article :

« LE ROI. — Nous avons été assiégés et détruits à cause de la parole divine! c'est pour elle que nous avons souffert la faim et tous les maux, que nous avons perdu les nôtres et que nous sommes tombés dans une si lamentable calamité. Ceux d'entre nous qui sont encore en vie mourront sans résistance et sans plainte, comme l'agneau qu'on immole... »

Knipperdollinck, à la demande des princes, a été interrogé « sévèrement ». Mais il ne fait que répéter ce qu'il a dit depuis le début : il n'a jamais recherché autre chose « que l'honneur et la gloire de Dieu ». En ce qui concerne son rôle, il se bornait au commencement à plaider au Conseil des papiers que lui remettait Rothmann... L'obéissance des anabaptistes à Jan Matthys puis à Jan de Leyde ne devait rien à la crainte, mais venait de ce qu'ils entendaient la parole de Dieu dans les prêches... Ils voulaient rester ensemble, vivre et mourir s'il le fallait jusqu'au dernier...

Krechting dit la même chose. Corvinus et Kymens, qui les ont aussi interrogés, trouvent que ces deux-là, pour ce qui concerne l'astuce à discuter, « n'arrivent pas à la cheville du roi ». Knipperdollinck, disent-ils, leur rappelle trait pour trait le Catilina de Salluste et est sans doute plus doué pour l'escrime que pour le discours. Quant à Krechting, qui nie obstinément « la force du péché originel », il ne vaut guère mieux à leurs yeux de spécialistes en disputation religieuse.

« *Sixième article :*

« LES MINISTRES. — Que voulez-vous donc faire de Jésus-Christ, s'il n'a pas reçu chair et sang de sa mère Marie ? Voulez-vous qu'il soit un fantôme, un spectre ?

« LE ROI. — Le Christ est conçu du Saint-Esprit et né de la Vierge Marie comme le soleil traverse le verre... Si vous saviez quelle consolation infinie est renfermée dans cette connaissance que Jésus-Christ, Dieu et fils du Dieu vivant, s'est fait homme et a versé son sang, et non pas celui de Marie, pour racheter nos péchés (lui qui est pur de toute faute), vous ne parleriez pas comme vous faites et vous ne trouveriez pas notre opinion si mauvaise.

« *Septième article, sur la polygamie.* Le roi oppose aux ministres l'exemple des patriarches. Les ministres se retranchent derrière l'usage généralement établi dans les temps modernes, et déclarent que le mariage est *res politica.* Le roi dit qu'il vaut mieux avoir beaucoup d'épouses que beaucoup de prostituées. »

Il se bat ainsi, mot à mot, pour justifier la doctrine des

anabaptistes de Münster, avec la patience têtue de ceux qui savent avoir raison.

C'est lui qui, quelques jours après cet entretien, en sollicite un autre à Horstmar, avec les deux ministres du culte.

« Nous discutâmes de nouveau pendant deux jours, écrit Corvinus. Il se trouva plus docile que la première fois, mais nous n'avons vu en cela que le désir de sauver sa vie. Il déclara de son propre mouvement que si on le prenait en grâce, il voulait, avec le secours de Melchior Hoffmann et de ses reines, exhorter tous les anabaptistes, qui sont très nombreux, selon lui, dans la Hollande, le Brabant, l'Angleterre et la Frise, à se taire désormais, à obéir et même à faire baptiser leurs enfants, jusqu'à ce que l'autorité s'arrangeât avec eux sur les affaires de religion.

« Suit la nouvelle confession de foi de Jan de Leyde, par laquelle il modifie quelques points de la première. Mais en exhortant les anabaptistes à l'obéissance, il n'entend qu'une obéissance extérieure. Il ne cède point sur le fond des doctrines et veut qu'on laisse les consciences libres [52]... »

Le mercredi 19 janvier, les trois prisonniers sont ramenés de Horstmar à Münster pour y être à nouveau questionnés.

Le jeudi 20, interrogatoire, sans torture. Jan de Leyde dit qu'il s'est fait rebaptiser pour « accéder à la béatitude ».

Le vendredi 21, nouvel interrogatoire — ce sera le dernier —, avec torture cette fois. On veut être sûr qu'il ne reste en eux plus rien qu'ils auraient pu cacher, notamment sur les complices et communautés qui pourraient exister encore dans d'autres villes. Knipperdollinck finit par donner deux noms qu'il avait tus jusqu'alors, celui d'un certain Gert Koeninck, de Schöppingen, et celui d'un ouvrier fourreur de Mansfeld venu chercher pendant le siège des exemplaires de *La Restitution*. Jan de Leyde répète qu'il n'est pas arrivé à

Münster « pour y récolter de l'argent, des biens, de la gloire ou des honneurs, mais simplement pour entendre la parole de Dieu. »

Ils seront jugés demain.

En attendant, on demande au roi s'il veut un prêtre pour se confesser. Il répond qu'il n'a pas peur d'une conversation ou d'un conseil; il apprécierait, ajoute-t-il, que ce fût avec le chapelain de l'évêque, Johann von Syburg.

Quand le chapelain quitte Jan de Leyde, il se dit très impressionné par « cet homme qui aurait mérité dix fois la mort si on pouvait le tuer dix fois... Mais dont le repentir est extraordinaire... » Le chapelain confirme toutefois que Jan de Leyde ne se rétracte pas sur le baptême, ni sur la nature humaine du Christ... Son plus grand regret concerne le landgrave de Hesse, Philippe, à qui il demande pardon à genoux pour avoir ignoré ses conseils.

Knipperdollinck refuse de voir quiconque, fidèle à sa détermination, même au milieu des tortures, de « ne reconnaître aucune faute » et de répéter qu'il a « seulement cherché la gloire de Dieu et son propre salut ». Corvinus fait état, chez Krechting, de la même fermeté.

Le samedi 22 janvier, peu après 8 heures du matin, les portes de la ville sont fermées. Le jugement de Jan de Leyde, faux roi de Münster, est annoncé par roulements de tambour. La foule des nouveaux Münsterois, qui avait suivi les préparatifs, est déjà massée place du Grand-Marché, agglutinée autour de l'estrade qui vient d'être dressée par les charpentiers, scène encore vide, avec un poteau et deux chaudrons de braises où rougissent quatre longues tenailles.

Quand les officiels ont pris place, nouveaux bourgmestres, conseillers, chanoines, on amène Jan de Leyde, Knipperdollinck et Krechting au pied de l'estrade. Ils ont les mains liées dans le dos. Ils gravissent les quelques marches. Jan de Leyde tombe à genoux et prie.

Montent maintenant Johann Wesseling, juge de la ville, ses assesseurs Hermann Herden et Mélius Herten et des officiers de justice. La liste des crimes des anabaptistes est lue à haute voix. L'ancien roi de Münster s'entend accusé d'avoir profané des églises, d'avoir organisé la sédition, d'avoir substitué son autorité à l'autorité légale, d'avoir... Interminable énumération des crimes « impossible à nier ».

Jan de Leyde se reconnaît coupable de rébellion et de lèse-majesté, mais ajoute :

« J'ai fauté contre l'autorité, pas contre Dieu. »

On entend, dit Kerssenbrock, brasiller les charbons sous les tenailles.

Le roi de Münster est condamné à mort, de même que son lieutenant général et que son grand chancelier.

Aussitôt, les bourreaux s'approchent, s'emparent de Jan de Leyde, le dévêtent et l'attachent au poteau de torture, la tête prise dans un carcan.

Que peut-il penser à cette heure-là de sa vie ? Il a si souvent, à ce même endroit, rendu sa justice ! Son peuple alors l'entourait, partageait son humeur, chantait à son signal, dansait s'il le voulait... Sans doute, tous n'avaient pas la même foi, mais Dieu n'accorde pas les mêmes lumières à tous...

La dentelle de pierre du haut pignon de l'Hôtel de Ville se perd dans le ciel de janvier. Plusieurs chariots qui ont amené des paysans d'alentour au spectacle sont arrêtés le long de la maison des poids. Les chevaux piaffent, comme énervés par la tension qui monte du Grand-Marché. Au fond, Saint-Lambert dont les cloches rythment à nouveau la vie des hommes remis à l'obéissance de l'Église du pape. Et partout, houle menaçante hérissée de poings tendus, la foule qui l'insulte et qui demande qu'on commence, qu'on châtie l'usurpateur... Ils sont là plusieurs milliers de catholiques venus pour leur revanche, sans compter tous les malchanceux qui sont restés aux portes...

Le maître bourreau prend une des tenailles incandescentes, s'avance vers Jan de Leyde et, solennellement, lui arrache du corps un lambeau de chair. Blessures sanglantes, odeurs atroces, la torture de Jan de Leyde dure une heure, toute une heure. Il ne dit rien, n'a ni une plainte ni un cri, déjà peut-être presque mort, ou alors plus près de Dieu que nous ne le croyions tous. Corvinus, qui assiste au supplice, avance son explication : « Pas un son ne sortit de sa bouche. Je ne veux pas parler de courage, puisque cette vertu, les païens aussi, jadis, en faisaient preuve. Il est certain que Satan donne en secret la force et le courage à ceux qu'il tient prisonniers dans ses chaînes... »

Au bout d'une heure enfin, le maître bourreau lui enfonce dans le cœur une lame chauffée à blanc, « sous les applaudissements et la grande joie, note Corvinus, des nombreux prêtres présents à Münster [53] ».

C'est au tour de Knipperdollinck. Lié à son tour au poteau, il tente de s'étrangler dans le carcan. Les bourreaux, alertés par son immobilité, comprennent sa ruse et lui passent le carcan dans la bouche, afin qu'il ne puisse éluder le châtiment qui lui revient. Lui non plus ne crie pas. Enfin, c'est le tour de Krechting. A deux reprises, quand on lui applique les tenailles, on l'entend implorer : « O Père! O Père! »

« Certains, note encore Corvinus, trouvaient le spectacle des plus réjouissants, mais pour nous et quelques autres qui pensions que tout ce qui était arrivé ici était dû à nos péchés, cela n'avait rien d'agréable. »

Après l'exécution, les trois dépouilles sont fourrées dans des cages de fer, et les cages accrochées à la façade du clocher de Saint-Lambert, « pour servir d'avertissement [54] ».

« ... Et ceci, conclut Corvinus, fut la terrible fin de cette méchante tragédie. »

ÉPILOGUE

Les maisons et les biens des anabaptistes saisis à Münster ont été recensés et vendus, le produit de la vente devant servir à épurer les dettes de guerre [55]. Les biens confisqués dans d'autres villes ont été mis à la disposition de l'évêque. Ces mesures n'ont pas manqué de déclencher les protestations des États du cercle réclamant leur part de butin.

Préparée en novembre 1535, la vente a été réalisée au cours de l'été 1536. Elle concernait 430 maisons, 150 logements, 72 jardins et potagers, 7 fermes [56]. Elle a produit 80 000 florins-or, dont il a fallu déduire 67 000 florins pour purger les hypothèques. Quant aux 13 000 florins restant, des appels, des procédures compliquées, des contestations en ont étalé le règlement sur plusieurs années.

Les biens d'Hermann Tilbeck, par exemple — une maison Rosenstrasse, une autre Wilmergasse, 5 fermes libres, 2 métairies dans le diocèse d'Utrecht et une dans celui de Münster — ont été revendiquées par sa veuve, prétendant être restée en ville sous la contrainte, et par son frère qui, vivant à l'extérieur, avait dès le mois d'octobre 1534 protesté par avance contre une éventuelle confiscation des biens de l'ancien bourgmestre lors de la prise de la ville. C'est finalement la veuve qui obtiendra gain de cause, moyennant une somme de 500 florins [57]. Autre cas : l'auberge de Remmensnyder, dont la mise en vente est retardée par l'opposition d'un créancier inattendu, un marchand du Nord venu réclamer le règlement d'une livraison de harengs datant de 1528...

Au total, Franz von Waldeck se trouve loin de son compte, et le remboursement des dettes pour lesquelles il a gagé plusieurs districts l'obsédera longtemps [58].

Étrange destin que celui de cet évêque plus souvent qu'à son tour entre deux vins et entre deux femmes, gérant ses diocèses comme d'autres une flotte ou des immeubles de rapport, faisant valoir ses droits avec la brutalité et l'esprit de chicane d'un seigneur du Moyen Age. En vérité, on le sait, il incline au protestantisme, mais c'est en tant que responsable catholique qu'il a fait exécuter le syndic protestant Johann von der Wieck, et quand enfin, s'étant rendu maître de Münster, il voudra y instaurer une loi selon son cœur, il se verra contraint d'y renoncer par le duc de Clèves et l'archevêque de Cologne, créanciers puissants et eux aussi catholiques d'intérêt. Cet archevêque, par exemple, ignore le latin et, selon le duc de Bavière (lettre du 30 juin 1540), « il n'a certainement pas entendu la messe une seule fois depuis dix ans; il ne se soucie ni d'Église ni de culte; il porte une longue barbe, un vêtement à larges manches qui s'arrête aux genoux et sous lequel on voit son armure... » D'être archevêque ne l'empêchera pas de se rapprocher des protestants, entraînant le duc de Clèves, qui communiera en 1543 sous les deux espèces.

Quant à Franz von Waldeck, il recevra en 1540 et 1541 les ordres majeurs — concession à la carrière épiscopale — mais laissera les protestants prêcher dans ses diocèses. Seule Münster — il est vrai qu'elle revient de loin — non seulement restera fermement catholique, mais deviendra l'un des centres les plus actifs de la Contre-Réforme, au point que le service religieux protestant en sera totalement exclu pendant trois siècles [59]!

Que dire d'autre sur Münster ? Que le Diable y régna ? Ce fut longtemps la thèse officielle. Luther : « Ah ! que dois-je et comment dois-je écrire contre ou sur ces pauvres gens de Münster ? N'est-il pas visible que le Diable y tient maison en personne, et qu'il y a là-bas des diables assis l'un sur l'autre, comme des crapauds ? » « Ainsi, renchérit Melanchton, l'exemple horrible de Münster prouve que l'humilité et la patience des anabaptistes ne sont que supercheries diaboliques, car à Münster aussi le début était d'une grande sainteté... Le Diable a beau se masquer et faire le joli, il ne pourra jamais cacher ses pieds. »

Luther et Melanchton n'auront pas regardé les pieds de Philippe de Hesse. Celui-ci, une épouse ne suffisant pas aux exigences d'une riche nature, leur demande en effet l'autorisation d'en épouser une seconde. Luther et Melanchton hésitent, tergiversent, puis finalement cèdent — l'Écriture, on le sait, ne l'interdit pas — à condition que l'affaire reste secrète. Le landgrave envoie à Luther un foudre de vin du Rhin et vit désormais entre ses deux épouses légitimes.

Oh ! sans doute n'y a-t-il pas lieu de chercher dans l'Histoire morale ou justice, mais les lois du pouvoir, le cynisme, les calculs qui font bon marché des intérêts et de la vie « des gens » nourrissent toutes les révoltes. Parmi ceux qui découvrent un jour à leur détriment que « la justice elle-même est injuste », comme disaient les Cathares, nombreux sont ceux qui succombent à la tentation d'imaginer ce monde terrestre comme une épreuve, un passage vers la félicité éternelle. Ce n'est que dans la mort que leur vie prendra son sens.

Pauvres hommes, nos aïeux, nos frères, éternellement en proie à eux-mêmes, avec leurs prières vieilles comme les vagues de la mer. Au nom de quelle nécessité fallait-il qu'Hilla Feicken, la nouvelle Judith, aille se jeter sur l'épée du bourreau ? Et Jan Matthys ? Et cette Elizabeth Wantscherer qui se disait indomptable ? Et ce Schlachtschaf couvert d'épouses ? Et Knipperdollinck, que cherchait-il ? Et Dusentschur le prophète boiteux, croyait-il, au moins, ce qu'il annonçait ? Il serait vain de s'apitoyer. Bouffons ou martyrs, c'est égal, ils ont vécu leur humaine destinée ; et, au regard des siècles, ils sont morts dans le même instant d'éternité que ceux qui alors leur survécurent.

Ainsi le menuisier Gresbeck : pour avoir livré la ville, il a obtenu la vie sauve et le droit de garder la maison de sa mère au 1, Krummen Timpen ; toutefois, c'est à Osnabrück qu'on trouvera pour la dernière fois sa trace en 1542. Les trois autres « traîtres » de cette histoire — mais on peut tout aussi bien les considérer comme des « héros » dont le courage et l'esprit d'initiative ont permis d'abattre l'ennemi — ont pu poursuivre le cours de leur vie : Hermann Ramers, le bourgeois qui a dénoncé Hilla Feicken ; Heinrich Graes, le maître d'école sauvé par un ange, mais dont la femme a été exécutée à Münster ; Petit Hans, enfin, qui a épousé une Münsteroise, la veuve de l'ancien gardien du trésor royal, Cort Cruse.

Kerssenbrock, que nous avons vu, encore enfant, quitter Münster au jour du chassement, n'y reviendra qu'une quinzaine d'années plus tard. Il enseignera alors à l'école Saint-Paul, là même où il était élève, et habitera, au 34 de la rue du Pont-Neuf, l'ancienne belle demeure de Christian Kerckerinck sur laquelle le gendre de celui-ci, Christophe von Waldeck, semble n'avoir pas fait jouer ses droits. En 1567, Kerssenbrock déménagera et s'installera dans la maison Grael, au 4 de la même rue. L'année suivante, devenu recteur, il profitera d'une épidémie de choléra l'obligeant à fermer l'école pour réunir tous les documents encore disponibles sur la période anabaptiste de Münster et rédiger son *Anabaptisti Furoris Monasterium inclitam Westphaliae metropolim evertentis historica narratio.*

Un autre survivant, Heinrich Krechting, commandant du dernier carré des anabaptistes lors de la prise de la ville, a disparu le 25 juin : il est sorti de la forteresse de chariots avec 10 florins et on ne l'a pas revu. Quant à Pain- Blanc Rothmann, sans doute, tombé dans son sang pendant la bataille, la rumeur courra pendant des années qu'il est vivant. L'évêque fera diffuser un avis de recherche : « Homme trapu, le cheveu noir et court, les traits marqués... » En 1537, on l'apercevra en même temps à Lübeck et à Rostock. On l'arrêtera même à Wismar, jusqu'à ce qu'il puisse prouver qu'il est en réalité Heinrich Bentinck, un médecin d'Arnheim — à qui la ville de Münster devra verser des dommages et intérêts considérables...

Bouclés ces destins dérisoires et sublimes, chacun pourra tirer de cette « très cruelle histoire des rebaptisés de Münster » une morale au goût de ses croyances. Sans doute peut-on imputer aux circonstances une partie au moins du mal qu'elle contient. Mais il nous paraît que les hommes, décidément, ne changent guère. Le fond de l'air reste frais. Comment empêcher que cet irréductible besoin de croire ne débouche sur des systèmes un jour ou l'autre totalitaires ? Peut-on imaginer un projet utopiste qui ne finirait pas par se trahir lui-même ?

Nous n'avons pas fini de voir des individus ou des groupes profiter d'un état aigu de crise ou d'inquiétude pour tenter de confisquer, au nom du salut de tous, le monopole de la vérité et du pouvoir. Tout alors paraîtra justifier que pour l'avènement d'une humanité meilleure — le paradis sur la terre — un quelconque Roi de Justice, un Petit Père des Peuples, un Führer ou un Grand Timonnier sacrifie ses impies...

Tout cela, nous le savons. Mais quand il arrive que plus rien ne vient exorciser notre part de misère, de doute, de solitude ou d'angoisse, nous oublions d'un coup les leçons de l'Histoire, prêts une fois encore à suivre Jan de Leyde.

NOTES

Certaines notes complètent le récit ou apportent des précisions qui l'auraient alourdi ; d'autres qui soulignent des similitudes ou suggèrent des rapprochements avec des phénomènes contemporains, lui sont évidemment étrangères. Mais il ne nous a pas paru hors de propos d'en faire part dans cette annexe. Elles n'ont d'autre prétention que de stimuler la curiosité.

1. *Eschatologie et millénarisme.* — « Puis je vis descendre du ciel un ange, qui avait la clé de l'abîme et une grande chaîne dans sa main. Il saisit le dragon, le serpent des origines, qui est le diable et Satan, et l'enchaîna pour mille ans... » (Apoc. XX, 1,2.) Transmise par l'Apocalypse, cette tradition prophétique est très ancienne et a donné naissance à diverses eschatologies, doctrines concernant le sort ultime de l'univers. Pour les millénaristes, le Christ reviendra sur terre pour un règne de mille ans pendant lequel Satan sera réduit à l'impuissance tandis que les Justes, ressuscités, régneront avec lui. Au terme de ces mille ans, le démon sera déchaîné pour peu de temps, puis viendra la résurrection générale, le Jugement dernier, la mort éternelle des pécheurs, l'entrée des Justes dans la béatitude sans fin. Cette attente de la fin des temps était particulièrement fébrile dans les années 1500, chacun guettant les signes annonçant le combat prodigieux des cohortes du Christ contre celles de l'Antéchrist, constituant à la fois « l'apogée et la justification de l'histoire » (N. COHN). Cristallisant les rancœurs et les angoisses sociales, les mythes les plus profonds de la tradition apocalyptique se retrouvent, transposés, dans toute doctrine se fixant comme mission l'épuration d'un monde corrompu (nazisme); ou, dans le cas du communisme, le renversement d'une tyrannie mondiale (le capitalisme) par un peuple élu (le prolétariat) en vue d'instaurer le bonheur pour tous, c'est-à-dire le paradis sur terre — le *Grand soir* dérivant directement du *Dies irae*.

2. *Fin du monde.* — Exprimant bien cette attente de la fin du monde, Luther, la grande voix de cette époque en Allemagne, dit notamment : « C'est le dernier jour, si je ne me trompe, qu'annoncent ces signes » (1529). « Le Turc va fondre sur nous; ce sera, je le crois bien, le réformateur envoyé par la colère de Dieu » (1529). « L'heure de minuit approche où l'on entendra ce cri : L'époux arrive, sortez au-devant de lui. » (1529).

3. *Abus de l'Église.* — Dans le climat d'intense inquiétude religieuse — que faire pour être sauvé? — qui marque l'époque, l'Église ne remplit pas le rôle qu'en attendent ses fidèles. Au contraire. Des papes, des cardinaux, des évêques préoccupés de politique, de profit ou de jouissance plutôt que des devoirs de leur charge, un clergé séculier souvent ignare et

brutal, des religieux aux mœurs dissolues... Sans formation — la plupart ne parlent pas latin et récitent des textes qu'ils ne comprennent pas, les prêtres des campagnes sont incapables de remplir leur rôle pastoral et spirituel. Luther : « Quelqu'un me dira : quels crimes, quels scandales, ces fornications, ces ivrogneries, quelle passion effrénée du jeu, tous ces vices du clergé!... Hélas, ce mal, cette peste incomparablement plus malfaisante et plus cruelle : le silence organisé sur la parole de Dieu ou son adultération... » Erasme : « Rien n'a plus contribué à rendre Luther populaire que les mœurs de ces gens-là. » Dürer : « Une papauté qui n'a rien de chrétien... »

4. *Nouvelle terre.* — « Car je vais créer de nouveaux cieux et une nouvelle terre; on ne se rappellera plus les choses du passé. » (Is. LXV, 17.)

« Nous attendons selon sa promesse de nouveaux cieux et une nouvelle terre, où la justice habitera. » (II Pet. III, 13.)

« Puis je vis un nouveau ciel et une nouvelle terre, car le premier ciel et la première terre avaient disparu, et la mer n'était plus. » (Apoc. XXI, 1.)

5. *La Bible de Luther.* — On connaît 337 éditions de la Bible de Luther publiées de son vivant, représentant au moins 350 000 volumes. « L'imprimerie, écrit Luther, est le dernier et suprême don par lequel Dieu avance les choses de l'Évangile. C'est la dernière flamme qui luit avant l'extinction du monde. Grâce à Dieu, elle est venue à la fin. » (MICHELET, *Mémoires de Luther,* p. 242.)

6. *Thomas Münzer.* — Exemple impressionnant d'un discours de Thomas Münzer aux paysans, mettant en évidence ce sentiment d'urgence et la référence constante à l'Écriture qui sont une des marques de l'époque :

« Chers frères, jusqu'à quand dormirez-vous? Désobéirez-vous toujours à la volonté de Dieu, parce que, bornés comme vous êtes, vous vous croyez abandonnés? Que de fois vous ai-je répété mes enseignements! Dieu ne peut se révéler plus longtemps. Il faut que vous teniez ferme. Sinon le sacrifice, les douleurs, tout aura été vain. Vous recommencerez alors à souffrir, je vous le prédis. Il faut ou souffrir pour la cause de Dieu ou devenir le martyr du Diable.

« Tenez donc ferme, résistez à la peur et à la paresse, cessez de flatter les rêveurs dévoyés du chemin et les scélérats impies. Levez-vous et combattez le combat du Seigneur. Le temps presse. Faites respecter à vos frères le témoignage de Dieu; autrement, tous périront. L'Allemagne, la France, l'Italie sont tout entières soulevées; le Maître veut jouer son jeu, l'heure des méchants est venue.

« A Fulda, quatre églises de l'évêché ont été saccagées la semaine sainte; les paysans de Klegen en Hegau et ceux de la Forêt Noire se sont levés au nombre de trois cent mille. Leur masse grossit chaque jour. Toute ma crainte, c'est que ces insensés ne donnent dans un pacte trompeur, dont ils ne prévoient pas les suites désastreuses. Vous ne seriez que trois, mais confiants en Dieu, cherchant son honneur et sa gloire, que cent mille ennemis ne vous feraient pas peur.

« Sus, sus, sus! (*dran, dran, dran!*) Il est temps, les méchants tremblent. Soyez sans pitié, quand même Esaü vous donnerait de belles paroles (Gen. XXXIII); n'écoutez pas les gémissements des impies; ils vous supplieront bien tendrement, ils pleureront comme des enfants; n'en soyez pas touchés; Dieu défendit à Moïse de l'être (Deut. VII), et il nous a révélé la même défense. Soulevez les villes et les villages, surtout les mineurs des montagnes...

« Sus, sus, sus! (*dran, dran, dran!*) pendant que le feu chauffe; que le glaive tiède de sang n'ait pas le temps de se refroidir. Forgez Nemrod sur l'enclume, *pink, pank,* tuez tout dans la tour; tant que ceux-là vivront, vous ne serez jamais délivrés de la crainte des hommes. On ne peut vous parler de Dieu tant qu'ils règnent sur vous.

« Sus, sus, sus! (*dran, dran, dran!*) pendant qu'il fait jour; Dieu vous précède; suivez. Toute cette histoire est décrite et expliquée dans saint Matthieu, chapitre XXIV. N'ayez donc pas peur. Dieu est avec vous, comme il est dit chapitre II, paragraphe 2. Dieu vous dit de ne rien craindre. N'ayez peur du nombre. Ce n'est pas votre combat, c'est celui du Seigneur; ce n'est pas vous qui combattez. Soyez hardis, et vous éprouverez la puissance du secours d'en haut. Amen.

« Donné à Mülhausen, en 1525. Thomas Münzer, serviteur de Dieu contre les impies. » (MICHELET, *Mémoires de Luther,* pp. 145-147.)

7. *La guilde générale* comprend les guildes des bouchers, boulangers, bourreliers-selliers, cordonniers, marchands, forgerons, mégissiers, orfèvres, peintres, tailleurs, tailleurs de pierre, tanneurs, tisseurs de laine, tonneliers; chacune des guildes est représentée par deux maîtres élus à la guilde générale, dont les porte-parole sont les « anciens ».

Les guildes participent au Conseil de la ville depuis 1447; les patriciens (nobles associés aux chanoines) leur ont concédé en 1554 douze des vingt-quatre sièges du Conseil et l'un des deux postes de bourgmestre.

Instance de protection des citoyens, la guilde générale est la force démocratique agissante entre le patriciat et le populaire. Certaines confréries n'ont pas le rang de guilde, comme celles qui groupent les sabotiers, les charpentiers, les menuisiers, les tondeurs de drap, les tisserands. Certaines professions ne sont pas organisées : barbiers, ceinturiers, colporteurs, droguistes-apothicaires, enseignants de langues, fabricants de sacs, libraires, marchands de beurre, marchands de vin, meuniers, teinturiers, toiliers, tourneurs... Le commun participe à l'élection des grands électeurs.

8. *Érosion monétaire.* — La technique de lutte contre la hausse des prix consiste alors à modifier l'aloi de la monnaie et à limiter le volume de monnaie en circulation.

L'évêque qui, en accord avec le doyen de la cathédrale, le chapitre et les administrateurs des villes du diocèse, fixe la valeur du florin-or rhénan en shillings d'argent, le fait sur les bases suivantes (pour 1 florin-or) :

Dates	*Shillings*
de 1515 à 1523	18
en 1525	20
en 1527	21
en 1529	23
en 1530	24
—	25
en 1531	26
—	27
—	28
en 1532	28
en 1533	28
en 1534	29
en 1535	31

De 1523 à 1535, la dépréciation monétaire du florin-or atteint 40 %, mais dans le même temps sa teneur en fin de métal baisse fortement (1/3 dans les monnaies d'or, 1/4 dans les monnaies d'argent). Au total, la perte de valeur est donc très supérieure à 40 %. (RAMMSTEDT (O.), *Sekte und soziale...*, pp. 32-33.)

9. *Liste des luthériens.* — On possède une liste manuscrite — deux feuilles in-folio analogues à d'autres pièces du secrétariat épiscopal — des luthériens de Münster datée de l'été 1532. Il s'agit vraisemblablement de la copie d'une liste établie par un dénonciateur. Elle comporte 79 noms, dont 26 font partie du comité de 36 hommes formé par les guildes pour défendre Rothmann. On y note la présence de 53 futurs anabaptistes. (Archives de la ville de Münster, manuscrit 101, volume V.)

10. *Münzer-Luther.* — Münzer appelle aussi Luther « Mademoiselle Martin », parce qu'il juge sa théologie efféminée, ou « Docteur Mensonge ». Luther, il est vrai, ne l'avait guère soutenu dans son combat avec les paysans : « A l'âne du chardon, un bât et le fouet; c'est le sage qui l'a dit; aux paysans, de la paille d'avoine. Ne veulent-ils pas céder, le bâton et le mousquet; c'est le droit. Prions pour qu'ils obéissent, sinon point de pitié; si on ne fait siffler l'arquebuse, ils seront cent fois plus méchants. »

11. *Enoch et Élie.* — Enoch « marcha avec Dieu et il ne parut plus parce que Dieu le prit » (Gen. V, 24). Élie, quant à lui, « monta au ciel dans un tourbillon » (II Rois, II, 11). Tous deux, qui ne sont pas morts, sont « les deux témoins » (Apoc. XI, 3) que Dieu enverra, « revêtus de sacs », à la fin du monde.

12. *Obbe Philips* et son frère Dirk étaient des disciples de Melchior Hoffmann, affligés par la profusion des faux prophètes et prophéties mensongères. Fidèles jusqu'au bout au prisonnier strasbourgeois — « Mon cœur a pitié de son âme », écrit Obbe — les frères Philips ne croyaient pas à

la rédemption du monde par la violence. Dirk Philips (c. 1504-1568) deviendra avec Menno Simonsz, l'animateur de l'Église mennonite.

13. *Pauvres et endettés.* — Une grande part de la littérature consacrée à l'affaire de Münster la présente comme une révolte de pauvres, un conflit de classes.

Marx lui-même qualifie de « communisme grossier » la société instaurée par les anabaptistes, comme chaque fois qu'il est fait référence dans une tentative de ce type à un âge d'or ou à la communauté chrétienne primitive. Et il oppose ce « communisme grossier » au « communisme supérieur irréalisable à l'époque ». Il n'empêche qu'il voit dans les événements de Münster une des « premières tentatives du prolétariat pour faire prévaloir son propre intérêt de classe ».

Le mot « prolétariat » pourtant convient mal. Lorsque le syndic Johann von der Wieck dit des anabaptistes du Conseil : « Aucun ne pourrait produire 200 florins pour payer ses dettes », il ne parle pas de non-possédants, car ceux-ci ne pourraient pas avoir de dettes. Il s'agit de dettes en capital des propriétaires immobiliers, de véritables « crédits de campagne » et non d'objets impayés ou de notes chez l'épicier et le marchand de vin. Les crédits sont liés à l'activité professionnelle et sont garantis par une hypothèque sur la maison dans laquelle est généralement exercée cette activité. C'est ainsi que la maison de Ch. Wordeman ne pourra être vendue en 1536 en raison des dettes qui la grèvent. L'intérêt pratiqué — 5 % — est bien accepté, ce qui est logique en période d'inflation, mais lorsque arrive la récession, vers 1530, la pression des créanciers se fait plus forte.

Il faut noter aussi que le même mot en allemand signifie à la fois « endetté » et « perverti ». Johann von der Wieck n'en use pas innocemment.

En haut de l'échelle sociale des citoyens politiquement et religieusement actifs, on trouve les patriciens et les négociants avec un avoir immobilier moyen supérieur à 700 florins-or, plus de 1 000 même pour Knipperdollinck et Kibbenbrock. Bouchers et aubergistes sont les plus riches des commerçants. En bas, les peintres et les tonneliers avec 50 florins.

Les vrais pauvres sont les domestiques et les ouvriers, mais ils ne représentent que 11 % de la population anabaptiste connue. Il faut leur ajouter sans doute une bonne partie des immigrés hollandais et frisons et un nombre inconnu de misérables secourus par les différents établissements de charité de la ville.

Les pauvres ne semblent donc pas plus nombreux à Münster qu'en moyenne dans les villes à cette époque et ils n'ont pas occupé plus de 15 % des positions dirigeantes de la nouvelle société pendant toute l'aventure (proportion établie en tenant même pour pauvres ceux qui disposent d'un actif immobilier inférieur à 100 florins).

Plus que de pauvres ou de prolétaires, il faudrait parler à Münster de « désorientés ». Ceux-ci, note Rammstedt, sont satisfaits par le chiliasme — la croyance millénariste — « parce qu'il dépasse toute autre tentative de conciliation sociale et active la désintégration en prônant un refus conscient du monde ». Il est vrai que la crise économique et sociale rend ceux qu'elle atteint — riches comme pauvres — disponibles pour une nouvelle croyance. La réussite de l'anabaptisme à Münster tient sans doute à la parfaite adéquation de l'utopie proposée à la situation, utopie par laquelle Rothmann, Matthys et Jan de Leyde ont « théologisé » la crise. Mais on ne peut généraliser le processus de Münster à tout l'anabaptisme car, comme l'observe Kirchhoff, « dans l'isolement spirituel de la ville assiégée, l'anabaptisme a développé à Münster des formes atypiques et particulières ». (MARX-ENGELS, *Les Utopistes,* Paris, 1976, *passim,* KIRCHHOFF (K. H.), *Die Täufer...*, pp. 83-86, RAMMSTEDT (O.), *Sekte und soziale Bewegung,* pp. 115-119.)

14. *Landgrave.* — Un petit nombre de princes du Saint-Empire pouvaient se prévaloir du titre de landgrave (« comte du pays »). Son origine remonte au XIIe siècle, époque à laquelle il fut attribué aux titulaires de fiefs correspondant aux anciens comtés carolingiens. Il y eut ainsi des landgraves de Haute et Basse-Alsace et des landgraves de Thuringe et de Hesse.

15. *L'État Habsbourg-Bourgogne.* — Après avoir connu son apogée sous Philippe le Bon (Bourgogne, Franche-Comté, Artois, Picardie, comté de Namur, Brabant et Limbourg, Hainaut, Zélande, Frise, Luxembourg...), l'État bourguignon — coupé en deux par la Champagne et la Lorraine — a été démantelé après la mort de Charles le Téméraire sous les murs de Nancy et l'échec de ses projets expansionnistes.

La Bourgogne-Duché est revenue à la France. La Franche-Comté, l'Artois, et les provinces belges et néerlandaises sont devenues possessions

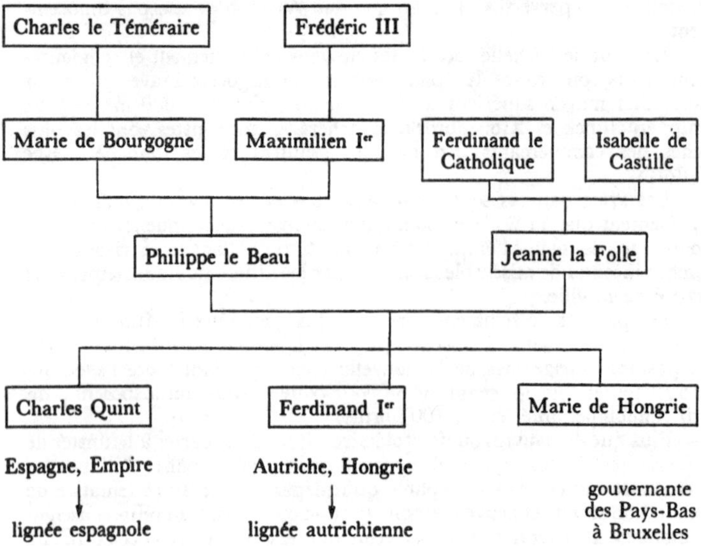

des Habsbourg par le mariage de Maximilien Ier avec Marie, fille de Charles le Téméraire. Leur fils, l'archiduc Philippe le Beau, épouse Jeanne la Folle et ils ont à leur tour :

— Charles V, dit Charles Quint, héritier des Habsbourg par son père et des rois catholiques d'Espagne par sa mère, empereur germanique;
— Ferdinand Ier, archiduc d'Autriche, qui devient roi de Bohême et de Hongrie (1526) et qui est élu roi des Romains (1531);
— Marie de Hongrie, que Charles Quint désigne lui-même en 1530 comme gouvernante générale des Pays-Bas. Il l'assiste d'un conseil d'État, d'un conseil privé et d'un conseil des Finances :

16. *Répartition des anabaptistes dans la ville.* — Le partage qui se fait sur le terrain : anabaptistes au sud-est de la rivière, réformés et catholiques au nord-ouest, paraît correspondre à des zones d'influence privilégiées. En effet, si l'on examine la répartition dans les six paroisses de toutes les maisons appartenant à des anabaptistes saisies à l'issue du siège, on en trouve :

	106	sur Saint-Martin
	96	sur Saint-Lambert
	88	sur Saint-Ludger
	113	sur Saint-Gilles
soit	403	sur le territoire qu'ils occupent plus ou moins pendant l'émeute;
et	69	sur le Champ-des-Juifs
	53	sur Überwasser
soit	112	seulement sur le territoire occupé par leurs adversaires.

Il est vrai néanmoins que, rapporté à la population de chaque paroisse, le nombre des maisons anabaptistes paraît plus également réparti.

A noter que, lors du choix des grands électeurs — 10, à raison de 2 par paroisse —, Überwasser et le Champ-aux-Juifs comptent pour une seule paroisse. (KIRCHHOFF (K. H.), *Die Täufer...*, p. 34, tableau 4.)

17. *Élections du 23 février 1534.*

Grands électeurs :

Hermann Boemer	forgeron
Andreas von Werden	mégissier-tanneur
Cort Cruse	orfèvre
Heinrich Loemann	blancher-chamoiseur
Bernhard Boentrup	boucher
Johann Lepper	
Albert Geisthoevel	boulanger
Johann Redecker	cordonnier
Anton Grotevaker	
Hermann Foeke	forgeron

Élus :

Berndt Knipperdollinck	négociant
Gerhard Kibbenbrock	négociant
Johann von Deventer	chef de guilde, cordonnier
Christian Wordemann	marchand
Christian Kerckerinck	patricien
Heinrich Xantus	chaudronnier
Johann Palck	forgeron
Heinrich Rodde	orfèvre
Cort Cruse	orfèvre
Claus Snider	négociant
Johann Ossenbeck	mégissier-tanneur
Bernhard Boentrup	boucher
Johann Konninck	marchand
Gerhard Peyninck	drapier
Lucke Gruither	chapelier
Gerhard Pruesse	mégissier-tanneur
Steffen Pitzold	marchand de vin
Hans von Borstel	orfèvre
Claus Stripe	négociant
Engelbert Edinck	commerçant
Bernhard Pickert	commerçant
Albert Geisthoevel	boulanger
Berndt Oliesleger	commerçant
Heinrich Pothgen	chausseur

(KIRCHHOFF (K. H.), *Die Taüfer...*, pp. 67-68; RAMMSTEDT (O.), *Sekte und soziale...*, p. 129.)

18. *Les statues et l'horloge.* — Lors de fouilles effectuées en 1898 par l'archéologue Max Geisberg dans le remblai sur lequel s'appuie la terrasse d'artillerie qui protégeait la porte de la Croix, ont été retrouvées les statues du portail de l'église d'Uberwasser et du calvaire de la place de la Cathédrale, certaines datant de 1374, les autres des XVe et XVIe siècles. En partie mutilées — les visages semblent avoir été martelés —, elles sont aujourd'hui exposées au musée de Münster.

Une nouvelle horloge astronomique a remplacé, dans la cathédrale Saint-Paul, celle que les anabaptistes avaient détruite le 24 février 1534. C'est un véritable chef-d'œuvre à la fois des mathématiques et de l'art du XVIe siècle. Le peintre Hermann tom Ring, fils de Ludger le Vieux, a apporté une importante contribution à l'ornementation de la nouvelle horloge, comme son père avait fait pour l'ancienne. (WERLAND (W.), *Münster Blickpunkte, Die astronomische Domuhr,* Münster, 1929 ; édition quadrilingue illustrée, 1976.)

19. *Florin-Emden et florin-or.* — En 1531, le florin-Emden de 24 shillings est équivalent au florin-or rhénan, unité de compte théorique. Mais en 1534, il n'en vaut plus que 24/29e ou 0,82, et en 1535 24/31e ou 0,77. On peut donc considérer en moyenne pendant le siège que 5 florins-Emden valent 4 florins-or.

20. *Le prêt, l'Église et la banque.* — Au XVIe siècle, les opérations bancaires se multiplient. Le nombre et la fortune des banquiers s'accroissent considérablement. La plupart spéculent avec les fonds déposés dans leurs établissements par les nobles et les marchands. Parfois de manière hasardeuse. Ainsi Amboise Hoechstetter, qui fait en 1528 une faillite retentissante pour avoir voulu accaparer le marché du mercure (comme un des plus riches pétroliers américains a failli sauter en 1980 pour avoir voulu contrôler le marché de l'argent).

L'attitude publique et même celle de l'Église vis-à-vis du prêt à intérêt évolue rapidement. En l'interdisant fermement, au Moyen Age (assimilation à l'usure), on voulait surtout protéger les paysans et artisans des prêteurs sur gage. On comprend bien que le problème n'est plus le même quand il s'agit de fournir à des fabricants de drap ou des exploitants de mines les capitaux nécessaires à leurs entreprises.

On voit encore l'Université de Paris, en 1532, renouveler la condamnation dans sa réponse à une consultation de marchands espagnols, mais Charles Quint l'admet, sous réserve que l'intérêt ne dépasse pas un niveau raisonnable d'environ 12 %.

A Münster, nous avons vu que les prêts aux bourgeois sont garantis par leurs biens immobiliers. Ceux consentis à l'évêque le sont le plus souvent sur des portions de son fief-diocèse.

La vente judiciaire des maisons anabaptistes saisies révélera que beaucoup d'entre elles sont grevées d'hypothèques. C'est le cas de celle de Knipperdollinck, qui avait dû emprunter sur sa belle maison du Grand-Marché pour payer la forte amende imposée par l'évêque en échange de sa libération quelques années avant le siège.

21. *Travail manuel et état militaire.* — En France, à la même époque, lorsqu'on dégrade un soldat, on le fait promener publiquement avec une pioche sur l'épaule. (LERY (J. de), *Histoire de la ville et du siège de Sancerre.*)

D'ailleurs, le XVIe siècle, fasciné par l'Antiquité qu'il redécouvre, considère le travail manuel non agricole avec plus de mépris que ne le faisait le Moyen Age.

22. *Armes individuelles.* — Un utilisateur de la pique explique les difficultés de son maniement : « Le plus désagréable, c'est la vibration de la hampe. [...] Lorsqu'on se bat avec une longue pique, il est presque impossible d'atteindre sa cible, car la pointe vibre trop, surtout lors de fortes poussées, et elle vibre plus fort lorsqu'on utilise toute la longueur de l'arme avec le bras droit entièrement étendu. Il faut une poussée lente et sûre, effectuée avec réflexion, en attendant le moment favorable, si l'on veut frapper un mercenaire en armure aux endroits les plus sensibles du cou ou de l'abdomen et atteindre avec précision les articulations de l'armure. » (KOCH (H. W.), *La Guerre au Moyen Age*, p. 198.)

Quant aux armes à feu, mousquet et arquebuse, elles se sont perfectionnées depuis le début du siècle, le progrès le plus important étant sans doute la crosse, qui permet d'améliorer la précision du tir et d'absorber le recul de l'arme au moment de l'explosion de la charge.

L'arquebuse s'utilise toujours sur un support planté en terre et terminé par une fourche. La préparation du tir est lente. Commandements : Haut l'arquebuse - Bas l'arquebuse - Chargez - Prenez le pulvérin - Amorcez - Préparez la mèche - Mettez la mèche au serpentin - Compassez la mèche - Soufflez la mèche et ouvrez le bassinet - En joue - Tirez. L'arquebuse perce à 75 mètres, deux fois plus loin que la lourde arbalète pratiquement abandonnée, la cuirasse la plus épaisse.

23. *L'artillerie à l'époque du siège de Münster.* — Les principales pièces utilisées portent des noms de monstres, de serpents ou de faucons en particulier :

— Le dragon, ou double couleuvrine « envoyant 40 livres de balle de fer et portant à 1 364 pas de 2 pieds 1/2 » (soit un peu plus d'1 km) lorsqu'on tire de *butte en blanc,* c'est-à-dire d'une butte vers le blanc de la cible, en tir direct. Un peu plus tard, d'ailleurs, on placera dans le blanc de cette cible un petit rond noir analogue aux mouches dont se pareront alors les élégantes. Atteindre la cible au cœur deviendra *faire mouche.*

En tir courbe, un dragon placé dans l'un des fortins du siège peut atteindre n'importe quel point de la ville de Münster;

— la couleuvrine envoie 20 livres à 1 200 pas;
— le sacre 5 livres à 700 pas;
— le fauconneau, 2 livres 1/2 à 568 pas;
— le ribaudequin, 1 livre 4 onces à 411 pas;
— l'émerillon, 15 onces de plomb à 315 pas.

On parle aussi de basilic, de serpentine, de passe-volant...

La plupart de ces canons montés sur des affûts à roues ferrées sont attelables.

Jusque vers 1530, le pointage se fait soit en levant plus ou moins les membrures supérieures de l'affût, soit au contraire en déplaçant la partie inférieure grâce à une articulation au droit de la culasse.

Vers 1530, on ajoute une troisième roue à la queue, séparée en deux forts madriers de champ, les flasques. Pour pointer la pièce, on agit à l'aide de coins ou de vis sous la culasse du canon. Jusque vers le milieu du siècle, les bouches à feu sont maintenues dans l'encadrement longitudinal de l'affût par des brides de fer ou même des cordes.

La poudre utilisée à l'époque est composée pour 41 % de salpêtre, 29,5 % de soufre, 29,5 % de charbon de bois (aujourd'hui, respectivement 75 %, 10 % et 15 %). Elle est toujours tenue soigneusement à l'abri de l'humidité. (KOCH (K. W.), *La Guerre au Moyen Age,* p. 201 *sq;* VIOLET LE DUC, *Dictionnaire d'architecture,* t. V, pp. 259-260; RACINET, *Le Costume historique,* t. IV : France XVIe siècle.)

Les fortifications au début du XVIe siècle. — Les batteries de défense que l'on veut pouvoir utiliser en tir rasant sont placées sur des terrasses assez basses et découvertes, des saillants, bastions de terre soutenus par des pièces de bois ou renforcés par de fortes pierres, comme l'ont fait les anabaptistes (voir dessin, p. 304). Ces bastions échelonnés à la périphérie des défenses ont été appelés *bolwerc* en hollandais et bas-allemand, d'où nous vient le moderne *boulevard.*

Du Moyen Age, on a conservé les enceintes et les courtines mais en augmentant l'épaisseur des maçonneries. Les revêtements de pierre ébranlés par les bombardements peuvent se détacher et laisser à nu le massif (un bourrage de gravats) qui en s'éboulant risque de faciliter l'accès à la brèche. On supprime aussi les merlons (entre les créneaux) qui en éclatant sous les boulets se transformaient en dangereuse mitraille. On rajoute donc de la terre partout.

En dehors des fossés, au sommet de la contrescarpe, on établit des remparts de bois et de terre surtout destinés à amortir le tir des boulets adverses.

L'approche de l'assaillant se fait par des défilements et des tranchées. On se protège avec des *gabions* remplis de terre serrée dans de l'osier tressé. Les intervalles entre ces gabions forment des *embrasures* par lesquelles tirent canons et arquebuses.

Le mur intérieur de Münster a 1,50 m d'épaisseur et 6 à 8 m de haut. Le gros fortin placé au débouché de l'Aa, à la sortie de la ville, a des murs de 4,25 m d'épaisseur. Il est construit en briques de 29,31 cm de long (longueur du pied de Münster). On retrouve ce type de brique, la *tegula monasteriensia,* dans tous les environs.

Dans les fossés, l'eau a une profondeur de 2,5 m environ.

24. *Évaluation de la population de Münster en 1534-1535 et de l'excédent de femmes sur les hommes.* — Un relevé systématique des estimations fournies par les chroniqueurs ou les prisonniers dans leurs aveux donne les résultats suivants :

— Hermann Regeward : 2 000 hommes dont 1 600 aptes à porter les armes et 6 000 femmes (J. NIESERT, p. 32);
— Johannes Beckmann : 2 000 hommes dont 1 600 aptes à porter les armes et 5 000 femmes (J. NIESERT, p. 37);
— Gottfried Strahlen : 1 600 hommes et 5 000 femmes (J. NIESERT, p. 59);
— Heinrich Graes : 8 400 anabaptistes (KERSSENBROCK, p. 700);
— Dionysus Vinne : 5 000 à 6 000 anabaptistes dont 2 000 susceptibles de porter les armes (J. NIESERT, p. 55);
— Johannes Boentrup : 6 000 à 7 000 anabaptistes (KERSSENBROCK p. 700);
— Johannes Klopris : 6 000 anabaptistes dont 1 800 susceptibles de porter les armes (J. NIESERT, p. 125);
— Thonys Prüme : 1 600 anabaptistes valides (KERSSENBROCK, p. 700);
— Bernhard Focke : 1 500 valides (KERSSENBROCK, p. 700);
— Werner Scheiffert : 8 000 à 9 000 anabaptistes dont 1 400 valides (C. A. CORNELIUS, p. 293);
— Heinrich Gresbeck : 2 000 hommes dont 1 500 valides, 8 000 à 9 000 femmes et 1 000 à 1 200 enfants.

(Voir RAMMSTEDT (O.), p. 103, n. 14.)

Kirchhoff, de son côté, calculant les moyennes obtenues à partir de différentes sources, trouve :

— hommes : 1 755;
— femmes : 4 800;
— enfants : 1 200;

— petits enfants (élèves) : 700.

Il estime par ailleurs l'immigration à 700-800 hommes valides et 2 000-2 500 femmes. Le nombre des victimes du « chassement » de février 1534 (catholiques et protestants) aurait été légèrement inférieur à celui des immigrés (environ 2 000).

Ceci le conduit à estimer la population autochtone anabaptiste à 5 000 ou 5 500 unités — plus des deux tiers des habitants — et la population totale de la ville pendant le siège à un chiffre compris entre 7 700 et 8 800 habitants. (KIRCHHOFF (K. H.), *Die Täufer...*, p. 24.)

Il est intéressant de noter que l'on obtient un résultat compatible en multipliant le nombre d'habitations recensées à Münster (1 800) par le coefficient 4,25, représentant le nombre estimé d'occupants par logement. Ce coefficient a été déterminé par le chercheur allemand Lethmate, auteur d'études démographiques sur d'autres villes à la même époque. La multiplication donne une population de 7 650 habitants sans tenir compte des effectifs des couvents. On obtient donc environ 8 000 en les ajoutant.

Dans toutes les estimations, on arrive à un effectif de femmes 3,2 à 3,3 fois supérieur à celui des hommes. Cet excédent a certainement joué un rôle important dans la décision d'introduire la polygamie. On peut l'expliquer par différents facteurs — présence de plusieurs couvents de femmes, épouses restées dans la ville pour protéger les biens du foyer —, mais le plus déterminant paraît être le succès particulier de la doctrine anabaptiste auprès des femmes. Reste que Münster présentait un déséquilibre démographique dès avant le siège.

25. *Les sept diacres.*
— Le maire de Ledde;
— Albert Heytter, fermier de Ledde, gendre du grand-électeur Hermann Foecks;
— Bernhard Havickhorst, autre maire;
— Hermann Albertinck;
— Hermann Reyminck, boulanger à Münster;
— Johann Katerberg, alias Heyde, armurier de Berg;
— Hermann Bridorp.

26. *L'autodafé de Savonarole.* — A Florence, trente-sept ans plus tôt, Savonarole avait de la même façon ordonné un gigantesque autodafé pour le dernier jour du carnaval. A la base du bûcher : les masques, les fausses barbes, les déguisements; au-dessus : les livres des poètes latins et italiens, le Morgante, les œuvres de Boccace, de Pétrarque; au-dessus : des instruments et ornements de toilette (miroirs, voiles, postiches, pommades, parfums), des instruments de musique, les jeux (échiquiers, cartes, dés) et enfin les tableaux, notamment les portraits de femmes. Ce bûcher était si riche qu'un marchand vénitien qui assistait à sa préparation en proposa en vain 20 000 écus. A noter qu'un certain nombre de peintres ont apporté eux-mêmes leurs œuvres à brûler. (PERRENS (F. T.), *Jérôme Savonarole*, pp. 194-195.)

27. *Le bûcher en chantant.* — De Conrad Braun, assesseur à la

Chambre impériale : « J'ai vu de mes propres yeux que rien n'a été capable de faire revenir les anabaptistes de leurs erreurs et de les décider à l'abjuration. Le plus dur cachot, la faim, le feu, l'eau, le glaive, toutes sortes d'épouvantables supplices n'ont pu les ébranler. J'ai vu souvent des jeunes gens, des hommes, des femmes, aller au bûcher en chantant, remplis d'allégresse, et je puis dire que dans le cours de toute ma vie, rien ne m'a ému davantage. » (JANSSEN (J.), *L'Allemagne et la Réforme,* pp. 111-112.)

28. C'est, très exactement, l'origine de l'expression *« à brûle-pourpoint ».*

29. *Messada.* — En avril 73 après Jésus-Christ, alors que les Romains avaient conquis Jérusalem et la Palestine, seule résistait encore, retranchée dans la forteresse de Messada, sur la mer Morte, la secte des zélotes, un millier de personnes environ. Après plus d'un an de siège, menacés de mourir de soif, les zélotes ont décidé qu'il valait mieux se suicider que se rendre : dix hommes ont été désignés pour sacrifier les autres et s'entre-tuer.

30. L'idée que « quiconque s'élève sera abaissé et quiconque s'abaisse sera élevé » est reprise plusieurs fois dans le Nouveau Testament, et notamment dans Mat XVIII, 12 ; dans Lc III, 5 ; Lc XIV, 11 ; Lc XVIII, 14.

31. *Hinrick Trutelinck* s'était déjà illustré en 1525 lorsqu'on l'avait chargé de détruire les métiers du couvent de Niesing accusés de concurrence déloyale vis-à-vis des artisans. On a retrouvé ses ossements et ses éperons sur le toit de l'église, à l'issue du siège dans lequel sa femme et son unique enfant auront aussi trouvé la mort. (KIRCHHOFF (K. H.), *Die Täufer...* p. 253 ; KERSSENBROCK (H. von), p. 571.)

32. *Les douze Anciens d'Israël* sont :

— Hermann Tilbeck, patricien, ancien bourgmestre
— Gerlach von Wullen, noble, gendre de Kerckerinck
— Heinrich Xantus, chaudronnier
— Heinrich Rodde, orfèvre
— Johann Ossenbeck
— Lambert Mapertinck
— Johann Eschmann, de Warendorf
— Lambert Bilderbeck, de Coesfeld
— Peter Symons, de Frise
— Lambert de Liège
— Bernhard thor Moer
— Anton Guldenarm.

Sur les six Münstérois, quatre sont d'anciens conseillers. Les six anciens non autochtones représentent les contingents d'immigrés les plus importants : environs de Münster (Warendorf, Coesfeld), Frise, Pays-Bas.

33. *Le bourreau.* — Il existait naturellement un bourreau à Münster dans l'ancien ordre. Il habitait une petite maison adossée au rempart, près de Saint-Lambert. La fonction était si mal considérée qu'on n'écrivait pas son nom. Sur les listes et documents administratifs, il figure comme N. N. *(non nominatus).*

34. *Moon plus grand que Jésus.* — De Sun Myung Moon : « L'heure viendra, inéluctablement, où mes paroles serviront pratiquement de loi [...]. Dans l'histoire humaine, il y eut des saints, des prophètes, de nombreux chefs religieux... Le Maître, ici présent, est plus grand que tous ceux-là, il est plus grand que Jésus lui-même. » Et encore : « Le monde entier est dans ma main, je vaincrai et subjuguerai le monde. » (VERNETTE (J.), *Des chercheurs de Dieu hors frontières,* Paris, 1978, p. 52 et 99.)

35. *Sur le mariage.* — « Les formes du mariage et les rapports entre les sexes dans le sens bourgeois ne satisfont plus. Une révolution approche dans ce domaine, laquelle concorde avec la révolution prolétarienne. » (LENINE, *La Femme et le communisme,* Ed. sociales, p. 202.)

36. *Femmes.* — « La famille de mon mari, écrit une femme au *Nouvel Observateur* (23 février 1981) appartient à la secte des Témoins de Jéhovah. [...] Ils sont très unis entre " frères " et " sœurs " de secte mais rejettent leur vraie famille si elle n'adhère pas. Leur antiféminisme est choquant, la femme n'est que " la côte de l'homme ". »

37. *Désertion de lansquenets.* — Quand les lansquenets désertent en groupe, on n'hésite pas à les faire poursuivre par la cavalerie. C'est ainsi que le 1er juillet 1534, le commandant des troupes montées de l'évêque a poursuivi jusqu'à Sendenhorst une troupe de mercenaires déserteurs. Ceux-ci s'étaient retranchés dans un domaine fortifié. Pour les inciter à se rendre, on a fait mettre en batterie une pièce lourde amenée du campement. Après la reddition, les chefs ont été aussitôt exécutés et les hommes grâciés ont été reconduits à leurs postes sous bonne garde. (KERSSENBROCK (H. von), p. 616; KIRCHHOFF (K. H.), *Die Belagerung...,* p. 103, n. 229.)

38. *Les Münstérois dans l'ordre de cour.* — Sur les 146 fonctions et charges attribuées par l'ordre de cour, 58 seulement sont occupées par des Münstérois d'origine. On pourrait en conclure à un déséquilibre au profit des immigrés, notamment Hollandais et Frisons. Mais Rammstedt a bien fait observer que les Münstérois et spécialement les notables — anciens conseillers ou chefs de guildes, négociants ou artisans aisés — gardent, sous ce nouveau régime, le contrôle des fonctions les plus importantes et la majorité dans les instances dirigeantes :

Le gouvernement compte 11 Münstérois sur 18 membres et, sur ces 11, 8 sont d'anciens conseillers (7) ou chef de guilde (1). Fortune immobilière moyenne : 655 florins-or.

Dans la haute administration, ils sont encore majoritaires avec 21 postes sur 32. On trouve parmi eux 1 ancien grand électeur, 7 anciens conseillers, 2 patriciens, 2 marchands, 5 artisans. Fortune immobilière moyenne : 346 florins-or.

En revanche, dans les instances d'exécution ou subalternes, les autochtones sont largement minoritaires :

— 5 sur 29 dans l'organisation militaire,
— 13 sur 30 dans l'organisation des métiers,
— 8 sur 37 seulement parmi les serviteurs de la cour.

Dans les deux dernières catégories, la fortune immobilière moyenne n'est plus que de 160 florins-or environ.

Au total 19 anciens conseillers sur 24 ont trouvé un nouvel emploi et un nouveau titre. Il semble donc que, face aux émigrés et en dépit de l'égalité prêchée par l'anabaptisme, les notables ont plutôt renforcé leur position traditionnelle.

39. *La mère d'Adolf Hitler.* — On peut rapprocher la naissance de Jan de Leyde — fils d'une servante engrossée par le bourgeois marié qui l'emploie et attend que sa femme soit morte pour l'épouser — de celle d'Adolf Hitler, fils d'une servante, Klara, engrossée par l'employé des douanes Aloïs Hitler, de vingt-trois ans son aîné, marié à Franziska Matzelberger, et attendant que celle-ci soit morte pour l'épouser. Il ne serait sans doute pas sans intérêt de comparer les enfances, les destins des deux hommes, leur aptitude à convaincre par la parole, leur sens de l'organisation et de la mise en scène... Un auteur dramatique allemand, Friedrich Percyval Reck, l'a d'ailleurs fait en 1938. Hitler l'a envoyé à Dachau où il est mort en 1945.

40. *Les vingt-sept apôtres*

Partent vers Soest et le sud :

— Le prophète Johannes Dusentschur, orfèvre de Warendorf;
— Hermann Kerckerinck, un patricien sans doute parent de Christian Kerckerinck, le plus notoire des nobles ralliés à l'anabaptisme;
— Johannes Buttendieck, dont la femme a été condamnée à mort pour rébellion et doit être exécutée après son accouchement;
— Joachim Kesse;
— Heinrich Schlachtschaf, le prédicant;
— Lorenz Vischer;
— Bernhard Wever.

Partent vers Osnabrück et le nord :

— Johann Boentrup, boucher;
— Heinrich Graes, maître d'école de Borken, qui sera l'unique survivant;
— Dionysius Vinne, le prédicant, ancien pasteur d'Alteneick dans le diocèse de Liège.
— Paul Schwering, qui avait perdu un bras à la suite d'une blessure par balle;
— Peter Kneper, de Sneek;
— Johannes Scheffer de Freckenhorst, un ouvrier sabotier.

Partent vers Coesfeld et l'ouest :

— Jakob van der Grave;
— Johannes Essens, de Coesfeld;

— Bernhard Focke, de Münster;
— Julius von Franeker, de Frise, qui avait été nommé premier évêque des anabaptistes dans la ville;
— Hermann Regewart, ancien pasteur de Warendorf;
— Johannes Beckmann, d'Osnabrück. Ancien vicaire de Saint-Martin puis de Saint-Maurice, il est venu à Münster après la destruction de son église et a épousé deux anciennes nonnes, l'une d'Uberwasser, l'autre de Saint-Gilles;
— Bartholomeus Neteler, de Hollande;
— Egbert Wideman, de Nordkirchen.

Partent vers Warendorf et l'est :
— Johannes Klopris, le prédicant;
— Heinrich Ummegrove;
— Gottfried Strahlen, le prédicant;
— Dietrich von Alfen;
— Antonius von Prim, un fabricant de sacs originaire de l'Eifel.

41. Cette *Else Dreïer* pourrait ne faire qu'une avec l'Else Dreïer qui compte au rang des femmes du roi; celui-ci l'aurait épousée à la suite de la plainte déposée contre elle par Knipperdollinck puis condamnée à mort en apprenant qu'elle cherchait à s'enfuir. Mais rien, dans l'état actuel des recherches, ne permet de confirmer cette hypothèse.

42. *Liste des épouses de Jan de Leyde.*

— Divara de Haarlem, la reine
— Maria Heckers
— Katharina Milinges
— Anna Laurentz
— Engele Kerckerinck
— Anna Averweges
— Elizabeth Wantscherer
— Else Dreïer
— Anna Knipperdollinck
— Clara Knipperdollinck
— Katharina Averweges
— Anna Kibbenbrock
— Christina Rodde
— Margaretha Moderson
— Lise von dem Busche
— Grete Groll

Seule Divara porte le titre de reine. Son maître de cour est Heinrich Rodde. Plusieurs des épouses du roi sont filles ou nièces de hauts dignitaires, tels Knipperdollinck, Kerckerinck, Kibbenbrock. (KERSSENBROCK (H. von), pp. 657-658; et DULMEN (R. van), *Das Täuferreich*... pp. 157-158.)

43. *Grâce*. — Kunne Swerthen survivra au siège et sera épargnée lors de la prise de la ville. elle remplira le formulaire d'abjuration qui prévoit la

la transcription des aveux, la formule de contrition et la désignation de deux garants. L'évêque lui-même demandera son pardon au nouveau Conseil de la ville. Moyennant le versement d'une somme de 100 florins, Johann et Kunne Swerthen pourront rentrer en possession de leurs biens. (KIRCHHOFF (K. H.), *Die Täufer...* p. 247.)

44. *Champions.* — Personne ne battait Charlemagne à la nage, ni Idi Amin Dada sur un ring. Mussolini imposait des cross countries à ses ministres. L'exploit de Mao traversant à la nage le Yang Tse Kiang à 70 ans, s'il participe du même principe, paraît plus probant.

45. *Les douze ducs :*

— Bernhard thor Moer, tailleur, duc de Brunswick;
— Johann Redecker, cordonnier, duc de Juliers et de Clèves;
— Johann Palck, forgeron, duc de Gueldre et d'Utrecht;
— Johann Dencker, épicier, duc de Saxe;
— Engelbert Edinck, duc de Brabant et comte de Hollande;
— Nickolaus Stripe, commerçant, duc des deux Frise et du pays de Groningue;
— Heinrich Xantus, chaudronnier, duc de Mayence;
— Johann Katerberg, armurier, duc de Brême, Verden et Minden;
— Heinrich Kock, duc de Trèves;
— Hermann Reyninck, duc d'Hildesheim et Magdebourg;
— Christian Kerckerinck, duc de Westphalie entre Rhin et Weser;
— Le maire de Ledde, duc de Cologne;

(KERSSENBROCK (H. von), p. 774; DULMEN (R. van), *Das Täuferreich...* pp. 249-250.)

46. *La caution de Wechhake.* — Sans connaître son rôle exact, on sait qu'un autre homme, Ludger Wechhake, a pris aux côtés de Jan de Leyde une part active à l'exécution d'Elizabeth Wantscherer. Ce Wechhake avait été capturé par les assiégeants en 1534 puis libéré, grâce à l'intervention de Johannes Mennemans et de Godekes von Haltern. Le premier de ces deux garants avait même versé une caution de 150 florins. Libre, Wechhake, qui n'avait pas changé d'opinion, était retourné à Münster et l'évêque avait naturellement saisi la caution. Mieux, Wechhake ayant trouvé la mort lors de la prise de la ville, l'évêque se remboursera en faisant saisir ses biens, notamment une maison au n° 2 du Marché de l'Orge. Moyennant quoi, avec une intégrité surprenante, il restituera alors à Mennemans les 150 florins de caution. (KIRCHHOFF (K. H.), *Die Täufer...*, p. 257.)

47. *La mort et la fête.* — On se rappelle le « Si la guillotine n'eût pas marché, la fête n'eût pas été si belle », d'un rapport de police décrivant, pour le premier anniversaire de la mort de Louis XVI, la rencontre imprévue d'une charrette de condamnés et du cortège commémoratif. Sur le sens de la fête, Durkheim estime qu'il suffit à la communauté de se rassembler pour trouver dans son unanimité matière à exaltation; Freud au

contraire ne pense cette exaltation possible qu'au prix d'une transgression d'interdits. Sans doute, dans le cas de Münster, où il faut aussi tenir compte du rôle joué par Jan de Leyde, de l'importance de l'attente mystique et de l'isolement de la population, faudrait-il pouvoir faire appel aux deux explications.

48. *Survivants.* — Jakob van Sulen junior fait sans doute partie de ces quelques heureux rescapés, mais il commettra l'imprudence de retourner à Münster pendant l'hiver 1536-1537. Reconnu, il sera arrêté et questionné. Ayant confessé avoir tué deux personnes au cours du siège, il sera décapité le 19 février 1537. (KIRCHHOFF (K. H.), *Die Täufer...*, p. 244).

49. *Anna Kibbenbrock,* veuve du dignitaire anabaptiste, sera condamnée à mort puis, en raison de sa grossesse, grâciée et incarcérée. Au début du mois d'août 1535, son frère se propose en vain comme garant pour la faire libérer. En décembre, ses frères, des amis et ses huit enfants supplient l'évêque de la laisser sortir. Elle est atteinte, font-ils valoir, d'une tumeur « qui croît quotidiennement ». Ils attestent qu'elle n'a pas choisi l'anabaptisme, mais qu'elle y a été contrainte. (KIRCHHOFF (K. H.), *Die Täufer...*, p. 167.)

50. Cette *chevalière* a été offerte par le prince-évêque au chancelier Eberhard d'Elen. Celui-ci en a fait don par testament à la ville de Münster, puis le Conseil l'a vendue à un orfèvre renommé, David Knop.

Elle est reproduite dans LÖFFLER (K.), *Die Wiedertäufer...* p. 135. Elle a disparu aujourd'hui, comme la chaîne, l'épée et la couronne de Jan de Leyde.

51. *Survivantes.* — Il semble que de 3 500 à 4 000 femmes aient survécu au siège de Münster et abjuré l'anabaptisme. Cependant, 216 seulement d'entre elles auront réintégré la ville pour l'automne 1536 — peut-être beaucoup, parmi les autres, n'ont-elles abjuré « que des lèvres, non du cœur » ? Telles, par exemple, les filles von der Recke : elles ont abjuré en 1535, trouvé des garants qui ont versé, pour elles et leur mère, une caution de 6 000 florins... et sont redevenues anabaptistes en 1536. Parmi les 216 qui sont retournées à Münster, Gese Overcamp la centenaire.

52. *Anabaptisme pacifique.* — L'anabaptisme intransigeant et militant a reçu à Münster un coup mortel. Johann Battenburg prendra bien la place de Jan de Leyde comme chef de la tendance radicale, mais sera lui-même exécuté en 1537. Son successeur sera David K. Joris puis un pacifiste nommé Menno Simonsz qui prêche la discipline et la pureté de mœurs en se référant aux thèses originelles des anabaptistes. Ses disciples seront les mennonites, qui comptent aujourd'hui 600 000 adeptes dans le monde, notamment en Amérique du Nord et en Hollande.

53. *Exécutions.* — A remarquer la sombre prémonition du protestant Corvinus assistant à l'exécution des anabaptistes par les catholiques : « Il ne manquait plus rien à leur grande joie, sinon que les luthériens soient

éloignés de chez eux par le même châtiment. » Peu après commençaient les guerres de religion.

54. *Les cages et les tenailles.* — Les cages fixées en 1536 au clocher de Saint-Lambert y sont restées accrochées jusqu'à sa démolition en 1881, puis à nouveau exposées à la face sud de la la nouvelle tour, construite entre 1895 et 1898. Elles y sont toujours (31 mars 1981). Quant aux quatre paires de tenailles ayant servi au supplice de Jan de Leyde, elles sont conservées dans l'ancien Hôtel de Ville.

55. *Les maisons des guildes.* — Les édifices publics de Münster, qui appartenaient à la ville comme la maison des poids, celle du vin, celle de la bière, l'Hôtel de Ville, n'ont pas été saisis comme butin.

Il n'en a pas été de même pour les maisons des guildes, celles-ci étant considérées, à juste titre, comme partiellement responsables de l'insurrection :

— Leur maison générale, 27, rue du Vieux-Marché-au-Poisson, ne redevient la propriété des guildes qu'en 1551.

— La maison de la guilde des marchands, 6, rue du Vieux-Chemin-de-Pierres, est revendue en 1537 au maréchal de la cour de l'évêque. Reconstruite en 1588, elle servira de résidence à la délégation néerlandaise, pendant les négociations préalables au traité de Westphalie de 1645 à 1648. Détruite par les bombardements de 1945, elle a été à nouveau reconstruite en 1951. Elle contient actuellement la bibliothèque et les archives municipales. Dans la grande salle, on trouve encore la devise de la guilde des marchands : « *Ehr is Dwang genoog* (La contrainte de l'honneur suffit). »

— Les forgerons tentent en vain de racheter la maison de leur guilde en 1536, mais parviendront à la récupérer un peu plus tard, en 1557. Elle est située 72, rue du Champ-aux-Juifs.

— Les bottiers-cordonniers connaissent aussi un premier échec en 1561 lorsqu'ils tentent de récupérer la maison de leur guilde mais y parviennent finalement en 1584, cinquante ans après le siège.

— On ne sait ce qu'il est advenu de la maison de la guilde des boulangers qui se trouvait au 12, rue du Vieux-Chemin-de-Pierres, tout près de celle des marchands.

56. *Vente des maisons saisies.* — On peut remarquer que 430 maisons anabaptistes seulement ont été vendues au plus offrant, alors que l'inventaire initial fait état de 525. L'écart peut s'expliquer par les renonciations après enquête et les transactions amiables avec des parents ou héritiers. La présentation des créances et des offres des candidats à l'acquisition se sont faites à Münster le 17 janvier 1536, quelques jours avant les exécutions. On estime que la ville comptait à cette époque 1 800 habitations. (KIRCHHOFF (K. H.), *Die Täufer...*, p. 27.)

57. *Confiscation et droit de rachat.* — Le droit de confiscation des biens immobiliers des anabaptistes était clairement établi par le mandat impérial de Charles Quint du 3 février 1535.

L'évêque avait promis aux expulsés la restitution de leurs biens immobiliers. Pour les contraindre à racheter aux maîtres du butin leurs biens mobiliers, il se justifie en arguant d'une responsabilité collective de tous les citoyens de Münster, anabaptistes ou non, dans le coup de main contre Telgte du 26 décembre 1532, au cours duquel des chanoines ont été pris en otages. (KIRCHHOFF (K. H.), *Die Täufer...*, p. 3, n. 17 et 18.)

58. *Bilan financier du siège.* — Les recettes ayant permis de couvrir les frais de guerre se sont élevées à 380 332 florins-or, dont 235 231 provenant des prêts et des revenus du diocèse. (Les cercles n'ont contribué que pour 61 000 florins au lieu de 185 000 prévus, et l'évêque a dû en avancer 56 000 à l'Empire.)

Les dépenses réglées se sont élevées à 383 200 florins-or, mais 9 216 florins dûs n'ont pas été payés aux cavaliers.

Si on ajoute aux dépenses couvertes les contributions en nature, on peut estimer le coût total du siège à 500 000 florins, somme considérable mais sensiblement inférieure aux 800 000 florins que l'évêque disait avoir déjà dépensés en novembre 1534 (une tonne d'or = 100 000 florins).

La conversion du coût du siège en francs actuels est théoriquement impossible. Pourtant, si l'on risque la traduction sur la base des cours de l'or en mars 1981, on voit que le siège aurait coûté 425 millions de francs, ce qui paraît compatible avec le prix d'une maison à Münster — environ 240 000 francs — ou la solde mensuelle d'un lansquenet — environ 3 000 francs convertis sur la même base.

59. *Münster depuis le siège de 1534-1435.* — Un peu moins d'un siècle après le siège, Münster connut une heure de gloire avec la signature du traité de Westphalie (1648), entre la France et l'Empire, qui mettait fin à la guerre de Trente ans. Enivrée peut-être par tant d'honneur, la cité voulut alors devenir ville libre d'Empire, ce qui provoqua un nouvel et grave affrontement avec son prince évêque, Christoph-Berhard à cette époque. A l'issue de trois guerres successives, Münster perdit toutes ses libertés. On vit les hommes de l'évêque monter la garde à l'Hôtel de Ville et la maison des guildes transformée en magasin d'armes surmonté d'un épigraphe dérisoire et infâmant : *Ne sutor ultra crepidam* (Cordonnier pas plus haut que la chaussure)! Ce fut la fin de l'ambition des bourgeois.

En 1767, Furstenberg, ministre d'État d'un nouveau prince-évêque, décida de faire abattre portes et fortifications et fit de Münster une ville ouverte « pour ne pas inviter l'ennemi à l'attaquer ». En même temps, ce pacifique y créa une université régionale qui compte aujourd'hui une vingtaine de facultés et plus de 30 000 étudiants.

Les troupes de Napoléon occupèrent Münster en 1806 qui devint en 1810 le chef-lieu du département français de la Lippe. A l'occupation française succéda en 1815 celle des Prussiens.

Rasée en 1945 par les bombardements alliés, la métropole de Westphalie a relevé son centre ville sur le tracé de l'ancienne cité fortifiée dont Jan de Leyde s'était proclamé roi. C'est aujourd'hui une ville moderne et active de plus de 250 000 habitants dont... près de 70 % de catholiques.

60. *Sectes.* — Nous empruntons à Alain Woodrow, chroniqueur

religieux au journal *Le Monde* et auteur de l'ouvrage *Les Nouvelles Sectes* (éditions du Seuil), un répertoire des principales sectes recrutant aujourd'hui, et, semble-t-il, avec un succès croissant en France.

La secte de Moon

Nom officiel : Association pour l'Unification du christianisme mondial (A.U.C.M.), appelée aussi Église de l'Unification ou encore Pionniers du Nouvel Age. Elle a créé de nombreuses filiales comme le Mouvement universitaire pour la recherche des valeurs absolues (M.U.R.V.A.) et aux États-Unis : *Project Unity, One World Crusade, International Cultural Foundation, International Federation for Victory over Communism,* etc.

Fondateur : Sun Myung Moon, Coréen, né en 1920.

Enseignement : « Nouveau Messie », « Seigneur du Second Avènement », Moon vient achever la mission du Christ — qui échoua avec la crucifixion — en rachetant le péché de chair commis par Adam et Ève, en fondant une famille parfaite qui inaugurera le royaume de Dieu sur terre, par la victoire sur le communisme, arme principale de Satan.

But : Unir le genre humain dans une famille parfaite, sous la houlette de Moon et sa femme, « vrais parents », en vue de la victoire — pacifique ou violente — sur le communisme et la réunification de la Corée, nouvelle terre promise.

Organisation : Malgré l'accent mis sur les liens horizontaux familiaux, l'Église est fortement structurée. Chaque nouvel adepte est pris en charge par un « père » ou une « mère » spirituel ; chaque famille est dirigée par un chef, ainsi que chaque pays et chaque région. Et tous dépendent entièrement de Moon, chef incontesté de la secte.

Recrutement et endoctrinement : Prosélytisme dans la rue, stages de sept, vingt ou cent jours avec endoctrinement à haute dose, accompagné de privation de nourriture et de sommeil. Les adeptes doivent travailler au profit de la secte (mendicité, travail en usine) et sont envoyés à l'étranger comme missionnaires.

La Conscience de Krishna

Nom officiel : Association internationale pour la Conscience de Krishna.

Fondateur : A. C. Bhaktivedanta swami Prabhupada, Indien, né en 1896.

Enseignement : Au lieu d'être seulement un des *avatars* (incarnations) de Vichnou, comme dans l'hindouisme traditionnel, Krishna est ici considéré comme Dieu unique, créateur de tout : « Personne suprême, ultime demeure, vérité absolue, personne divine et éternelle. » Le *bhaktiyoga* (yoga de dévotion) est la voie qui permet aux adeptes de Krishna de le connaître et de l'aimer.

But : Propager cette doctrine, faire des adeptes à la secte et transformer la vie des dévots sur le plan individuel.

Organisation : Les ashrams ont une certaine autonomie, sous la direction d'un maître spirituel, mais tous dépendent du swami Prabhupada, qui centralise les fonds recueillis dans les différents pays.

Recrutement et endoctrinement : Prosélytisme dans la rue. Formation intensive à l'intérieur de communautés fermées. Vente dans la rue de menus objets et des publications de la secte.

Enfants de Dieu ou Jesus revolution *(Révolution pour Jésus)*

Fondateur : l'ex-pasteur David Brandt Berg, qui a pris le nom de Moïse David, Américain, né en 1918.

Enseignement : Doctrine millénariste : l'harmonie du paradis terrestre créé par Dieu a été détruite par Satan. Les pauvres, toujours plus écrasés par les riches, se sont souvent révoltés sans succès, mais bientôt les riches s'entre-tueront dans une guerre atomique, qui laissera les pauvres (dont les Enfants de Dieu) libres de reconstruire une société « primitive » parfaite. « La grande guerre atomique qui va bientôt éclater, lit-on dans une des publications de la secte, anéantira la plupart des pays riches et industrialisés du monde et seuls les petits travailleurs agricoles seront capables de survivre. »

But : Réaliser la « révolution pour Jésus », c'est-à-dire changer le monde en changeant le cœur de l'homme. Prêcher la « bonne nouvelle » à travers le monde, surtout par leurs chants.

Organisation : Le mouvement est fortement structuré et hiérarchisé. Les membres de la secte, appelés brebis, sont dirigés par les bergers responsables d'une communauté (ou colonie), les bergers de district, les évêques, les archevêques, les ministres (les enfants de David Berg). Moïse, chef absolu et prophète de la secte, ne figure pas officiellement dans cette hiérarchie, au sommet de laquelle est placé Jésus-Christ.

Recrutement et endoctrinement : Prosélytisme dans la rue. Formation intensive à l'intérieur de communautés fermées de six à huit personnes. Vie en communauté avec de nombreux mariages. Les mères s'occupent de leurs enfants jusque vers deux ans, puis ceux-ci sont élevés de préférence dans des écoles du mouvement. Les tâches sont réparties de façon stricte. Les adeptes vivent de la vente de leurs publications, des tours de chant et de la mendicité.

Témoins de Jéhovah

Nom officiel : *Watch Tower Bible and Tract Society of Pennsylvania.*

Fondateur : Charles Taze Russel (1852-1916), Américain.

Enseignement : 1914 marque la fin d'une ère et le début du règne du Christ, qui a livré bataille à Satan et à ses démons et remporté la victoire. Cette date marque la fin du temps des nations des gentils (c'est-à-dire non chrétiennes) et l'entrée dans la période ultime de l'histoire humaine, qui se terminera par la bataille d'Harmaguédon. Les témoins de Jéhovah en seront épargnés et ils régneront sur terre, avec le Christ qui viendra rétablir la paix et la justice universelles. Ils refusent le dogme de la Trinité, ne voyant dans le Saint-Esprit que la « force active » de Dieu le Père, lui-même au-dessus de son Fils. Ils refusent également de croire à l'immortalité de l'âme, mais enseignent que les élus reviendront à la vie. L'interdiction dans le livre du Lévitique de « manger le sang » considéré comme « siège de la vie » explique le refus de la secte d'accepter des transfusions sanguines, ou de manger du boudin.

But : Propager leur doctrine par le témoignage public et les visites à domicile.

Organisation : Les congrégations locales, de 10 à 120 membres, comprennent des proclamateurs, des serviteurs ministériels et des anciens (appelés aussi aînés ou surveillants). Parmi ces derniers, cinq surveillants jouent un rôle de direction collégiale, dont un surveillant-président, remplacé tous les ans. Le système de roulement institué en 1972 veut éviter le culte de la personnalité. La secte a un centre dans chaque pays, appelé filiale, dirigé collégialement par un comité de surveillants de 3 à 5 membres (5 en France). Au plan international, le mouvement est dirigé par un collège central de 18 membres, situé à Brooklyn, et dont le président est renouvelé chaque année.

Recrutement et endoctrinement : Prosélytisme par des visites de porte à porte. Après l'entrée dans la secte et le baptême par immersion, les adeptes suivent des cours bibliques, assistent à des réunions de prière et s'abstiennent de faire de la politique.

Mormons

Nom officiel : Église de Jésus-Christ des Saints des Derniers Jours.

Fondateur : Joseph Smith (1805-1844), Américain.

Enseignement : La Bible, qui contient des erreurs, doit être complétée par la révélation accordée à Joseph Smith. Celle-ci enseigne la corporalité de Dieu, le don miraculeux du *Livre de Mormon* à Smith sur des tables d'or, emportées ensuite au ciel par un ange, le rassemblement des dix tribus dispersées sur le continent américain où sera bâtie la Sainte-Sion, le baptême rétroactif pour les générations passées. Respect des dix commandements, du versement de la dîme (10 % des revenus), de la pureté et de la fidélité (la polygamie ne fut admise que par nécessité historique à une époque où la survie de la colonie était menacée). Interdiction d'excitants, d'alcool, de tabac.

But : Rétablir l'Église chrétienne des apôtres, qui a connu l'apostasie et perdu la vérité intégrale. Rendre le mormon parfait grâce à la maîtrise du corps et des instincts.

Organisation : Le « Président, Prophète et Voyant » est le chef de la hiérarchie et ses « révélations » font autorité pour tous les mormons. La « première présidence » est constituée par le président avec deux conseillers. Vient ensuite le Conseil des douze apôtres, chargé de l'œuvre missionnaire mondiale, puis le Conseil des soixante-dix, avec sept présidents. Toutes ces personnes appartiennent à la « prêtrise de Melchisédech », qui traite des affaites spirituelles et temporelles, tandis que la « prêtrise d'Aaron », à laquelle peuvent aspirer tous les mormons de sexe masculin et de race blanche, ne s'occupe que des questions matérielles.

Recrutement et endoctrinement : Tous les jeunes mormons de 18 à 20 ans consacrent un ou deux ans de leur vie à l'évangélisation, aux frais de leurs familles. Le recrutement se fait de porte à porte ou dans la rue. Les mormons ont une vie très régulière de service et de travail, avec l'accent mis sur l'hygiène alimentaire et les valeurs familiales. Ils sont encadrés très strictement et suivent de nombreuses réunions de prière et d'amélioration mutuelle.

Adventistes

Nom officiel : Église des Adventistes du Septième Jour.

Fondateurs : William Miller (mort en 1849) calcule le retour du Christ pour 1843, puis 1844. Ensuite, Mrs. Ellen White (morte en 1915), véritable fondatrice, organise le mouvement à partir de ses visions et de ses nombreux livres de réflexion et de piété.

Enseignement : Ils attendent le très proche « avènement » du Christ, et situent le jour de repos au Sabbat (samedi : septième jour de la semaine). La Bible est la règle fondamentale de la foi et de la morale. Les justes ressusciteront avec le retour du Christ. A la fin du millénium, ce sera la destruction finale de Satan et des pécheurs impénitents. Baptême, par immersion, réservé aux adultes. Interdiction d'alcool et de tabac, tandis que le thé, le café et les « aliments impurs » de la Bible sont déconseillés.

But : Gagner le plus grand nombre possible de convertis.

Organisation : L'Église comporte quatre niveaux : l'Assemblée locale, dirigée par les Anciens, la Conférence, qui réunit les assemblées d'un même pays, l'Union, qui groupe plusieurs conférences, et la Conférence générale mondiale dont le siège est à Washington.

Recrutement et endoctrinement : Diffusion de la Bible et de brochures doctrinales; émissions à la radio. Les missionnaires pratiquent le porte-à-porte et quêtent « pour les missions ». Le culte adventiste consiste en des réunions de prière, la Cène et le baptême, par immersion, réservé aux adultes.

BIBLIOGRAPHIE
ET
RÉFÉRENCES

Nous n'avons naturellement pas exploité tous les ouvrages signalés dans cet aperçu bibliographique. L'affaire de Münster faisant toujours, en Allemagne, l'objet de recherches actives, nous avons travaillé, par priorité et en plus des sources, sur les publications les plus récentes des érudits contemporains. Cette sélection internationale d'ouvrages n'a donc pas d'autre prétention que de faire éventuellement gagner quelque temps aux chercheurs désireux d'accéder aux informations disponibles sur l'aventure de Münster et sur ce qui permet de la comprendre.

I. — Sources principales

Ces documents sont présentés dans l'ordre chronologique de leur publication. Sauf dans le cas de la principale chronique, celle de Kerssenbrock, le nom de référence est celui du présentateur parfois aussi traducteur des textes originaux.

NIESERT (J.) : *Münsterische Urkundensammlung*, Coesfeld, 1826. *Urkunden zur Geschichte der Münsterischen Wiedertäufer*. (Ce volume comporte notamment les aveux de Johannes Beckmann, pp. 33-37, ceux de Zilli Leitgen, pp. 136-149, et ceux de Jakob d'Osnabrück, pp. 154-166.)

— *Beitrage zu einem münsterischen Urkundenbuche*. Münster, 1823.

DORP (H.) : *Warhafftige Historia wie das Evangelium zu Münster angefangen. Und danach durch die Wiedertäufer verstört, wieder auffgehört*, Magdebourg 1842. Ouvrage devenu moins utile depuis la publication de l'édition Detmer de l'*Historia* de Kerssenbrock. Les inexactitudes concernant l'histoire des anabaptistes de Münster que l'on peut relever dans *Les Mémoires de Luther* par J. Michelet s'expliquent par le fait qu'il s'est servi, dans les années 1830, pour écrire son ouvrage, d'une édition ancienne de cette *Historia* de Dorp.

Un document précieux figure néanmoins dans le livre de Dorp, c'est la lettre du prédicant hessois Anton Corvinus à Georg Spalatin dans laquelle il fait le récit de l'exécution de Jan de Leyde, Berndt

Knipperdollinck et Bernhard Krechting : *De miserabili Monasteriensium anabaptistorum obsidione...,* Wittenberg, 1536.

CORNELIUS (C. A.) : *Berichte der Augenzeugen über das münsterische Wiedertäuferreich,* dans *Die Geschichtsquellen des Bistums Münster,* vol. II, Münster, 1853. Réédition 1965.

Cette importante publication comporte notamment le texte des souvenirs du menuisier Gresbeck sous le titre : *Summarische und Bericht der Widerdope und wat sich binnen der Stat Monster in Westphalen zugetragen im Lair MDXXXV,* pp. 3-214.

Ce récit est capital, car Heinrich Gresbeck a vécu tout le siège de Münster avec les anabaptistes avant de les trahir, jouant un rôle essentiel dans la prise de la ville. Gresbeck mentionne les noms d'une cinquantaine d'anabaptistes. Son récit est très vivant, mais doit être utilisé avec prudence d'une part parce que parlant après les événements il veut justifier sa conduite, d'autre part parce qu'il est peu fiable dans les données chiffrées et la chronologie. Le texte étant en bas-allemand est d'accès difficile, mais l'essentiel en a été traduit en allemand moderne par K. Löffler et une partie par R. van Dulmen (voir ci-dessous). Parmi les autres documents publiés par C. A. Cornelius figurent également :

— Les lettres des 21 et 29 mai 1535, de Justinian de Holtzhausen, conseiller délégué de Francfort (pp. 334-337 et 341-347);

— Les procès-verbaux d'interrogatoire de Jan de Leyde des 25 juillet 1535 (pp. 369-376) et 20 janvier 1536 (pp. 398-402);

— La chronique du couvent Marienthal dit Niesing (pp. 419-441).

KERSSENBROCK (H. von) : *Anabaptistici furoris Monasterium inclitam Westphaliae metropolim evertentis historica narratio,* édition critique présentée et annotée par H. Detmer, vol. I. Münster, 1900, vol. II. Münster, 1899.

Kerssenbrock était élève de la Scola Paulina de Münster en 1533, en première année, et devait donc avoir alors entre douze et treize ans, et non quinze comme il est dit généralement. Contraint comme d'autres catholiques et protestants de quitter la ville à la fin du mois de février 1534, il a poursuivi ses études à l'extérieur. Revenu à Münster comme recteur de la Scola Paulina, il a profité en 1568 d'une épidémie de choléra qui avait entraîné la fermeture de l'école pour entreprendre son *Historia.* L'intérêt majeur de son travail est qu'il a eu accès pour le mener à bien à quantité de documents disparus depuis et qu'il a sans doute pu interroger des témoins occulaires des événements encore vivants à cette époque. Son récit abonde en anecdotes et mentionne les noms de plus de deux cents anabaptistes, mais il est fortement influencé par son catholicisme intransigeant et sa fidélité à l'évêque. Il en résulte des déformations, parfois même des calomnies qui semblent pures inventions. Comme Gresbeck, il est peu fiable sur la chronologie et les données chiffrées. Sa chronique a néanmoins profondément influencé les récits et commentaires ultérieurs jusqu'à la dernière guerre, accréditant l'idée que l'anabaptisme était dès l'origine insurrectionnel et enclin à la violence. Il en est souvent résulté une présentation caricaturale de la communauté de Münster — débordements sexuels et obéissance obtenue exclusivement par la terreur —

dont les études les plus récentes commencent à faire justice. La chronique de Kerssenbrock est en latin et n'a pas encore fait l'objet d'une traduction exhaustive dans une langue moderne. Elle constitue les volumes V et VI de *Die Geschichtsquellen des Bistums Münster.*

LÖFFLER (K.) : *Die Wiedertäufer zu Münster 1534-1535. (Berichte, Aussagen und Aktenstücke von Augenzeugen und Zeitgenossen)*, Iéna, 1923. Collection ordonnée d'extraits de Kerssenbrock et de Gresbeck traduits en allemand moderne. Elle reprend également d'autres documents publiés par Niesert et Cornelius.

FAST (H.) : *Der Linke Flügel der Reformation. (Glaubenszeugnisse der Täufer, Spiritualisten, Schwärmer und Antitrinitarier)*, vol. IV de *Klassiker des Protestantismus,* Brême, 1962. Contient notamment la confession de Obbe Philips.

STUPPERICH (R.) : *Die Schriften Bernhard Rothmanns,* Münster, 1970. Seuls documents émanant des anabaptistes. Certains des textes de B. Rothmann publiés par R. Stupperich et originellement imprimés à Münster en 1533 et 1534 avaient déjà été publiés par H. Detmer et R. Krumbholtz d'une part et K. W. Bouterwek d'autre part (cf. ces auteurs à la rubrique « autres ouvrages »).

KIRCHHOFF (K. H.) : *Die Täufer in Münster 1534-1535, (Untersuchungen zum Umfang und zur Sozialstruktur der Bewegung)* ; vol. XII de *Geschitliche Arbeiten zur Westfälischen Landesforschung,* Münster, 1973. Sans être à proprement parler un recueil de sources, le dernier ouvrage de K. H. Kirchhoff est un instrument indispensable. On y trouve en effet un relevé systématique de toutes les informations biographiques et économiques connues sur 769 personnes ayant vécu à Münster en 1533 ou 1534 et, dans la quasi-totalité, anabaptistes. Reposant pour une bonne part sur une nouvelle exploitation des archives de la ville de Münster et du Land, l'ouvrage apporte un grand nombre de renseignements inédits.

VAN DULMEN (R.) : *Das Täuferreich zu Münster 1534-1535*, Munich, 1974. Ensemble de documents tirés de Niesert, Kerssenbrock, Cornelius, etc., présentés dans un ordre cohérent et commode en allemand moderne.

II. — ARCHIVES DE MÜNSTER

K. H. Kirchhoff, dans *Die Täufer in Münster,* pp. 89-90, donne les références des principaux documents accessibles dans la série *Quellen und Forschungen zur Geschichte der Stadt Münster,* notamment :

— Les listes d'électeurs et conseillers (Eduard Schulte, 1927);

— Le Bitchbock (ou *Beichtbuch der Wiedertäufer in Münster,* vol. VII, n° 1603), longtemps attribué à K. H. Kerssenbrock dont il aurait pu être un écrit de jeunesse. Cela semble impossible, ce texte datant de l'été 1534 et Kerssenbrock étant alors trop jeune. Il est plus vraisemblable que ce livre de dénonciation, véritable brûlot contre les citoyens de Münster devenus anabaptistes, soit l'œuvre d'un maître d'école très au courant de tous les potins qui couraient dans la ville. Il

ne cite pas moins de 130 noms ou surnoms de gens qu'il connaît personnellement. Ce texte a été exploité par C.A. Cornelius (vol. I, p. 146; vol. II, pp. 170 *sq.* voir infra, « autres ouvrages »).
— la chronique d'Überwasser de 1531 à 1533 (1924, pp. 153 *sq.*)

III. — BIBLIOGRAPHIES

BAHLMANN (P.) : *Die Wiedertäufer zu Münster. Eine bibliographische Zusammenstellung,* in *Westfälische Zeitschrift* 51, 1894, nouvelle édition 1967.

SCHIEDUNG (H.) : *Beiträge zur Bibliographie und Publizistik über die münsterischen Wiedertäufer,* Münster, 1934 (thèse).

A ces deux ouvrages exclusivement consacrés aux travaux concernant l'anabaptisme münstérois, il convient d'ajouter la précieuse et importante bibliographie (plus de 30 pages) qui conclut l'ouvrage de N. COHN, *The Pursuit of the Millenium,* Londres, 1957. L'ouvrage a été traduit en allemand (Berne, Munich, 1961) et publié en France sous le titre *Les Fanatiques de l'Apocalypse*, Paris, 1962, avec ses notes de référence mais sans la bibliographie. Celle-ci donne une vue très complète des sources occidentales sur les mouvements et croyances millénaristes et eschatologiques.

IV. AUTRES OUVRAGES

ALPHANDERY (P.) : « Les foules religieuses », in *La Foule* (communications au Centre international de synthèse, 1932), Paris, 1934.

— « De quelques faits du prophétisme dans les sectes latines antérieures au joachinisme », in *Revue de l'histoire des religions,* t. LII, pp. 177 à 218.

ALLARD (G.-H.) [sous la direction de] : *Aspects de la marginalité au Moyen Age,* Montréal, 1975.

ARIES (P.) : *Essai sur l'histoire de la mort en Occident du Moyen Age à nos jours,* Paris, 1975 et 1977.

AUBAREDE (G. d') : *La Révolution des saints,* Paris, 1946.

AUBENAS (R.) : *L'Église et la Renaissance* (1449-1517), « Collection Fiche et Martin », t. XV, Paris, 1951.

BALL (Br. W.) : *A Great Expectation,* Leyde, 1975.

BASTON (M.) : *Jean Bockelson ou le roi de Münster,* Paris, 1824.

BELFORT BAX (E.) : *Rise and Fall of the Anabaptists,* 1903.

BENNASSAR (B.) et JACQUART (J.) : *Le XVIe siècle,* Paris, 1972.

BLANKE (F.) : « Das Reich der Wiedertäufer zu Münster, 1534-1535 » in *Archiv für Reformationgeschichte,* vol. XXVII, Berlin, 1940.

BONET-MAURY : *Les Précurseurs de la Réforme et de la liberté de conscience dans les pays latins du XIIe au XVe siècle,* Paris, 1904; Genève, 1969.

BOUTERWEK (K. W.) : *Zur Literatur und Geschichte der Wiedertäufer besonders in den Reinlanden,* Bonn, 1864.

BRANDT (G.) : *Histoire abrégée de la réformation aux Pays-Bas,* Amsterdam, 1671; traduction française, La Haye, 1726.

BRANDT (O. H.) : *Thomas Müntzer. Sein Leben und seine Schriften,* Iéna, 1933.

BRAUDEL (F.) *Écrits sur l'histoire,* Paris, 1969.

— *Civilisation matérielle, économie et capitalisme, XVe-XVIIIe siècle.* I. *Les structures du quotidien.* — II. *Les jeux de l'échange.* — III. *Le temps du monde,* Paris, 1979.

BRENDLER (G.) : *Das Täuferreich zu Münster 1534-1535,* Berlin, 1966.

BULLINGER (H.) : *Cent sermons de l'Apocalypse de Jésus-Christ,* édités par Jean Crespin, Genève, 1558.

BUSSIÈRE (M.-Th. de) : *Les Anabaptistes. Histoire du luthérianisme et du règne de Jean Bockelsohn à Münster,* Paris, 1853.

CATROU (Père F. s.j.) : *Histoire des anabaptistes contenant leur doctrine, les diverses opinions qui les divisent en plusieurs sectes, les troubles qu'ils ont causés, et enfin, tout ce qui s'est passé de plus considérable à leur égard depuis 1521 jusqu'à présent,* Amsterdam, 1699; Paris, 1706 et 1895.

CHASTEL (A.) : « L'Apocalypse en 1500 » dans *Bibliothèque d'humanisme et Renaissance,* t. XIV *(Mélanges A. Renaudet)* 1952, pp. 124-140.

CLASEN (C.) : *Anabaptism. A Social History, 1525-1618. Switzerland, Austria, Moravia, and South and Central Germany,* Londres, 1972.

COHN (N.) : *Les Fanatiques de l'Apocalypse, Paris,* 1962.

CORNELIUS (C. A.) : *Geschichte des Münsterischen Aufruhrs.* Vol. I : *Die Reformation,* Leipzig, 1855; vol. II : *Die Wiedertäufe,* Leipzig, 1860.

— *Die niederländischen Wiedertäufer während der Belagerung Münsters 1534 bis 1535,* Munich, 1869.

— in *Allgemeine Deutsche Biographie :* « Johann Bokelson », vol. III, pp. 91-93. « Bernt Knipperdollinck », vol. XVI, pp. 293-295. « Jan Mathyszoon », vol. XX, pp. 600-602.

DELUMEAU (J.) : *La Peur en Occident (XIVe-XVIIIe). Une cité assiégée,* Paris, 1978.

— *La Civilisation de la Renaissance,* Paris, 1973.

— (sous la direction de) : *2 000 ans de christianisme,* t. V. Ouvrage collectif publié par la Société d'histoire chrétienne. Paris, 1976.

DETMER (Dr. H.) : *Bilder aus den religiösen und sozialen Unruhen in Münster während des 16. Jahrhunderts.* I. *Johann von Leiden,* Münster, 1903. II. *Bernhard Rothmann,* Münster, 1904. III. *Ueber die Auffassung von der Ehe und die Durchführung der Vielweiberei in Münster während der Täuferherrschaft,* Münster, 1904.

DUBOIS (Cl. G.) : *La Conception de l'histoire de France au XVIe siècle,* Paris, 1977.

DUBY (G.) : *L'An mil,* Paris, 1967.

DUPONT-BOUCHAT (M.-S.) FRIJHOFF (W.) MUCHEMBLED(R.) : *Prophètes et Sorciers dans les Pays-Bas, XVIe-XVIIIe siècle,* Paris, 1978.

ELIADE (M.) : *The Myth of the Eternal Return,* Londres, 1955.

ENGELS (F.) : *La guerre des paysans.*

FAST (H.) : *Der linke Flügel der Reformation (Glaubenszeugnisse der Täufer, Spiritualisten, Schwärmer und Antitrinitarier. Klassiker des Protestantismus)* vol. IV, Brême, 1962.
FEBVRE (L.) : *Un destin, Martin Luther*, 4e édition, Paris 1968.
— *Au cœur religieux du XVIe*, Paris, 1957.
— *Le problème de l'incroyance au XVIe siècle, la religion de Rabelais*, Paris, 1942 et 1968.
GEISBERG (M.) : *Die Stadt Münster*. 1re partie : *Bau- und Kunstdenkmäler von Westfalen*. Vol. 41, p. 133, 1932.
— Deux représentations contemporaines du siège de Münster, in *Westfalen*, 5e année, n° 1, 1913, pp. 74 *sq*. et tableau 10.
GRY (L.) : *Le millénarisme dans ses origines et son développement.*
HANI (J.) : *Le Symbolisme du Temple chrétien*, s.l., 1978 (Tredaniel éd.).
HEATH (R.) : *Anabaptism from its Rise at Zwickau to its Fall at Münster*, Londres, 1895.
HERMSEN (H.) : *Die Wiedertäufer zu Münster in der deutschen Dichtung* (thèse), Stuttgart, 1913.
HEUYER (C.) : *Psychoses collectives et suicides collectifs*, Paris, 1973.
HOCHHUT (W. H.) : « Landgraf Philip und die Wiedertäufer » in *Zeitschrift für die historische Theologie*, vol. XXIX, Hambourg-Gotha, 1859.
HOMANN (H.) : *Drei Käfige am Turm. Aufstieg und Fall des Wiedertäuferreiches in Münster 1534-1535*, Münster, 1977.
HUIZINGA (J.) : *L'Automne du Moyen Age*, Paris, 1932, 1980.
JANSSEN (J.) : *La Civilisation en Allemagne depuis la fin du Moyen Age jusqu'à la guerre de Trente ans*, 9 vol., Paris 1887-1914, t. II.
— *L'Allemagne et la Réforme*, t. III. : *L'Allemagne depuis la fin de la révolution sociale jusqu'à la paix d'Augsbourg (1525-1555)*, Paris, 1892.
KAUTSKY (K.) : *Communism in Central Europe in the time of the Reformation*, Londres, 1897.
— *Die Vorläufer der Neueren Sozialismus*, vol. I. *Von Plato bis zu den Wiedertäufern*, Stuttgart, 1895.
KAWERAU (P.) : *Melchior Hoffmann als religiöser Denker*, Haarlem, 1954.
KEITH (Th.) : *Religion and the Decline of Magic.*
KELLER (L.) : *Geschichte der Wiedertäufer und ihrer Reiches zu Münster. Nebst ungedrückten Urkunden*, Münster, 1880.
KIRCHHOFF (K. H.) : Nombreux articles in *Wesphalische Zeitschrift*, notamment sur : « Les anabaptistes dans la région de Münster » (n° 113, 1963); « Les anabaptistes à Coesfeld » (n° 106, 1956).
— *Die Belagerung und Eroberung Münsters 1534-35. Militärische Massnahmen und politische Verhandlungen des Fürstbichofs Franz von Waldeck* (thèse) in *Wesfälische Zeitschrift*, n° 112 (1962).
— « Was there a peaceful anabaptist congregation in Münster in 1534? », in *Mennonite Quarterly Review*, n° 93, pp. 357 à 370. Reprise d'un article paru en allemand in *Jahrbuch des Vereins für Westphalische Kirchengeschichte*, LV, LVI, 1962-1963.

— *Die Stadt Münster, Geschichte und heutige Struktur* (plaquette quadrilingue), Münster, 1969.
— et PIEPER (P.) : *Münster 1570. (Der Kupferstich des Remigius Hogenberg nach einer Zeichnung des Hermann tom Ring)*, Münster, 1980.
KLASSEN (J. J.) : *The Economics of Anabaptism 1525-1560*, La Haye, 1964.
KOCH (K. W.) : *La Guerre au Moyen Age* (très riche iconographie). Londres, 1978 (*Medieval Warfare*) et Paris 1980.
KÖHLER (W.) : « Münster Wiedertäufer », in *Realenzyclopädie für protestantische Theologie und Kirche*, vol. XIII, pp. 539-553.
KOYRÉ : *Mystiques, spirituels, alchimistes du XVIe siècle allemand*, Paris, 1971, Paris, coll. « Idées ».
KRAHN (C.) : *Dutch Anabaptism. Origin, Spread, Life and Thought (1450-1600)*, La Haye, 1968.
KRAPF (F.) : *Landgraf Philip der Grossmütige von Hessen und die Religionskämpfe in Bistum Münster 1532-1536*, Marbourg, 1951 (thèse).
LAWRENCE (D. H.) : *Apocalypse*, Paris, 1978.
LECLER (J.) : *Histoire de la tolérance au siècle de la Réforme*, 2 vol., Paris, 1955.
LEWIS (W.) : *Charles Quint*, Paris, 1932, 1980.
LIST (G.) : *Chiliastische Utopie und radikale Reformation. Die Erneuerung der Idee vom tausendjährigen Reich im 16. Jahrhundert*, Munich, 1973.
LUCAS-DUBRETON (J.) : *Charles Quint*, Paris, 1958.
LUTHER (M.) : *Propos de table*, Ed. G. Brunot, Paris, 1884.
— *Mémoires* traduits et mis en ordre par J. Michelet, Paris, 1974.
MAC CULLOCH (J. A.) : « Eschatology » in *Encyclopaedia of Religion and Ethics*, vol. V, pp. 373-391.
MAHN-LOT (M.) : *Christophe Colomb*, Paris, 1960.
MARX (K.), ENGELS (F.) : *Les Utopistes*. Introduction, traduction et notes de Roger Dangeville, Paris, 1976.
MELLINK (A. F.) : *De Wederdojers in de Noordelijke Nederlanden 1531-1544*, Groningen-Djakarta, 1953.
— « The Mutual Relations between the Münster Anabaptists and the Netherlands » in *Archiv für Reformations Geschichte* 50, 1950.
MERX (O.) : « Zur Geschichte Bernhard Rothmanns und der Wiedertäuferunruhen in Münster », in *Westphalische Zeitschrift* n° 69, 1909.
MOLLAT (M.) et WOLF (Ph.) : *Ongles bleus, Jacques et Ciompi*, Paris, 1970.
MÜLLER (L.) : *Der Kommunismus der mährischen Wiedertäufer* (thèse), Leipzig, 1927.
NEUMANN (H.) : *Masse und Führer in der Wiedertäuferherrschaft in Münster* (thèse de philosophie), Fribourg, 1959.
NEWMANN (A. H.) : *A History of Anti-Pedobaptism*, Philadelphie, 1897.
PAYNE (E. A.) : *The Anabaptists of the 16th Century*, Londres, 1949.
PERRENS (F. T.) : *Jérôme Savonarole*, Paris, 1856.

PIRENNE (H.) : *Les Villes et les institutions urbaines*, vol. II, Paris, Bruxelles, 1939.
PORTER (J. W.) : *Bernhard Rothmann (1495-1535), Royal Orator of the Münster Anabaptist Kingdom*, Université du Wisconsin, 1964.
PRIGENT (P.) : *Flash sur l'Apocalypse*, Paris, 1974.
PRINZ (J.) : *Bernd Knipperdolling und seine Sippe* in *Westfalen* n° 40, 1962.
QUEIROZ (M. I. PEIREIRA de) : *Réforme et révolution dans les sociétés traditionnelles (Histoire et ethnologie des mouvements messianiques)*, Paris, 1968.
RAMMERT (H., attribué à) : *Die Ordnung der Wiedertäufer zu Münster...* in *Zeitschrift für vaterländische Geschichte und Altertumskunde*, vol. XVII, Münster, 1856, pp. 240-249.
RAMMSTEDT (O.) : *Sekte und soziale Bewegung. Sociologische Analyse der Täufer in Münster 1534-35* (*Dortmunder Schriften zur Sozialforschung*, vol. XXXIV), Köln-Opladen, 1966.
RAPP (Fr.) : *Réformes et Réformation à Strasbourg. Eglise et société dans le diocèse de Strasbourg*, Paris, 1974.
RAUCH (W.) : *Johann von Leiden, der König von Sion in der Dichtung* (thèse), Münster, 1912.
RECK-MALLECZEWEN (F. P.) : *Bockelson. Geschichte eines Massenwahns*, Stuttgart, 1968.
RICHÉ (P.) : *Les Terreurs de l'an 2000*, Paris, 1976.
RITSCHL (H,) : *Die Kommune der Wiedertäufer in Münster, Ursache und Wesen des Täuferischen Kommunismus*, Bonn-Leipzig, 1923.
ROTHERT (H.) : *Das Tausendjährige Reich der Wiedertäufer zu Münster 1534-1535*, Münster, 1947.
STAYER (J.) : *Anabaptist and the sword*, 1973.
SHUBERT (H. von) : *Der Kommunismus der Wiedertäufer in Münster und seine Quellen*, Heidelberg, 1919.
STROHL (H.) : *L'Épanouissement de la pensée religieuse de Luther de 1515 à 1520*, Strasbourg, 1924.
STRÖVER (I. C.) : *Die Wiedertäufer zu Münster. (Das Aufflammen eines mittelarterlichen Bolschewismus und sein Niederbruch)*, Dortmund, 1933.
STUPPERICH (R.) : *Die münsterische Apokalypse, 1535*, in *Jahrbuch des Vereins für Westphälische Kirchengeschichte*, 1960-1961.
— *Das münsterische Täufertum. Ergebnisse und Probleme der neueren Forschung*, Münster, 1958.
— « Dr Johann von der Wyck. Ein münsterischer Staatsmann der Reformationszeit », in *Westphälische Zeitschrift* n° 123, 1973.
TRISTAM (F.) : *Le Millénaire de l'Apocalypse*.
VAN DER AA : *Biographisch Woordenbrock der Nederlanden*, Art. « Jan Bocckelson », 1853.
VAN DULMEN (R.) : *Reformation als Revolution (Soziale Bewegung und religiöser Radikalismus in der deutschen Reformation)*, Munich, 1977.
VALMANN(A.) : *Johann von Leyden*, Quedlimbourg, 1844.
WEILL (A.) : *Histoire de la guerre des anabaptistes*, Paris, 1874.

WEINSTEIN (D.) : *Savonarole et Florence; prophétie et patriotisme à la Renaissance*, Paris, 1973.
WILLIAMS (G. H.) : *The Radical Reformation*, Philadelphie, 1962.
WOODROW (A.) : *Les Nouvelles Sectes*, Paris, 1977.
ZARNT (H.) : *Dans l'attente de Dieu*, Paris, 1973.

Anonyme) : *Die Wiedertäufer in Münster*. Iconographie (26 gravures), Münster, 1976.

(Auteurs multiples) :
— in *Archives de sociologie des religions*
BIRNBAUM (N.) : « Luther et le millénarisme ».
COHN (N.) : « Réflexions sur le millénarisme ».
ISAMBERT (F. A.) : « Fondateurs, papes et messies ».
QUEIROZ (M. I. PEIRERA de) : « Classification des messianismes brésiliens ».
WALLIS (W.) : « Quelques aspects du messianisme ».
— *Hérésies et sociétés dans l'Europe préindustrielle (XIe-XVIIIe siècle)*, Colloque de Royaumont, 27-30 mai 1962.

RÉFÉRENCES

L'essentiel des références renvoyant à un petit nombre de sources (voir bibliographie), nous utiliserons, pour les plus fréquemment citées, les abréviations suivantes :

K, pour la *narratio* de Kerssenbrock en latin dans l'édition de Detmer (1899-1900),

G, pour le récit de Gresbeck en bas-allemand dans l'édition de Cornélius,

L, pour les documents (en particulier les extraits de Kerssenbrock et de Gresbeck) publiés par Löffler en allemand moderne,

V.D.doc, pour les documents publiés par Van Dulmen en allemand moderne dans *Das Täuferreich zu Münster,*

V.D.R/R, pour les commentaires de Van Dulmen dans *Reformation als Révolution,*

K.H.K.B., pour la thèse de Kirchhoff sur le siège, *Die Belagerung und Eroberung Münsters,*

K.H.K.T., pour l'ouvrage d'analyse statistique de Kirchhoff contenant le recensement systématique des anabaptistes munstérois connus : *Die Täufer in Münster,*

RAM, pour l'ouvrage de O. Rammstedt, *Sekte und soziale Bewegung,* qui comporte également un important appareil statistique,

S, pour les écrits, notamment de B. Rothmann, publiés par R. Stupperich.

C, pour les textes autres que le récit de Gresbeck dans Cornelius, *Berichte der Augenzeugen...*

PROLOGUE

L'attente du changement : VDR/R, pp. 173-174; FEBVRE, *Un destin...* p. 153; DELUMEAU, *2 000 ans...* pp. 32-43; PERRENS, *Jérôme Savonarole,* passim., MICHELET, *Mémoires de Luther,* pp. 133-134.

L'année 1525 et la révolte des paysans : DELUMEAU, *2 000 ans...* pp. 46-51.

PREMIÈRE PARTIE

CHAPITRE I

Incidents de 1525 à Münster : VD doc, p. 9 ; VD R/R pp. 263-265.

Sueur anglaise : chronique de Marienthal, p. 428 ; RAM, p. 34.

Incidents de 1527 : K, p. 151 ; NIESERT, p. 157, RAM, p. 34, VD R/R, p. 266.

Les signes (Crise, Comète) : K, pp. 114-157.

Rothmann et la Réforme à Münster : VD R/R, pp. 269-277.

Transactions sur l'évêché : C. p. 122, RAM, p. 35.

Incident de Telgte : K, p. 341.

Luther à Rothmann : K, p. 334.

Prédicants : VD R/R, pp. 278-279 ; MELLINCK, p. 20 ; VD doc, p. 11 ; DETMER, pp. 70-81 passim ; VD doc 1, pp. 32-33.

Doctrine : DELUMEAU, *2 000 ans...*, p. 46 ; VD R/R, pp. 197-198 (persécutions), pp. 200-202 et pp. 256-258 ; RAM, pp. 37-38.

Melchior Hoffmann : DELUMEAU *2 000 ans...*, p. 152 ; VD doc, p. 14 n. 37 (confession d'Obbe Philip en 1565) ; FAST, *Der linke...* p. 323 ; VD doc, p. 42 ; VD R/R, pp. 253-256.

Départ de Jan de Leyde : DETMER, pp. 9 à 23 ; C. 369-376 ; VD doc 147, p. 264.

Johann von der Wieck : K, p. 301 ; CORNÊLIUS, *Geschichte...* vol. 1, p. 369 ; VD doc 4, p. 35.

Premières réactions de l'évêque : K, p. 352 ; RAM, p. 39 ; KELLER, p. 302 ; VD doc 2, p. 33.

Réactions de B. Rothmann : S, p. 194 ; VD doc 3, p. 34 ; DETMER, p. 103.

Le syndic demande son départ : CORNÊLIUS, *Geschichte...*, vol. I, p. 369 ; VD doc 5, p. 38.

Pour la fin : C, pp. 369-376 ; VD doc 147, p. 264 ; S, 279-283 ; VD doc 24, pp. 63-67.

CHAPITRE II

Immigration de Hollandais et Frisons : G, p. 11 ; VD doc 8, p. 43.

Premiers baptêmes : K, p. 471 ; VD doc 9, p. 44 ; VD R/R, p. 290.

Correspondance Ida de MERFELD : K, 472-473 ; NIESERT, *Beitrage...* p. 234 ; VD doc, p. 45 ; L, pp. 8-9.

Inquiétude de l'évêque : KHK.B, pp. 78 et 90-92; C, p. 217; VD doc 12, p. 46; K, pp. 472-474; L, pp. 8-11; DETMER, p. 25; VD R/R, pp. 291-292.

Le 30 janvier : K, p. 479; VD doc 14, p. 48; L, pp. 12-13.

Le 1er février : KELLER, p. 304; VD doc 15, p. 49.

CHAPITRE III

La prophétie de Rothmann : K, pp. 480-483; L, pp. 14-15; partie dans VD doc 17, p. 52; VD R/R, p. 294; S, p. 280.

9 et 10 février : K, pp. 487-496; L, pp. 18-25; G, pp. 14-18; VD doc 19, p. 56.

Version de Rothmann : S, pp. 279-283; VD doc 20, p. 64.

11 février : K, p. 499; L, p. 25.

12 février : K, p. 502; L, p. 27.

Ordre de l'évêque contre les anabaptistes : K, p. 505; VD doc 20, p. 58.

Entêtement des nonnes d'Uberwasser : K, p. 505; L, p. 28.

Mardi gras : K, p. 518; L, p. 35.

Immigration : K, p. 508; VD doc 21, p. 60; L, p. 31; C, pp. 407-410; VD doc 152, p. 278.

Arrivée de Jan Matthys : VD R/R, p. 299; NIESERT, p. 48; C, p. 407; VD doc 152, p. 278.

Mort de Johann von der Wieck : K, p. 512; L, pp. 33-34.

Mort de Roll et départ de Judefeld : K, pp. 517-518; L, p. 74.

Jakob d'Osnabrück : C, p. 220; VD doc 29, p. 74.

Élection du Conseil du 23 février : K, p. 519; VD doc 25, p. 68.

Le « baptême du feu » : K, p. 511; L, p. 32.

Saccage de la cathédrale : K, p. 520; VD doc 26, p. 69; VD R/R p. 301; C, pp. 408 et 430.

Incidents à Niesing : C, 430; VD doc 23, p. 61; L, p. 49.

Incendie à Saint-Maurice : K, p. 521; VD doc 26, p. 70; KHK.B, p. 79, n. 7.

Le chassement : K, p. 532; VD doc 27, p. 71; G, p. 19; VD doc 28, p. 72; S, pp. 51 et 279; VD R/R, p. 298; K, p. 539; L, p. 55; C, pp. 433-434; VD doc 23, p. 63; L, p. 51.

Persécutions : K, p. 533; L, p. 52.

Préparation du siège : K, p. 545; VD doc 40, p. 91.

Chapitre IV

Niesert, pp. 154-166, VD doc 35, pp. 81.86.

Chapitre V

Établissement du siège : KHK.B, pp. 79, 84-85, 90 (références d'archives).

Sur le prêt de Lazarus Thuescher, *ibid.* p. 99, n. 196.

Chapitre VI

Appel des prédicants : L, p. 41 ; VD doc 31, p. 78.

Préparatifs des anabaptistes : K, p. 545 ; VD doc 40, p. 32.

Logement des immigrés : K, p. 541 ; VD doc 33, p. 80.

Visions nocturnes : G, p. 21 ; L, p. 88 ; G, p. 22 ; VD doc 39, p. 91.

Mise en commun des biens : K, p. 556 ; VD doc 42, p. 96 ; K, p. 561 ; L, p. 66 ; G, p. 32 ; VD doc 43, p. 97.

Les 7 diacres : K, p. 558 ; VD doc 44, p. 98 ; G, p. 34 ; VD doc 44, p. 99.

Repas en commun : G, p. 34 ; VD doc 45, p. 99 ; L, p. 69 ; S, p. 247 ; VD R/R, p. 313.

Exécution de Ruescher : G, p. 28 ; VD doc 41, p. 94.

Sorties des anabaptistes : K, pp. 545-555 ; VD doc 40, pp. 91-94.

Le pardon aux « faux-frères » : G, pp. 23-27 ; VD doc 36, p. 87.

Échec du rassemblement de Kamp : K, p. 566 ; VD doc 49, p. 102 ; Keller, p. 311.

Mort de Matthys : G, p. 38 ; VD doc 53, p. 108.

Chapitre VII

La prise de pouvoir : K, p. 570 ; VD doc 54 ; p. 109 ; C, p. 369 ; VD doc 147, p. 266 ; C, p. 398 ; VD doc 150, p. 276 ; L, p. 262 ; C, p. 403 ; VD doc 151, p. 277 ; G, p. 40 ; VD doc 55, p. 111.

8 avril : S, p. 407 ; VD doc 63, p. 124.

9 avril : K, p. 571 ; L, pp. 77-78.

Les 3 jours de Jan de Leyde : K, pp. 574-577 ; VD doc 56, pp. 112-113 (nomination des 12 Anciens).

Décret des 12 Anciens : K, pp. 577-581 ; VD doc 57, p. 114.

Nouvelle constitution : K, pp. 582-586 ; VD doc 58, p. 116.

La Cène : G, p. 42; VD doc 59, pp. 120-122.

Incendie de Wolbeck : KHK.B, p. 88 et n. 111; K, p. 589; VD doc 65, p. 127; K, p. 590; L, p. 91.

CHAPITRE VIII

Pour l'ensemble : KHK.B, pp. 80 à 108 passim.

Sur les fortifications : Max GEISBERG, *Die Stadt Münster...* p. 133.

Sur les armes : KOCH, *La Guerre au Moyen Age*, pp. 198-199.

Sortie du 16 mai : K, p. 589; VD doc 65, p. 127; G, p. 233; VD doc 66, p. 128.

Lettres des Anciens, 20 mai : S, p. 408.

Réponse à l'ultimatum : S, p. 411.

L'attaque du 25 mai : G, p. 52; VD doc 69, p. 131; K, p. 59; L, p. 91.

Compte rendu de l'évêque : C, p. 244; VD doc 71, p. 133.

Positions de Cologne et Clèves : C, p. 251; VD doc 73, p. 135.

Sortie contre l'artillerie : K, p. 594; VD doc 70, p. 132.

Prise du moulin à vent : K, p. 596; L, p. 93.

Message aux lansquenets : K, p. 613; VD doc 72, p. 133.

Désertions : L, p. 100.

Le grand remblai : K, p. 596; L, p. 94.

CHAPITRE IX

Sur l'engagement de mercenaires : C, p. 398; VD doc 150, p. 276.

Le florin de Münster : G, p. 48; VD doc 61, p. 122.

La médaille : G, p. 27; VD doc 36, p. 88.

Les écoles : G, p. 47; VD doc 60, p. 122.

Hilla Feicken : G, p. 44; VD doc 76, p. 138; C, p. 405; L, p. 263; C, p. 407; VD doc 151, p. 278.

Son interrogatoire : NIESERT p. 40; L, p. 95; VD doc 77, p. 139.

Sur Ramers : KHK.T, p. 213.

Exécution de Smöker : K, p. 612; L, p. 97.

Condamnation de Jan Matthys : VD doc 52, p. 107.

CHAPITRE X

Sur l'introduction de la polygamie : VD doc, p. 19; VD R/R, p. 313; L, p. 107; DETMER, pp. 43-44 et 224-225.

Le lansquenet témoin : K, p. 618; L, p. 107.

Justification de Rothmann : S, p. 256.

Bernard de Morlas : DELUMEAU, « Eve et Satan » in *Historie Magazine* n° 11, déc. 1980, pp. 19-21.

Institution de la polygamie : G, pp. 59-62; VD doc 78, p. 140; C, p. 369; C, p. 407; K, p. 625; L, p. 110; VD doc 80, pp. 143-144.

Révolte du 30 juillet : G, pp. 73-79; VD doc 79, p. 141; VD doc 82, p. 146; K, p. 621; L, p. 108.

Le remblai mobile : KHK.B, pp. 104-108.

Assaut du 31 août; G, p. 81; VD doc 83, p. 146; K, p. 671; L, pp. 122-123 (résumé); Max GEISBERG, *Westfalen...* p. 74 et tab. 10; KHK.B, p. 110 n. 286.

Chanson du lansquenet : *Chants populaires historiques,* tome IV, p. 117 in L, pp. 123-125.

DEUXIÈME PARTIE

CHAPITRE I

VD doc, p. 20.

Annonce de Dusentschur : G, pp. 82-86; VD doc 84, p. 147; K, pp. 633-639; VD doc 85, p. 147.

Les ramassages : K, pp. 638-639; G in L, p. 152.

Les fillettes muettes : G in L, pp. 153-154.

Jeunes filles blessées : G, p. 59; L, pp. 119-120.

Institution de la cour : G, pp. 83-86; VD doc 87, p. 153.

Liste des fonctions et offices : L, pp. 130-134.

Apparat du roi et de la cour : K, pp. 650-656; VD doc 89, p. 158.

Les reines : K, pp. 656-660; VD doc 90, p. 159.

Tenue du Tribunal : K, p. 662; VD doc 91, p. 161.

Sanctions et exécutions : K, pp. 625-632; VD doc 80, p. 144; L, p. 110; K, p. 687; VD doc 92, pp. 162-163.

Tentative de Knipperdollinck : K, p. 690; G, p. 149; VD doc 94, p. 164; L, p. 145.

CHAPITRE II

Sur les fortins : KHK.B, pp. 110-113.

Intervention du Conseil de Brême : K, p. 689; VD doc 93, p. 16.

CHAPITRE III

La Cène et l'envoi des apôtres : G, pp. 103-114; VD doc 95, p. 167; K, pp. 703-708 — VD doc 97, p. 171; NIESERT, p. 146; KHK.B, p. 113.

Ordre de l'évêque du 17 oct. : C, p. 322, VD doc 98, p. 172.

Apôtres de Warendorf : K, pp. 708-715; VD doc 99, p. 173.

Confession de Strahlen : NIESERT, p. 57; VD doc 100, p. 175; note de L, p. 167.

Apôtres de Coesfeld : L, pp. 168-169.

Aveux de H. Regewart : NIESERT, pp. 25-33; VD doc 109, p. 192.

Sur Essens : L, pp. 168-169.

Apôtres d'Osnabrück : K, p. 722; VD doc 102, p. 176.

Trahison de Graes : G, pp. 115-118; VD doc 104, p. 180; K, p. 724; L, pp. 190-193; VD doc 105, p. 182.

CHAPITRE IV

La restitution : S, pp. 210-284; VD doc 111, p. 196.

Texte sur la vengeance : S, pp. 284-297; FAST, pp. 342-360; VD doc 112, p. 205.

CHAPITRE V

Lettre de l'évêque : C, pp. 281-286; VD doc 106, pp. 183-186.

Interrogatoire des prisonniers : C, pp. 289-292; VD doc 108, p. 189 (les deux lansquenets); K, p. 736; L, pp. 184-185 (Werner Scheiffert); K, p. 738; L, p. 188; VD doc 110, p. 193 (Ludger tom Ring).

Rebaptême des rues : G, pp. 154-156.

Résultat de la diète de Coblence : L, p. 185; KHK.B, pp. 129-132.

Commentaires de Graes : NIESERT, p. 146; VD doc 115, p. 215.

Lettre de Jan de Leyde : K, p. 724; L, pp. 190-193; VD doc 105, p. 182.

CHAPITRE VI

Discours de Rothmann : G, pp. 115-118; VD doc 104, pp. 180-181.

Les articles du roi : S, pp. 444-447; VD doc 113, p. 209; K, p. 763.

Appel de Graes : S, p. 429; VD doc 119, p. 223.

Lettre à Philippe de Hesse : S, pp. 414-422; VD doc 116, p. 216.

A ceux de la diète de Coblence : S, pp. 423-426 ; VD doc 117, p. 219.

Appel à la désertion des lansquenets : S, p. 428 ; VD doc 118, p. 221.

Turban Bill : C, p. 312 ; L, p. 206 ; VD doc 122, pp. 225-226.

Else Dreïer : K, p. 784 ; VD doc 124, p. 127.

Réforme du mariage : G, p. 59 — VD doc 78, p. 116 ; NIESERT, p. 136 ; C, p. 414 ; VD doc 125, p. 228.

Les protecteurs : K, p. 770 ; L, p. 201.

La « suicidée » de l'Aa : G, p. 59 ; L, p. 115.

Barbara Buttendieck : K, p. 687 ; L, p. 208 ; VD doc 92, p. 163.

Elizabeth Wantscherer : K, p. 823 ; L, p. 232 ; VD doc 141, pp. 256-257.

Le choix de l'élue du jour : K, pp. 656-660 ; VD doc 90, pp. 160-161.

Averall : G, p. 157.

Zilli Leitgen : C, p. 414 ; VD doc 125, p. 228, L, p. 195.

CHAPITRE VII

Sur Graes : L, pp. 193-194.

Rapport de Georg Schenck : KELLER, p. 326 ; VD doc 120, pp. 223-224.

Rapport d'Arnold von Bentheim : KELLER, p. 327 ; VD doc 121, pp. 224-225 ; L, p. 207.

Sur le siège : KHK.B, pp. 131-134.

Proposition de médiation des villes de la Hanse : K, p. 790 ; VD doc 126, p. 230.

CHAPITRE VIII

Préparatifs des assiégés : G, pp. 125-131 ; VD doc 128, pp. 234-235.

Le discours de Jan de Leyde : K, p. 792 ; L, p. 209 ; G, p. 122 ; VD doc 127, p. 233.

L'affaire de Olden : L, p. 209 ; KELLER, p. 328 ; VD doc 129, pp. 237-238.

Pour la fin : G, pp. 130-131 ; VD doc 128, pp. 236-237.

CHAPITRE IX

Famine : G, p. 131 ; L, p. 212.

Récits de fêtes : G, p. 131 ; VD doc 133, pp. 242-244 — L, pp. 213-214 ; puis G, p. 150 ; VD doc 134, pp. 245-246 ; L, pp. 218-219, puis G, p. 168 ; L, p. 220, puis G, p, 174 ; L, pp. 217-218.

Tracts appelant à la capture du roi : S, p. 432; VD doc 136, pp. 247-248.

Choix des 12 ducs : K, p. 773; VD doc 137, p. 249.

CHAPITRE X

Diplomatie : KHK.B, pp. 134-136.

Réponse de Münster du 10 mai : S, pp. 435-439; VD doc 139, p. 251.

Expulsés et fuyards : K, p. 805; L, pp. 223-224; C, p. 324; VD doc 138, pp. 250-251; L, p. 225; G, pp. 334 et 342-347; VD doc 140 (lettre de Justinian), p. 252; KHK.B, pp. 135-139; L, p. 230.

Réponse des anabaptistes le 2 juin : NIESERT, p. 131; L, p. 230; VD doc 142, p. 257.

Événements d'Amsterdam : G. BRANDT, *Histoire abrégée...* passim.

Exécutions dans la ville : K, pp. 820-823; L, pp. 230-232.

Rumeurs sur l'intervention de Gueldre : C, p. 334; L, p. 228; VD doc 140, pp. 225-256; KHK.B, p. 140.

CHAPITRE XI

Sur l'exécution : K, p. 823; L, p. 232; VD doc 141, pp. 256-257.

CHAPITRE XII

Dénonciation des anabaptistes par Gresbeck : G, pp. 162-165; VD doc 114, pp. 211- 213.

Famine : K, p. 798; L, pp. 220-223.

Le contact du 8 juin : C, p. 351; VD doc 143, pp. 258-259.

Ultimes préparatifs : G, pp. 194-201; L, pp. 235-237.

L'attaque de nuit : KHK.B, p. 140; K, p. 833; G, p. 205; L, p. 238.

CHAPITRE XIII

Sur la prise de la ville et les massacres : K, pp. 833-855; G, pp. 205-213; L, pp. 238-242; KHK.B, pp. 141-143; C, pp. 364-367; VD doc 144, pp. 259-261 (Justinian); C, pp. 369-376 (aveux de Jan de Leyde du 25 juillet 1535); VD doc 147, p. 268.

CHAPITRE XIV

DORP, *Die Wiedertäufer...* (récit de Corvinus) repris par MICHELET, *Les mémoires de Martin Luther* et VD doc 153, pp. 281-283.

TABLE DES MATIÈRES

DEUXIÈME PARTIE

CHAPITRE I. — LE ROI DU MONDE

CHAPITRE II. — L'ÉVÊQUE S'ENTERRE

CHAPITRE III. — LA GRANDE CÈNE

CHAPITRE IV. — LA RESTITUTION

CHAPITRE V. — LA DIÈTE DE COBLENCE

CHAPITRE VI. — UN AN!

Cet ouvrage a été réalisé sur
SYSTÈME CAMERON
par Firmin-Didot S.A.
pour le compte des éditions Hachette
le 12 mai 1981

Imprimé en France
Dépôt légal : 2e trimestre 1981
N° d'édition : 2976 — N° d'impression : 8103
23.46.3160.01
ISBN 2.01.006194.2

23.3160.1